编写人员

主　编：王红星　蔡　薇

副主编：陈　莹　谭庆芳

参　编：付　琳　董浩晴　王　晖　李雨聪　许　珺　仲　龙

新时代司法职业教育"双高"建设精品教材

侦查心理学

王红星　蔡薇 ◎ 主编

华中科技大学出版社
中国·武汉

图书在版编目（CIP）数据

侦查心理学/王红星，蔡薇主编. —武汉：华中科技大学出版社，2023.2
ISBN 978-7-5680-8951-7

Ⅰ.①侦… Ⅱ.①王… ②蔡… Ⅲ.①刑事侦查学-司法心理学-高等学校-教材 Ⅳ.①D918

中国国家版本馆 CIP 数据核字（2023）第 002863 号

侦查心理学
Zhencha Xinlixue

王红星　蔡　薇　主编

策划编辑：张馨芳
责任编辑：唐梦琦
封面设计：孙雅丽
版式设计：赵慧萍
责任校对：张汇娟
责任监印：周治超

出版发行：华中科技大学出版社（中国·武汉）　　电话：(027) 81321913
　　　　　武汉市东湖新技术开发区华工科技园　　邮编：430223
录　　排：华中科技大学出版社美编室
印　　刷：湖北新华印务有限公司
开　　本：787mm×1092mm　1/16
印　　张：18.5　插页：2
字　　数：352 千字
版　　次：2023 年 2 月第 1 版第 1 次印刷
定　　价：68.00 元

本书若有印装质量问题，请向出版社营销中心调换
全国免费服务热线：400-6679-118　竭诚为您服务
版权所有　侵权必究

前　言

随着互联网融入人类活动，各学科知识普及的广度、深度实现了前所未有的发展，刑事侦查的跨学科特征更加明显。将多学科知识、多种方法运用于刑事案件侦查，是信息时代开展刑事案件侦查工作的必然趋势。侦查心理学是司法心理学的一个分支学科，具有较强的实践性和应用性。学习掌握侦查心理学知识对于改进刑事侦查工作方式、拓宽侦查人员知识面都是极为有益的。将侦查心理学知识应用于刑事案件侦查当是目前学界、业界无可争议的共识。

本书围绕刑事侦查进程，着重介绍侦查策略运用和侦查措施选择，对刑事侦查中的当事人和参与人都给出了针对性对策支持，同时关注侦查人员心理调适。每章都先阐述知识原理，再结合案件类型提供可行的操作措施，力求严格依法，紧贴实际，服务实践。本书的特色表现在以下三点。一是注重内容的新颖度，增强知识性和可读性。本书编写立足于在习近平法治思想指引下的法治建设成果，将学界最新的前沿理论研究和应用成果引入本书，力求在理论与实践、学术与实务方面呈现新气象。二是具有较强的实践指导性。本书注重实证研究方法应用，在编写体例上，每章开篇有引例，明确学习目标，结尾有拓展知识，鼓励读者继续深入思考，扩大知识面。每章主干内容都设计了相关教学情景，援引典型案例综合分析，总结具体问题解决办法，突出培养、提升刑事案件侦查岗位应具备的技能。三是重构侦查心理学的理论体系、框架结构。摒弃传统的理论体系编排框架，超越某些现有学术观点，通过本书尽可能使侦查心理学的理论体系和框架结构更有效地帮助读者提升实践应用技术技能，更具实用性。

本书由武汉警官职业学院组织本校专业教师编撰完成。王红星、蔡薇任主编，陈莹、谭庆芳任副主编。王红星拟定编写大纲和编排体例，并征求采纳了团队其他同志的建议和意见。全书由王红星、蔡薇负责全面审查定稿，陈莹、谭庆芳协助统稿。

编写人员及分工如下（以编写章节为序）：第一章，王红星；第二章，仲龙；第三章、第八章，蔡薇；第四章，付琳；第五章，许珺；第六章，李雨聪；第七章，王晖；第九章，董浩晴；第十章，陈莹；第十一章，谭庆芳。

本书兼具可读性和一定的理论性，可作为相关院校专业课程教材使用，也可供各类政法机关工作人员学习参考，普通读者也能从中汲取知识营养。

侦查心理学是一门不断发展完善的学科研究领域，还有许多问题需要持续深入研究探索。囿于作者的学识和有限水平，书中存在粗浅甚至谬误之处在所难免，敬请读者、专家批评指正。同时本书也吸收借鉴了一些学者和实务工作者的成果和经验，在此一并表示衷心感谢。

本书编委会

2022 年 9 月 30 日

目 录

第一章 绪论 ………………………………………………………………… 1
   第一节 侦查心理学研究的概述 // 2
   第二节 侦查心理学研究的原则和方法 // 10

第二章 侦查决策心理 ……………………………………………………… 21
   第一节 侦查决策心理机制 // 23
   第二节 侦查决策的主要类型 // 26
   第三节 侦查主体的认知偏差 // 29
   第四节 侦查中一般心理对策 // 38

第三章 侦查思维心理 ……………………………………………………… 49
   第一节 侦查思维内涵及特征 // 51
   第二节 侦查假设思维 // 54
   第三节 侦查推理 // 60
   第四节 侦查问题解决思维 // 75

第四章 现场勘查心理分析 ………………………………………………… 83
   第一节 现场勘查心理分析的内涵与理论依据 // 84
   第二节 现场勘查心理分析的内容和作用 // 87
   第三节 现场勘查心理分析的途径和方法 // 97
   第四节 现场勘查心理分析应注意的问题 // 108
   第五节 现场勘查中观察应注意的心理学问题 // 110

第五章 调查心理 …………………………………………………………… 119
   第一节 调查工作的开展 // 120
   第二节 调查访问对象的心理特点分析 // 124

第三节　调查访问工作中心理对策的运用　// 129
　　第四节　调查人员的主体调节　// 134

第六章　逃犯心理与查缉对策　　139
　　第一节　影响逃犯心理的因素分析　// 141
　　第二节　逃犯的一般心理特点及行为表现　// 146
　　第三节　几类典型逃犯的心理特点及行为表现　// 149
　　第四节　缉捕行动的心理对策　// 162

第七章　侦查讯问心理　　169
　　第一节　侦查讯问人员应具备的良好心理素质及其养成　// 170
　　第二节　侦查讯问中犯罪嫌疑人的心理　// 173
　　第三节　犯罪心理测试　// 182

第八章　证人心理和被害人心理　　189
　　第一节　证人心理　// 191
　　第二节　被害人心理　// 210

第九章　犯罪心理学理论在实践中的应用　　227
　　第一节　犯罪心理学理论在刑事侦查中的应用　// 229
　　第二节　犯罪心理学理论在讯问活动中的运用　// 237

第十章　侦查人员的心理研究　　245
　　第一节　侦查人员必备的心理素质　// 247
　　第二节　侦查人员的心理评估与心理诊断　// 252
　　第三节　侦查人员的心理维护与调适　// 258

第十一章　侦查心理学的发展研究与实践运用　　271
　　第一节　现代侦查心理测试技术的发展研究　// 273
　　第二节　智慧侦查心理学未来的研究方向　// 283

参考文献　　288

第一章

绪 论

◆ 本章引例

在某火车站候车室，一位西装革履、手提旅行箱的男青年在候车室门口神色慌张地四处观望，随后放着许多空座位不坐，而是径直穿过大厅，坐到了大厅一角一群席地而坐的民工堆里，接着一言不发地抽闷烟。经值班民警的询问，该人竟是携款潜逃一个多月的某县信用社出纳员。

◆ 本章学习目标

通过本章的学习和研究，重点掌握侦查心理学的研究原则和方法，使学生了解侦查心理学研究的内容与应用现状，以及与相邻学科的关系。熟练运用侦查心理学相关知识，能更好地为刑事侦查工作顺利开展奠定基础。

第一节　侦查心理学研究的概述

一、侦查心理学的概述

侦查心理学是一个新的课题。研究侦查心理学，必须要关注侦查活动中出现的各种心理现象、活动规律及其应用价值的领域，如侦查心理学研究的对象、侦查心理学研究的内容以及侦查心理学与相邻学科的关系等问题。侦查心理学的发展，能够为侦查实践工作提供更多有效的理论依据和可操作性建议。

侦查心理学是心理学的分支学科，有广义与狭义之分。狭义的观点认为侦查心理学是研究侦查过程中侦查主体的心理现象及其规律的一门科学。持这种观点的理由是：侦查心理学是司法心理学的一门分支学科，各门学科都有自己特殊的研究对象，侦查心理学研究对象的确定应服从侦查活动的需要，而且要避免与其他分支学科相冲突。在这种学科认识的支配下，持狭义观点的学者仅以侦查破案阶段的侦查人员作为学科的研究对象。更多的学者持广义的观点，即侦查心理学是研究与侦查活动有关联的人的行为及其心理活动发生发展变化的规律。笔者认为，广义的观点更符合该学科的学科属性，因为侦查心理学既是司法心理学的一门分支学科，更是一门应用性很强的刑事侦查学科。它的研究对象的确定，必须服从侦查活动的需要。侦查活动是侦查人员与犯罪嫌疑人、证人、被害人之间的互动活动。侦查活动的成功与否取决于侦查人员能否在这种互动活动中准确地把握对方的个性、动机、行为、目的等，并在互动活动中起主导作用。因此，侦查人员既要了解自身的心理活动规律，还要了解犯罪嫌疑人心理形成及其发展变化、证人及被害人心理形成及其特殊规律、侦查活动过程中如何分析侦查对象的心理等。

严格地说，侦查心理学的研究范围应当局限于侦查活动过程中的心理现象。在侦查实践及侦查心理学的研究中，要准确地把握犯罪嫌疑人的心理，必须了解引起侦查程序的犯罪嫌疑人的犯罪心理及其特征。否则，侦查人员在考察犯罪嫌疑人心理时，往往会因为缺乏对犯罪嫌疑人犯罪前心理的了解，而无法准确地把握不同犯罪原因的犯罪嫌疑人在犯罪时的心理特点，对其心理的分析就会陷入一种盲目状态。然而，作为一门有特定内涵的学科体系，不可能完全包容与本学科研究对象有关的各项研究。否则，学科之间的划分就无存在的必要。在侦查实践及相关研究中，对犯罪嫌疑人心理的了解，可以借鉴犯罪心理学的研究成果。

总之，侦查心理学是运用心理学的原理，研究在侦查活动中有关侦查人员、犯罪嫌疑人、被害人、证人及其他与侦查活动有关联的人在侦查活动中所表现出来的心理现象及心理规律的一门应用型学科。

二、侦查心理学研究的内容

根据对侦查工作的认识，侦查可以分为侦查主体、侦查对象和侦查过程。其中，侦查主体，是指侦查人员；侦查对象，是指犯罪嫌疑人、证人和被害人等；侦查过程，是指侦查人员开展侦查工作的具体环节，如计划制订、现场勘查、跟踪守候、缉捕等。然而，将侦查对象和侦查过程分割开是不现实的，也是不恰当的，假如纯粹研究犯罪嫌疑人的心理、证人的心理和被害人的心理，就脱离了侦查心理学的研究目的。对于犯罪嫌疑人、证人和被害人的侦查心理研究，实际上是和侦查讯问、询问等侦查过程密切结合在一起的。因此，我们将侦查心理学的研究划分为侦查主体心理研究和侦查过程心理研究两大部分。主要从以下这几个方面着手研究。

① 关于侦查活动中不同角色的心理活动特点。
② 关于不同角色在不同侦查阶段的心理状态。
③ 研究不同角色不同行为反应的心理原因。
④ 关于不同类型犯罪嫌疑人的心理特点。
⑤ 关于不同侦查措施的心理效应。
⑥ 关于心理测试与大数据分析技术研究。

（一）侦查主体心理研究

侦查主体无疑是侦查人员，与侦查工作有关的侦查主体心理主要包括两大部分：一是侦查主体业务心理，包括侦查人员思维心理、侦查人员谋略心理和侦查人员决策心理；二是侦查主体素质心理，包括基于心理学视角的侦查人员的素质及选拔研究和侦查人员心理健康的维护研究。侦查主体心理素质与心理健康，则是支撑侦查主体业务心理和开展具体侦查工作的心理基础（见图1-1）。

（二）侦查过程心理研究

侦查过程，是指侦查工作的具体流程和环节，侦查过程心理研究关注的是侦查工作相关流程和环节中所体现的心理规律、心理原则、心理方法和心理技术。依照侦查工作的具体流程，侦查过程心理主要关注的内容包括现场勘查与犯罪心理画像研究、反侦查与缉捕心理研究、证人心理研究、被害人询问心理研究、讯问心理研究和心理测试与大数据分析技术研究（见图1-2）。

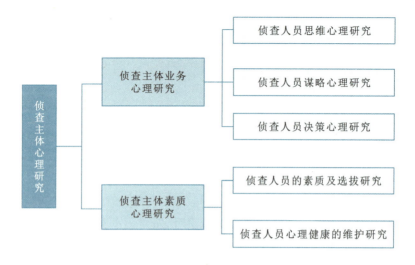

图 1-1　侦查主体心理研究的框架设计

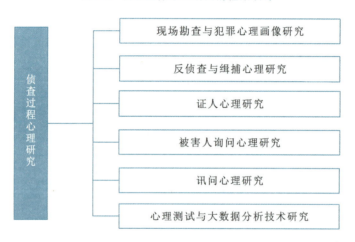

图 1-2　侦查过程心理研究的框架设计

三、侦查心理学的研究对象

对于任何领域的研究，必须有明确的研究对象。有的学者把侦查心理学定义为研究侦查心理现象及其规律的科学，这样的简单表述不利于明确该学科的研究对象和研究范围。国内关于侦查心理学研究对象的认识存在着一定分歧，目前主要有以下三种观点。

李锡海认为侦查心理学是研究侦查主体的心理现象、心理活动及其规律的学科。[1] 认为侦查心理就是侦查主体的心理，至于与侦查活动有关的人，如犯罪

---

[1] 李锡海. 侦察心理学 [M]. 北京：中国人民公安大学出版社，1997.

嫌疑人、证人、被害人，其心理应分别称为犯罪嫌疑人心理、证人心理和被害人心理。这种看法把侦查心理学与侦查人员心理学混为一谈，而实际上，侦查人员心理学应当是警察心理学的分支。

王渤、朱营周[①]认为侦查心理学是研究与侦查活动有关或侦查活动中表现出来的各种心理现象的学科。侦查心理学是研究侦查主体、犯罪嫌疑人、被害人、证人及其他与侦查活动有关的人在侦查活动中所表现出来的心理现象与心理规律的一门学科。[②] 这种看法最具代表性，它是把侦查心理学研究始终立足于侦查活动，为侦查实践服务的。但是，这种观点只考虑到了人的心理现象及活动规律，没有考虑到人的行为活动规律。

乐国安等[③]认为侦查心理学是研究侦查过程中人的心理及其发展变化规律的学科，有广义、狭义之分。广义上的侦查心理学是研究与侦查活动有关的人的心理，狭义上的侦查心理学是研究侦查主体的心理。该观点是协调了以上两种观点的分歧，统一认识，属于折中观点。

侦查实践表明，侦查活动过程是侦查人员的一种独特的认识过程，其明显的特点在于侦查活动总是从犯罪的后果开始，然后追溯原因及犯罪过程的真相。因此，只研究侦查人员的心理是不够的，必须既要研究作案人、被害人、知情人的心理，也要研究侦查人员根据犯罪后果分析案件全过程的心理活动，也就是从犯罪后果追溯研究犯罪的原因、动机、特点，以达到侦破案件的目的。这两者是密不可分的，只有这样的研究才能对侦查实践起到指导作用。

我们还认为，人的行为与心理是密不可分的，行为是心理的外化，心理是行为的内在依据。在侦查过程中，行为分析与心理分析常常需要交叉进行或同步进行。心理分析可以了解行为产生的原因，例如，通过认识痕迹特征来描述行为过程的行为分析，就可以了解痕迹形成的原因。因此，侦查心理学应当研究人的行为活动规律。

综上所述，侦查心理学的研究对象不仅是对侦查中各类主体的心理进行研究，也是对侦查过程中各类关系的研究，如：侦查人员的侦查与犯罪嫌疑人的反侦查的矛盾；侦查人员询问与证人拒证、错证、伪证的矛盾；侦查人员期待准确信息与被害人诬告、误告的矛盾等。就人与物关系而言，涉及侦查人员与犯罪现场、侦查人员与犯罪工具及赃物，等等。而不管人与人的关系还是人与

[①] 王渤，朱营周. 侦查心理 [M]. 北京：中国人民公安大学出版社，2001.
[②] 李安，房绪兴. 侦查心理学——侦查心理的理论与实践 [M]. 北京：中国法制出版社，2005.
[③] 乐国安，王庆明，叶志平，等. 侦察心理学 [M]. 北京：中国人民公安大学出版社，1987.

物的关系都是通过侦查手段建立起来的。因此,侦查心理学的研究对象就是侦查过程中与侦查活动有关的人的行为表现、心理活动及其规律。

四、侦查心理学的研究及应用现状

(一)我国侦查心理学的研究及应用现状

20世纪70年代末,犯罪心理学作为一门独立的学科在我国开始研究。随着犯罪心理学的建立和发展,与犯罪心理学相关的学科也有了发展的土壤。如证人心理学、被害人心理学、预审心理学、刑事侦查心理学等,相关学科如雨后春笋般破土而出,纷纷冲破狭义犯罪心理学研究的局限,形成了研究范围更为广阔的司法心理学学科体系。由于侦查实践的迫切需要,侦查心理学越来越受到人们的重视,有关的论文开始问世,较为系统的学术著作也陆续出版,如1980年徐世京编译了《司法心理学概论》,1981年林秉贤编著了《犯罪心理学纲要》,1982年罗大华等编著了《犯罪心理学》。在这一时期,侦查心理学的研究还没有从犯罪心理学研究中独立出来,尚未形成独立的学科体系。但是,这些初期阶段的预备性研究为20世纪80年代中后期侦查心理学的独立和繁荣打下了基础。

侦查心理学作为一门学科,我国是从20世纪80年代中后期将侦查心理学的研究从犯罪心理学研究中独立出来,专门研究侦查心理学的专著、教材也陆续出版,如:徐功川编著的《侦查心理学》[1];林正吾等著的《侦查审讯心理研究》[2];江西省心理学会法制心理专业委员会编辑了内部发行的《侦察心理研究》(上下册),书中收集了我国侦查心理学的论文和典型案例;林晶修、赵冠贤所著的《侦查心理学》[3];乐国安、王庆明、叶志平、任克勤编著的《侦察心理学》[4];孙汝亭、李增春等著的《刑事侦察心理学》[5];王勇所著的《缉捕心理及行动战术研究》[6];刘汉清等著的《侦查人员心理品质》[7];金瑞芳编著的《审讯心理学》[8]。这一系列的专著、教材标志着侦查心理学作为独立的学科诞生了。

---

[1] 徐功川.侦查心理学[M].重庆:重庆出版社,1984.
[2] 林正吾.侦查审讯心理研究[M].西安:未来出版社,1985.
[3] 林晶修,赵冠贤.侦查心理学[M].北京:群众出版社,1986.
[4] 乐国安,王庆明,叶志平,等.侦察心理学[M].北京:中国人民公安大学出版社,1987.
[5] 孙汝亭,李增春,等.刑事侦察心理学[M].哈尔滨:哈尔滨出版社,1988.
[6] 王勇.缉捕心理及行动战术研究[M].北京:群众出版社,1989.
[7] 刘汉清,等.侦查人员心理品质[M].哈尔滨:哈尔滨出版社,1990.
[8] 金瑞芳.审讯心理学[M].杭州:杭州大学出版社,1990.

随着实践的发展与需要，一些公安院校也陆续开设了侦查心理学课程。通过理论研究的深入，侦查心理学逐渐形成了一定规模的研究队伍，并且以公安院校为依托形成了专门的研究基地，学科本身也逐渐形成了较为固定的学科体系。这些都大大地促进了侦查心理学研究的繁荣和发展。近年来，心理分析、犯罪心理痕迹、犯罪心理形成机制、侦查人员心理等成为研究热点，我国侦查心理学研究进入一个蓬勃发展的新时期。

（二）国外侦查心理学的研究和应用现状

目前，侦查心理学在国外，尤其在英、美等西方国家被高度重视并做了大量的应用研究，这些应用研究已在司法实践中发挥出日益显著的作用，从而为司法领域及社会各界所关注。其中研究和应用较多的是犯罪心理测试技术（国外多称"测谎"），犯罪心理分析技术（包括"心理画像技术""犯罪人个人特征描述""心理线索侦查法""现场心理分析法""心理分析侦查法"等），以及证言和辨认，审讯和询问，谎言识别，唤起被害人、证人等回忆的催眠术，警察的选拔与训练等。在犯罪心理测试技术方面，美国、加拿大、日本、罗马尼亚、俄罗斯等国家都十分重视对这一领域的研究和应用，而美国等国家已达到普及之势。在犯罪心理分析技术方面，美国联邦调查局有专门应用心理分析技术从事全美重特大疑难案件侦破的行为科学部。英国有关侦查部门也专门组织抽调和聘请侦查心理学及心理分析专家，帮助侦破有关重特大疑难案件。在英国利物浦大学还设有侦查心理学专业和专门研究机构。英、美两国都有许多运用心理分析技术成功侦破重特大疑难案件的报道和介绍。据称，它们通过大量研究和资料积累，已形成了一套较为成熟的对系列强奸、杀人等疑难案件进行侦破的心理分析技术。在证言和辨认方面，美、英、德、瑞等国也进行了大量的实验研究，不仅形成了较为深入成熟的理论认识，而且较为广泛地应用于司法实践中。其不仅用于指导相关部门及有关人员的调查取证和组织辨认，也被法庭审理所重视。一些心理学专家甚至作为专家证人被邀请出庭，就有关证言的可靠性等问题进行法庭论证。有许多著名案件，都因心理学专家证人的论证被法官及陪审团所采纳，从而对案件的审理产生了重要的影响，并且美国联邦最高法院、德国联邦最高法院等部门，也十分重视证言的心理学评价。在审讯和询问方面，英、美等国也有许多报道，客观地介绍了警察的审讯和询问方式对供述及陈述的影响，并且编写了专门的教材用于对警察的培训。在唤起被害人、证人的记忆方面，美、英等国就唤起被害人、证人记忆的方法及催眠技术，也做了一定的研究和应用。另外，在警察的选拔和训练方面，美、英等国进行了相关研究，并在此基础上，对警察的选拔与训练给予专门的指导。

总之，国外尤其是美、英、德、俄等国，对于犯罪及刑事侦查心理有关的问题方面十分重视，不仅做了大量的理论和应用研究，有了长足的发展，而且非常重视其在司法实践中的应用，并呈现出良好的发展势头，这一局面应该引起我国侦查领域以及整个司法领域的重视与借鉴学习。

五、侦查心理学与相邻学科的关系

侦查心理学与很多学科都有千丝万缕的联系，它同法学、侦查学、心理学具有密切关联；侦查心理学同其他社会科学也有联系，因此，侦查心理学是一门交叉学科，在多学科理论基础优势的引领下，准确梳理和把握侦查心理学的综合优势，从各学科中汲取对自身发展有益的成分。厘清侦查心理学与相关学科的界限，为构建属于侦查心理学的理论奠定初步的基础。

（一）侦查心理学与法学的关系

法学，又称法律学、法律科学，是以法律、法律现象以及其规律性为研究内容的科学，它是研究与法相关的问题的专门学问，是关于法律问题的知识和理论体系。法律作为社会的强制性规范，其直接目的在于维持社会秩序，并通过秩序的构建与维护，实现社会公正。作为以法律为研究对象的法学，其核心是对秩序与公正的研究，是秩序与公正之学。侦查心理学的研究对象与研究目的和法学的研究对象与研究目的，既存在一定的联系，又存在一定的区别。联系表现在：侦查心理学和法学的研究目的都是为了打击犯罪和追求司法工作更高效；区别表现在：在具体研究过程中，法学更关注定性问题，而侦查心理学更关注实施侦查活动背后的心理规律，从而为实现法学追求的目标服务。由此可见，法学为侦查心理学提供了理论框架，侦查心理学需要在法学规定的范畴中展开，要将法学作为自己研究的宏观背景，研究对象和研究目的要服务于法学的基本设计。

（二）侦查心理学与侦查学的关系

侦查学是一门研究刑事犯罪、侦查行为及其活动规律的学科。侦查学主要关注刑事犯罪的特点与规律，在此基础上研究各种对策性的侦查行为，并关注刑事犯罪和侦查行为之间的互动关系。由此可见，侦查学研究的内容和范畴比较广泛，而侦查心理学研究关注的则是侦查学领域的心理规律，如：侦查心理学的研究对象是人的心理现象，而侦查学则是揭露、证实犯罪的侦查措施、技术手段和侦查方法的科学，它们都是以侦查对象为出发点的。此外，侦查学的发展需要得到侦查心理学的支持，因为任何侦查任务的完成都离不开人心理的作用，而侦查心理学中有关侦查人员的感知觉、思维等认知活动的研究，对于痕迹检验、现场勘查的研究也提出新的要求，使侦查工作更加准确客观。研究实践中侦查心理学要始终立足于侦查问题，探究和总结出侦查工作中更多的心理方法和心理对策，配合其他科学方法，使刑事侦查工作完成得更好。这不仅应当视为侦查心理学研究和发展的最终任务，也是刑事侦查科学和实际侦查工作对侦查心理学提出的要求。

（三）侦查心理学与心理学的关系

作为一门应用学科，侦查心理学根据侦查工作的需要，把心理学的有关知识和研究成果，具体运用于刑事侦查领域。在具体运用中主要采用心理学的视角研究侦查工程中发现的问题，因此，心理学的基础对于侦查心理学研究具有转变研究视角、转变研究思路、更新研究视野等方面的意义。如：当代认知心理学的研究表明，记忆是一个主动构建的过程，而与此有关的结论就可以被应用到侦查心理学中，于是在询问证人的时候要注意避免诱导和暗示已成为刑侦人员的共识。当然侦查心理学并不是完全被动地应用心理学的知识，在应用过程中，它也能够主动地归纳总结自身特有的一些心理规律，从而去充实心理学的内容。又如：证人心理学中对记忆扭曲的研究已经被心理学作为记忆的一般规律加以吸收。介于侦查心理学是心理学的一个分支，侦查心理学是应用心理学原理与侦查工作实践结合而形成的，在应用过程中它也能够主动地发展自身特有的规律，从而去充实心理学的内容，检验心理学的基本理论，为心理学的发展提供必要的素材。此外，侦查心理学强调司法的正义与公平，因此，侦查心理学对心理误差的准确性也有较高的要求，普通心理学中所允许的误差程度可能在侦查心理学中就不被允许。鉴于此，侦查心理学必须积极借鉴心理学的基础，特别是要关注与侦查实践有密切关联的前沿理论与视野，如从认知科学的角度解析侦查人员办案过程中的认知特点与规律。侦查心理学还应积极借鉴心理学的研究理念与方法，优化和提升侦查心理学研究的层次，提高研究成果的科学性和严谨性，从而驱动整个侦查学科的研究层次与水平。需要注意的是，心理学的研究发展较为迅猛，衍生出了很多二级学科，侦查心理学应结合自身的问题实际和研究需求，积极借鉴心理学及其二级学科的理论基础与前沿成果，为提升侦查心理学在应用社会科学中的地位做出贡献。总之，心理学的发展，势必带动侦查心理学的发展。侦查心理学的理论体系和方法系统也会逐渐完善，反过来丰富心理学的学科内涵。

（四）侦查心理学与犯罪心理学的关系

犯罪心理学是运用心理学原理研究犯罪行为人的心理活动及其形成、发展、变化规律和犯罪对策的一门学科。犯罪心理学关于犯罪嫌疑人犯罪心理活动及规律、犯罪心理的各种表现和犯罪对策心理的研究不仅为侦查心理学的研究提供了可靠的理论来源，也为侦查心理学理论的完善提供了重要的补充。而侦查心理学的相关研究也补充了犯罪心理学研究中的不足，弥补了犯罪心理学研究中的薄弱点。

（五）侦查心理学与社会心理学的关系

社会心理学是心理学的重要分支，它以人际行为为研究对象，探讨社会、团体、环境中个体及个体之间相互作用的心理活动、行为表现的原因和方式。社会心理学的研究成果使侦查心理学的研究更具有针对性，并且解决了侦查人员、犯罪嫌疑人、知情人、被害人与社会其他成员互动过程中的心理学问题。而侦查心理学相关方面的研究又是社会心理学基本原理在侦查活动中的具体运用。

第二节　侦查心理学研究的原则和方法

侦查过程是与犯罪嫌疑人斗智斗勇的过程，侦查人员的知识更新与技术提高就显得尤为重要。犯罪人的素质与作案的科技含量在不断提高，所以侦查心理学应当及时吸收最新的心理学研究成果并及时提供给侦查人员；同时侦查心理学应及时研究侦查过程中遇到的心理学课题，在遵守一定的原则下，采用科学的方法，解决实践问题。以应用价值作为本学科的追求目标，如果离开了原则的指导，研究工作就会迷失方向；如果没有科学的方法，研究也难以取得成果。

一、侦查心理学研究的原则

（一）理论联系实际的原则

理论与实践相结合是一切科学研究应遵循的基本原则。侦查心理学是一门应用心理学，研究的目的在于实践应用，因此侦查心理学研究必须坚持理论联系实践的原则。既要结合侦查工作,将侦查实践经验进行总结、提炼,在实践中对侦查心理学的理论进行补充、修正,又要发挥理论的指导作用,从心理学理论方面对侦查工作经验加以总结和提炼,使之有利于侦破案件,打击犯罪活动。我国侦查心理学研究才刚刚起步,很多一线侦查人员对此还不甚了解,因此,侦查心理学研究尚缺乏大量的侦查实践经验,大多热衷于理论研究,而侦查工作者又缺乏必要的理论指导,多以亲历、经验或直观判断代替科学的侦查心理学理论。唯有将理论联系实际,二者才能相得益彰,侦查工作才能开展得更为顺利。

(二)客观性原则

任何事物的发生、发展都有其自身的规律,心理活动的规律与其他事物的规律一样,也是客观存在的。人的心理现象在活动中产生,并在自己的行为中表现出来,它的规律是可以被认知的。犯罪活动是客观存在的,不管它有多么神秘莫测,只要我们认真进行调查研究,都可以发现并掌握其规律性。侦查过程中的各种心理现象,都是有关人员参与侦查活动时对各种有关事物的反应,并通过互动表现出来。因此,侦查心理学研究必须坚持客观性原则,要从案件的客观性、侦查环境的客观性、侦查行为的客观性来把握侦查心理的规律,防止主观臆测。

(三)发展的原则

辩证唯物主义和历史唯物主义告诉我们,自然界及社会上的一切事物、现象都处于运动和发展变化的过程中,静止不变的事物是没有的。遵循这个原则,我们在进行侦查心理学研究时,应坚持用发展的眼光看待侦查过程中的心理现象。首先,用历史的视角看,不同时代、不同阶段,由于人们的社会心理发展水平不同,犯罪表现特点不同,侦查心理也带有历史的痕迹,表现出一定时期特有的特点;其次,在侦查过程中,随着侦查活动的进行,侦查人员、犯罪嫌疑人、被害人、知情人等交互构成的整体侦查心理反应也呈阶段性变化,不同阶段有不同的心理特点;最后,就侦查活动参与者的每个个体及每种具体心理反应而言,也会随环境、时间的变化而变化。

发展的原则要求我们把侦查心理现象看作是动态变化的。具体到犯罪嫌疑人,其抵赖、拒供只是暂时的,只要我们能找到促使其心理变化的因素,采用适当的方法,就能打开缺口,促其转变。发展的原则使我们对实现侦查目标充满信心,但也应注意,不利的因素也会导致案情向相反方向转化。

（四）具体问题具体分析原则

这一原则要求我们在运用侦查心理学研究揭示侦查工作中的一般规律时，要考虑当时当地的具体情况，不能生搬硬套、盲目照搬。首先，侦查心理学和心理学一样，侦查心理学常有一定的或然性，它所揭示的是反映侦查心理现象的一般规律，但由于影响侦查心理的原因是多方面的、多层次的，其中任何因素的变化都可能会使结果大相径庭，如果不加分析地照搬照抄，就可能导致错误。如，财产失窃案件的被害人会主动报案，协助侦查机关破案，而有的被害人（财产来历不明）失窃后不但不报案，甚至在犯罪分子指认失主时否认自己失窃。其次，人的心理是千变万化的，侦查心理现象也始终处于动态变化中，不考虑这些变化就可能会出现失误。最后，我国侦查心理学研究的理论性、科学性还有待进一步提高。因此在侦查工作实际中要具体问题具体分析。

（五）整体性原则

整体性原则是指在研究中把人的心理现象、行为都看作一个整体，用联系、系统的观点去分析、研究它，不能将其割裂开来，孤立地分析。一方面，我们在进行侦查心理学研究时，要坚持整体性观点。侦查心理作为一种心理现象是由许多心理现象相互联系、相互作用而形成的综合反映，其中，犯罪嫌疑人的犯罪行为及心理是一条主线，而被害人、知情人及相关人员的行为和心理对整个侦查心理有重要的影响和作用。只有将它们看作一个有机联系的整体，才能避免出现片面的认识，才能真正把握侦查心理发展变化的规律。另一方面，在研究某种具体心理现象、行为反应时，要尽可能地考虑与其相关的其他行为、心理，挖掘出所有的相关因素，并把它看作是动态变化的，对其进行全面的分析研究。任何一起犯罪案件的发生，都是既有共性又有特性。侦查心理学研究要从整体上把握这种共性和特性。

二、侦查心理学研究的方法

每一门学科都有本学科的特殊性，也就有本学科专门的研究方法。侦查心理学是一门拥有跨学科特点的应用社会科学研究领域的学科。目前侦查心理学研究多借助于社会科学领域的各种研究方法，在具体的研究过程中常常采用以下几种主要方法。

（一）案例分析法

案例分析法是选择具有研究价值的典型案例进行心理分析，从中发现心理活动的形成过程、表现特点及变化规律的方法。案例分析法是总结以往侦查工作的经验和教训的重要途径，对于开展案例式教学具有重要价值。

事实上，许多成功的侦破案例中，都有运用心理学分析案情指导破案的经验，只是还比较零碎，不成系统，还没有上升到理论的高度，需要我们进行研究整理。案例分析法使用的关键是选择的案例要典型、新颖，有一定的代表性。对相关案例的研究要能揭示侦查心理发展变化的特点，或其研究成果有推广价值。因此，案例分析法的优点是形式生动，易于接受，缺点是案例选择的量上难以把握。

（二）经验总结法

经验总结法是将在侦查实践中获得的经验，经过整理分类，从中提炼出共性，形成系统化的知识体系和理论架构的一种方法。侦查人员在长期的侦查实践中积累了丰富的经验，这些经验是他们自觉或不自觉地运用侦查心理学知识的结果，对其进行总结归纳，意义重大。如：侦查人员在讯问过程中观察到犯罪嫌疑人不同的肢体语言展现的不同含义，通过长期的观察研究，总结出不同的犯罪嫌疑人的肢体语言的特征及表现，为以后的讯问活动与案件侦破提供方法和理论引导。

经验总结法是一种综合性的研究方法。该方法在具体运用过程中往往会结合其他的研究方法，如观察法、调查法、案例分析法等。一般而言，收集的材料越多，经验越丰富，得出的结论就越有效、越有推广价值。经验总结法的缺点是材料杂乱，时效性和局域性较强。

（三）观察法

观察法是在一定条件下，研究者通过观察侦查主体和侦查客体的外部表现去了解他们的心理活动的一种方法。运用观察法既可以从大量的行为材料中寻找出规律性的东西，也可以对某种行为掩盖下的心理状态加以推测。例如，在本章引例中，男青年的行为反映了他紧张、害怕孤独和暴露的心理。使用观察法要注意以下几点。

（1）要在自然情况下进行，即观察对象的心理不能受其他因素的干扰，否则就毫无价值。

（2）要有目的、有计划。盲目的观察是没有意义的，我们要带着问题去观察。

（3）要注意总结和分析，运用心理学理论，客观地分析这些材料所包含的心理特点和规律，最后得出科学的结论。

（四）调查法

1. 谈话法

研究者为了弄清某种心理现象发生的原因或某人的心理特点而直接与调查对象交谈，通过有目的的交谈获得有关资料，从而得出一定的结论。如侦查人员为了了解知情人不愿作证的心理而进行谈话。

2. 问卷法

研究者把要研究的问题拟成简明易答的问卷，让被调查对象如实填写，然后回收问卷进行处理，并从中归纳出规律，从而研究某种心理活动的规律或特点。

3. 个案追踪研究法

研究者对某一特定的犯罪主体，在较长时间内，对其言论行动及生活历史进行追踪调查，以了解其心理发展轨迹，掌握其心理特点。

（五）实验法

实验法一直是研究心理现象的主要方法。它是研究者有目的地创设或采取措施，控制一定的条件，促使某种心理现象发生，从而进行心理分析的方法。因此其研究结果的精确度和严谨性要优于谈话法与问卷法。按照控制条件的程度可分为实验室实验法、现场实验法和心理测验。

1. 实验室实验法

实验室实验法是指在人为制造的实验室环境中，需要有专门的仪器和经过专门训练的人员才能进行的实验法。实验室实验法的优点是精确、针对性强，缺点是缺乏普遍性和真实性。

2. 现场实验法

现场实验法是指在特定的场所对某些条件进行控制，对由此发生的相应心理变化进行分析、研究的方法。现场实验法可以解决侦查中的一些疑难问题，如模拟犯罪现场"重演"犯罪的一幕。现场实验法的优点是得出的结论具有普遍性，缺点是代价较高。

3. 心理测验

心理测验是使用测量量表对研究对象的智力水平、个性特征进行测量、评价，研究其心理特点的方法。使用这种方法，要注意尽量避开某些倾向性因素的干扰。

（六）心理测验法

心理测验法是根据人们的潜意识特性，采用一定的刺激手段，从而了解被测者心理状态的方法。如：审讯更名换姓的犯罪分子，在紧张的审讯过程中，突然将其真实姓名大声喊出来，他往往会随口答应。

现代国家已经明确规定，在人员选拔中可以运用相关的心理测验，例如能力测验、个性测验、心理健康测验等。心理测验法的优点在于其经过长期的实践检验，信度、效度较高；其缺点在于量表的种类有限，测量的范围受到限制。

侦查心理学研究的方法还有很多，这里介绍的只是一些常用的方法。需要说明的是，以上方法各有利弊，有一定的使用条件，研究者在使用时应将几种方法结合起来，取长补短，以取得最佳效果。

三、侦查心理学研究的意义

侦查心理学的研究是在心理学与侦查学发展的基础上进行的，体现了这些学科发展的必然趋势。此外，侦查心理学自身的发展又是侦查实践工作的迫切需要。也就是说，研究侦查心理学有其理论意义和实践应用价值。

（一）研究侦查心理学的理论意义

1. 侦查心理学的研究是侦查学基础理论研究的重要组成

侦查学是一门实践性很强的学科，该学科的研究直接为打击与预防犯罪提供理论指导。侦查心理学所关注的是侦查现象的心理学原理，所探究的是合理的侦查行为的心理学依据。从这一角度理解侦查心理学，应当是侦查学的基础理论学科。侦查心理学的研究，不仅为我国侦查学的理论研究开辟了一个新的领域，而且充实了侦查学的基础理论。

2. 研究侦查心理学可以促进心理学的发展

侦查心理学是普通心理学和社会心理学的分支和应用学科，一方面，需要接受心理学的指导，运用心理学的基本理论来解释、分析和研究侦查中的心理现象。另一方面，侦查工作是一项特殊的业务领域，有其自身的发展规律。侦查心理学通过对自身对象的研究，可以从理论上丰富和充实心理学的内容。例如，侦查心理学对侦查活动中各种人员特殊心理现象和规律的研究，并不是简单地套用心理学已有的成果，而是根据刑事侦查活动的特点，进行有针对性的、超越原有心理学理论的研究。例如，在侦查过程中，对证言可靠性的研究，可以丰富心理学中的观察、陈述、记忆等理论；对侦查过程中的各种暗示、从众等现象的研究，也可以丰富社会心理学的相关内容。

3. 研究侦查心理学可以充实犯罪心理学的基本理论

侦查心理学是犯罪对策心理学的研究范畴，可以被理解为广义的犯罪心理学的分支学科。侦查心理学作为犯罪心理学的分支学科，其理论研究的成果可以充实犯罪心理学的基本理论。此外，侦查心理学为了自身发展的需要，也要关注犯罪心理学的一些基本理论，如要研究犯罪现场中的心理痕迹，必须要深刻地理解并研究犯罪嫌疑人的人格特征及其犯罪行为过程中的心理现象，这些研究必然有助于犯罪心理学的发展。

（二）研究侦查心理学的实践意义

侦查心理学作为一门应用性学科，对其开展研究具有重要意义。尤其是我国的侦查心理学研究还处于起步阶段，学科体系不完整，理论水平不高，迫切需要加强研究，将研究成果应用到侦查实践中，为侦查实践服务。因此，研究各种侦查心理现象和规律特点，对提高侦查人员的业务水平和整体素质，以及为侦查工作提供心理学方法与对策，有着十分重要的实践意义。研究侦查心理学的实践意义具体表现在以下几个方面。

1. 能使侦查人员形成良好的自我认识

研究侦查心理学可以使侦查人员在了解侦查心理学知识的基础上，正确地认识自我，用理论知识进一步指导自己的侦查实践，在侦查工作中扬长避短，最大限度地发挥自己的潜能，提高办案的科学水平。侦查工作的特点是复杂艰苦、富有挑战性，因而要求侦查人员必须具有良好的心理品质。每个人在心理上都会有一些弱点，侦查人员也不例外。要战胜人性的弱点，克服心理上的一些障碍，侦查人员必须要有良好的自我认知，能够进行自我调节，从而可以始终保持较强的自我控制能力。在侦查部门中有许多优秀的侦查人员，他们都在工作中自觉或不自觉地应用了心理学知识，并积累了宝贵的经验，但他们自身并不能对自己的心理活动特点进行科学的总结，所以无法有效地发挥这种经验的效用。通过侦查心理学的相关研究，可以帮助侦查人员正确地认识自己的心理现象的各个方面，有利于他们在工作中自觉地调节自身的心理活动，培养良好的心理品质，提高工作能力。

2. 有利于选拔、培养和训练合格、优秀的侦查人员

侦查人员如果具备了优秀的心理品质和良好的职业道德，不仅能获得人民群众的有力支持，也有利于侦查工作的开展。侦查活动是一项既具有挑战性，又十分艰苦的工作，这就要求侦查人员在心理上必须具备相应的标准和要求。侦查心理学关于侦查人员心理品质的选拔、训练等方面的研究成果，可以满足培养和选拔侦查人员的需要，为提高侦查队伍的整体素质和战斗力提供实践指导。

3. 能为侦查工作提供心理学对策

在现场勘查中，注重对犯罪嫌疑人心理活动的分析，可以更准确地刻画犯罪嫌疑人可能具备的人口学特征以及身体、心理特征，从而为进一步的追缉、摸排等工作提供有利条件。在现场访问中，对被访问人心理活动的了解，可以使侦查人员帮助被访问人克服心理障碍，以尽快获得对侦查工作有利的线索。此外，讯问中的心理控制，以及证词的审查、判断等手段的正确运用，也可以从效率上和打击犯罪的准确性上为侦查工作服务。

侦查心理学研究对侦查实践的指导作用主要体现在以下几个方面。

第一，分析和指导勘查犯罪现场。犯罪现场必然留有犯罪人活动的踪迹，人的行为是受心理活动支配的，有什么样的心理活动就会表现出什么样的行为。在现场勘查中，我们通过对痕迹、物证及其之间关系的分析，可以了解犯罪人实施了哪些行为，进而可以分析犯罪人的心理活动。反过来，通过对犯罪人心理活动的研究，可以掌握犯罪人可能实施了哪些行为，会留下什么样的物证，从而指导我们勘查、分析犯罪现场。通过犯罪现场心理特征分析，可以了解犯罪人为什么会这么做，并解释犯罪现场留下的难以解释的物质痕迹，或进一步发现犯罪现场的物质痕迹。例如，通过杀人案件现场所遗留的痕迹，可以分析犯罪人实施了哪些行为、先后顺序如何、用了什么工具；可以了解犯罪人和被害人的关系，是熟人还是生人，是预谋杀人还是临时起意杀人；可以分析犯罪人心理状态如何，是否有伪装等。这样，根据现场情况进行心理分析，对深入勘查犯罪现场，寻找犯罪嫌疑人，收集、查证线索，具有重要意义。

第二，指导对有关人员进行调查访问，收集证据材料。同被访问人建立良好的心理接触，是调查访问的一项基本策略方法。被访问人是否愿意配合调查

访问，提供的材料是否真实、全面，直接影响到侦查人员对案情的分析判断。只有分析并掌握被害人、知情人及相关人员的心理特点，运用适当的询问方法，侦查人员才有可能获取全面、客观的案情信息，才能对被访问人提供材料的真实程度进行估测。

对证据材料的审查判断离不开心理分析，特别是言词证据，需要运用心理学的原理与方法对证人的作证动机、感觉能力、记忆能力、表述能力等心理因素进行分析，还需要对影响证人感觉、记忆和陈述的各种主客观因素进行分析，判断其可靠性。

第三，指导分析刻画、摸排犯罪嫌疑人。侦查心理学所研究的犯罪人特征描述，可以根据犯罪人的犯罪行为来描述、分析罪犯，从而缩小犯罪嫌疑人范围。任何案件都有发生的原因，犯罪人实施犯罪总要留下痕迹，分析犯罪人的作案原因和动机，研究物质痕迹和心理痕迹，有助于了解犯罪人的犯罪行为，准确刻画犯罪人，使侦查工作少走弯路，加快破案的进程。分析犯罪人作案后的行为表现和心理特点，有助于很快从案件涉及的众多人中找到嫌疑对象。

第四，指导侦查行为和强制措施的实施。对犯罪嫌疑人的心理测试、辨认结论的分析，离不开对相关因素的心理学分析。实施搜查、讯问等措施，心理策略的运用至关重要。缉捕逃犯也需要运用心理对策。这些都依赖于侦查心理学的发展所提供的心理学方法和技术。侦查心理学根据心理现象发生的规律，研究不同的侦查措施对不同对象的心理影响，研究导致行为人不同行为反应的规律，从而指导侦查人员在侦查实践中恰当地使用不同的侦查措施。

第五，指导侦查人员维护自身的心理健康。侦查人员心理压力大是一个不争的事实，侦查心理学关于侦查人员的心理品质及心理健康的相关研究，不仅为选拔、配备、培养、使用侦查人员提供了参考，而且为侦查人员心理健康的自我维护、良好心理品质的培养提供了重要的方法，从而提高侦查队伍的整体素质和战斗力。

拓展知识

国外的侦查心理学研究

据史料记载，古代印度的办案人员创造了一种确证犯罪嫌疑人的方法：将犯罪嫌疑人送进一间里面拴着一头"圣驴"的黑屋子，命令他们去拉已经撒上黑粉末的"圣驴"尾巴，并预先告诉他们，如果谁一拉"圣驴"的尾巴，"圣驴"叫了起来，谁就有罪。清白的人因无所顾忌就敢于去拉，而有罪的人则不敢。事后办案人员会检查一下这些人的手有无黑粉末,就能发现谁是犯罪人。办案人员正是利用犯罪人作案后的恐惧、心虚、怕暴露的心理特点,达到揭露犯罪、证实犯罪人的目的。

大约17世纪,西方就有了专门核对笔迹的人,他们被称为书法检验专家。意大利的卡米洛·巴尔迪在1622年写了一本名为《怎样根据字迹判断写字者的性格和气质》的小册子,这是把人的字迹和人的性格联系起来论述的第一部论著。该书认为,由于每个人的书写都有其独特方式,这种方式会逐渐自动化并形成固定的书写习惯,与书写者的解剖学结构及神经系统的特点有关,也同书写技能、心理状态、个性心理有关。1876年被称为"犯罪学之父"的龙勃罗梭出版了《犯罪人论》,将犯罪人的个性纳入犯罪研究的视野中,为司法心理学的产生提供了准备,也吸引了人们去关注心理学与法律两个学科的结合。

1908年,闵斯特伯格的《在证人席上》一书出版,该书有些章的主题,包括记忆歪曲、证言准确性、供述、易受暗示性、催眠、犯罪侦查和犯罪预防等,在不同程度上反映了心理学家们对当代司法心理学主题的思考范围。闵斯特贝格拓宽了心理学的研究范围,对涉及工业、经济、心理治疗、法律、教育等许多领域的应用心理学都进行过开创性的研究。随着侦查学的诞生,侦查学有了自己特定的研究领域。之后,心理学结合这一领域形成了侦查心理学。侦查学奠基人汉斯·格罗斯把犯罪侦查学定义为:利用自然科学和心理科学的方法,进行犯罪侦查的学问。其后,海尔维西所著的《心理学与发现犯罪的讯问技术》、格拉斯培尔盖的《刑事程序心理学》,将侦查与心理学进一步紧密结合。可以认为,在19世纪末20世纪初,侦查心理学初步形成。但是,侦查心理学乃至整个司法心理学,在第一次世界大战到20世纪70年代中期都陷入了低潮,几乎没有经验性的研究。原因是该时期的心理学研究主要趋向于理论问题而很少关注实际问题,或者说是心理学没有适当地满足复杂的法庭现实的需要。此后,实验心理学与社会心理学又开始关注法律领域。

美国等西方国家非常重视心理学研究,司法心理学应用研究十分普遍。20世纪心理学在美国有较大发展,美国高度重视应用心理学研究,在军事和犯罪侦查方面都是如此。他们不断加强对心理战的研究,甚至在海湾战争中实施了心理战。美国重视心理学的表现之一就是会对警察进行严格的心理选拔、心理训练。美国是世界上较早运用心理学方法选拔警察的国家之一,其心理选拔的内容和方法一直居世界领先地位。20世纪80年代初,美国曾明确规定警察选拔应包括四项基本内容:心理测验、情境测验、身体和自然状态考查、面试。现在,美国已将心理学的原理与方法运用到大量案例的侦破、调查和审讯中。例如,联邦调查局行为科学调查支援科创建人道格拉斯提出的个性分析技术,"个性分析技术是一项很重要的侦查方法,到21世纪,刑事侦查方法将有两大突破,一是个性分析技术,二是催眠术的应用"。道格拉斯的个性分析技术包括罪犯侧写、识别标志等。罪犯侧写,有的地方翻译成犯罪人形象合成,就是对犯罪人的性格、智商、爱好、性别、种族、年龄、婚姻、职业、教育程度等个人情况的描述。识别标志,指的是犯罪人在犯罪时必须会做的事情或行为,这些事情或行为是一种信号显示,就是根据犯罪人的犯罪行为来描述、分析犯罪人,从而成功地缩小犯罪嫌疑人范围直至确定犯罪人。

本章小结

侦查心理学是司法心理学的一个分支,它是运用心理学的原理,研究与侦查活动有关的人在侦查过程中的行为及心理活动发生、发展规律的一门实用性学科。侦查心理学的研究对象就是侦查过程中与侦查活动有关的人的行为表现、心理活动及其规律。

思考题

1. 什么是侦查心理学?
2. 侦查心理学的研究对象是什么?
3. 研究侦查心理学需要遵循哪些原则?具体研究方法有哪些?
4. 研究侦查心理学有什么意义?
5. 学习侦查心理学对侦查工作有何指导作用?

第二章

侦查决策心理

◆ **本章引例**

"康州碎木机杀人案"是一起令人发指的杀人案件。某年11月19日,住在康州新镇市的泛美航空公司的"空嫂"海莉突然失踪。警方接到报案后,经过调查,怀疑海莉已被有外遇的丈夫理查德杀害,但是警方没有找到任何证据,甚至无法证明海莉已经死亡。陷入僵局之际,他们想到了李昌钰博士。

李昌钰博士重点勘查了这对夫妻的卧室,并在双人床床垫的侧面发现了一些极不明显的长条状痕迹。经检验,确认是被人清理过的血痕,并且血型与失踪的海莉吻合。这是该案一个重要的突破!

李昌钰博士与警方一起重新梳理线索,并调查了理查德最近所有的消费记录,发现了一些疑点。11月19日是海伦失踪的第一天,这一天刚下完暴雪,理查德买了一些被子,而在11月17日,他买了一个新的大冰柜,租了一辆平常搬家才会用到的小货车和一个马力强大的碎木机。

李昌钰博士组织警察们全面仔细地勘查附近的那段河岸，而且将岸坡上的积雪一点一点地融化。经过对河岸与河底仔细的勘查，警方在融化的雪水中相继找到了一些碎木片、毛发、纤维、骨头碎片、人体组织碎片等，还有一小片带着指甲油的指甲、一小块很像牙医们镶牙用的金属片和一小块牙齿。与此同时，在河床上发现了一台被拆卸开的油锯，从上面提取到了一些微量物质，包括毛发、纤维、人体组织和血痕物质。他们又对油锯上被刮掉的号码进行复原处理，通过油锯的编号证实了油锯的主人正是理查德！后面又运用一系列法庭科学技术手段，最终证实理查德就是凶手，至此案件告破。

　　李昌钰博士是如何打破僵局侦破案件的呢？警方一开始没有任何进展的原因又是什么呢？

◆ 本章学习目标

　　了解侦查决策心理机制的形成过程与侦查决策的主要类型，客观认识侦查主体产生认知偏差的原因和影响，掌握如何进行矫正的方法机制。同时，了解侦查中的一般心理对策，尤其是掌握心理分析与攻心术。

决策在古代通常用于政治、军事领域之中。到了现代，决策更多地被用作管理学名词，并广泛用于政治、经济、医疗、商业等诸多领域。决策也有广义和狭义之分。广义的决策可以看作是一个寻找问题、分析问题、制订方案、选择和实施方案并且进行评估的全部过程；狭义的决策就是选择，是特定行为主体为实现一个既定的目标或价值而做出的选择。

侦查决策也有广义和狭义之分。广义的侦查决策指侦查主体以实现侦查决策目标为指引，评估侦查决策信息而拟订多套备选侦查决策方案，并按照一定评估标准选出最优化侦查决策方案的过程。广义的侦查决策强调的是动态的过程，即侦查决策是系统的、连续的，由多个环节共同构建而成。狭义的侦查决策则仅是指在多套备选侦查决策方案中，所做出的最为合理的选择，强调的是抉择的结果，是相对静态单一的。

第一节　侦查决策心理机制

侦查决策的心理机制，是指由侦查主体提出、制订、选择和实施侦查决策等具体的组织形成过程。因此，清晰梳理侦查决策的流程与环节，了解侦查决策心理机制的形成过程，对于合理优化侦查决策、提高侦查工作效率具有重要的指导意义。

一、信息收集与评估

想要做出最佳的侦查决策，就必须占有一定数量的资料信息，这样才能以充分的线索信息作为基础，制订出下一步行动的决策方案。否则，不依据任何线索信息的侦查决策就只能是假设或臆想，会导致侦查工作偏离正确的方向。

若想确保侦查决策的客观、科学、准确、有效，首要任务就是要做到广泛收集相关信息，并做出准确的评估分析。也就是说，侦查决策主体在进行侦查决策之前，应当全面收集与决策目的或目标有关的证据材料和线索信息，根据其准确程度以及与决策目的或目标的关联程度加以分类，剔除那些确定无关或多余重复的信息，然后再对其进行评估分析，寻找出关联性问题，保证所做的侦查决策是建立在广泛全面、客观准确及与案件存在着紧密关联的证据材料和线索信息之上的，这是创建优化高效侦查决策最基本的前提条件。

二、发现问题

侦查决策都是为解决侦查工作中涉及的具体问题而提出来的，前期收集和评估分析的信息经过分类后会涉及各个不同方面，侦查主体需要认真梳理后续侦查工作中所要解决的各类问题，将现有信息较为全面且又迫切需要解决的问题准确地提出来，然后针对这些问题展开分析，论证侦查决策提出的可行性与必要性。侦查的过程，就是逐一解决关联问题的过程，所以问题意识就是侦查决策的重要导向，侦查决策也是为解决具体关联问题而做出的一系列行动方案。否则，不解决具体问题而开展的侦查决策是没有任何实际意义的。因此，侦查主体想要做出有效侦查决策的重要前提条件，就是要发现侦查工作中迫切需要解决的关键性关联问题，同时还要考虑根据现有的信息，针对这些问题后续提出侦查决策的可行性，以确保侦查决策的动态过程可以持续下去。

三、确定目标和评价标准

针对具体关联性问题提出侦查决策的预期结果是决定侦查决策可行性的一个重要方面。若侦查主体提出侦查决策实现目的或目标明确，评价标准详尽，那就证明该侦查决策具有较强的可行性；反之，如果侦查主体提出侦查决策的预期结果是模糊的、不确定的，某种意义上来说也就意味着侦查决策解决问题、实现目的或目标的途径是不清晰、不稳定的，在很大程度上来说也就意味着影响了侦查决策的可行性。因此，侦查主体在提出侦查决策的同时也必须确定好明确的问题及预期目标和与之对应的详细评价标准，并以此作为评价侦查决策可行性的重要依据。

四、侦查决策方案的拟订与优选

侦查主体在历经寻找问题、发现问题、确定问题和评价问题等环节的基础上，需要将侦查决策转化为能够有效解决问题的方案。甚至有的时候，侦查主体会针对同一个待解决的问题预先准备多种侦查决策方案，每种方案可能各有优劣。上述情况是拟订侦查决策方案时常常会遇到的情况，而关键所在就是要及时筛选出最优化的侦查决策方案。否则，犹豫不决可能会导致错过最佳的侦查行动时机，从而影响整个案件的侦破工作无法向前推进。

那如何保障侦查主体能够拟订并筛选出一个最优的侦查决策方案呢？这既需要侦查主体具备较强的业务能力和专业素养，还需要结合缜密的逻辑分析，同时还可以借助大数据辅助处理系统，只有这样才能确保提高侦查决策方案的准确性与时效性。

五、侦查决策方案实施与评价反馈

任何侦查决策方案实施以后，都可能得到涉及以下三个方面的反馈结果。

一是方案在具体执行过程当中，是否存在着某些问题或矛盾冲突，甚至方案是错误的；二是方案是否被有效地贯彻执行及精准验证，能否切实让侦查工作有序推进；三是由于侦查过程具有复杂多变的不确定性，方案可能只有部分内容得到了验证，仍有一部分内容还存在一定的质疑，需要进一步动态调整并提出新的解决方案。

在方案实施以后，落实效果的评价是必要的，其反馈结果对于侦查主体今后提高拟订侦查决策的有效性具有非常重要的指导意义。对于得到验证的方案，需要总结成功经验和可取之处；对于被证伪的方案，要深入剖析问题产生的根源，吸取教训，避免再犯同样的错误；对于落实效果不明确的方案，需要结合案件实际情况，对现有的方案展开反思优化，及时做出调整，拟订出更加细致可靠且符合当前案件实际情况的方案，从而保障侦查工作得以顺利进行。

就以课前案例进行分析。

第一阶段，是信息收集与评估。如接到海莉失踪的报警信息、海莉丈夫的外遇情况及开展相关的现场调查等都是收集到的信息。侦查主体针对以上信息进行评估，判断信息的准确性与之间的关联性。

第二阶段，是发现问题。这起案件中引发的问题很明确，例如，海莉是否还活着，如果还活着，她去哪了？假如海莉已经死亡，那因何而死，如何死的？她的丈夫是否有异常行为等。以上都是与案件有密切关系的问题，当然也会出现许多价值较低、关联性较弱的问题等。

第三阶段，确定目标和评价标准。在上述密切关系问题中，证明的难易程度及方式存在差异。根据本案侦查的需要，建立一个合理标准的评价体系，针对本案确定的关键问题，进行可行性与有效性的评价，明确侦查方向及具体工作任务。

第四阶段，为了解决关键问题，完成具体任务，侦查主体就需要拟订并使用一系列的决策和对策，研判具体的办法途径，分析权衡优劣，制订出侦查首选方案及备用方案。

第五阶段，侦查决策方案实施与评价反馈。在本案初次侦查中，并未取得实质性进展，几个关键性问题并未得到解决。表明侦查决策方案的实施环节存在问题，尤其是犯罪痕迹的收集过程。

为了解决这个关键问题，及时做出调整对策，寻求专家辅助，邀请李昌钰博士参与侦查。经过现场复勘，李昌钰博士找到了具有明确指向性的证据——双人床床垫的侧面发现被清理过的血痕，且血型与海莉一致。

此时，经过分析，案件的性质基本明确，需要确定的问题集中在证明海莉的死亡经过。这时须重新调整侦查措施，补充对海莉丈夫的调查，继续收集信息进行评估。例如，理查德买了一些被子，买了一个新的大冰柜，租了一辆平常搬家才会用到的小货车和一个马力强大的碎木机。根据上述信息反馈，侦查方向基本正确，侦查决策得当。后续又在河岸与河底找到了一些碎木片、毛发、纤维、骨头碎片、人体组织碎片等。至此案情基本明朗，海莉已经死亡，是杀人碎尸的典型案例。

可见，前后侦查主体与侦查决策的不同，展现出不同的侦查决策与对策对案件的侦破作用也不相同。

以上就是侦查决策和侦查对策在实践中的合理运用，具体的方法我们后续一一介绍。

第二节 侦查决策的主要类型

一、科学型侦查决策与经验型侦查决策

依照提出侦查决策时所依据的决策方法不同，可将侦查决策分为科学型侦查决策与经验型侦查决策。

（一）科学型侦查决策

科学型侦查决策是相对于经验型侦查决策而言的，其核心内容是把科学的技术方法用于决策分析的各个阶段环节之中。一方面，决策的模型化、数据化对于提高决策的准确性和科学性有着重要的意义；另一方面，侦查决策是一种多属性决策，在决策过程中依据客观事实和科学的技术方法，选出最富有价值且科学化程度最高的侦查决策方案。

科学型侦查决策的优势在于运用科学化的程序和方法做出侦查决策，缺点是耗时较长、成本高，但通过这种理性的分析、民主的参与、集思广益和深思熟虑而制定出的科学型侦查决策，更加具有合理性和有效性。

但对于大量基层侦查人员来说，在多数情况下很难按照上述科学标准化的决策程序开展工作。这是因为，在案件信息源收集过程阶段，侦查决策的困难之处在于无法判断决策信息的充分性与可靠性。在实践活动中，决策者往往需要在认为决策信息真实有效且达到一定量级时才做出决策，否则，案件信息源的收集与分析工作可能会反复地进行；或者当案件信息量足够多时，且进一步逐一证实后，可能已经失去了侦查决策的最佳时机。可以说，相当数量的侦查决策是在有许多不确定的情况下做出的，而重要的是，侦查活动的紧迫性和复杂性使侦查人员甚至没有充足的时间进行分析研判。因此，在有限的时间里运行一套复杂的程序是浪费时间的，这是科学型侦查决策的局限性。

（二）经验型侦查决策

经验型侦查决策，是指决策者根据以往的侦查工作经验来制定侦查决策的活动和过程。经验型侦查决策并不等同于主观地任意做出决策。此类型侦查决策是以以往的经验、现有的资料基础，以及判断灵感等因素为前提，综合作用后得出的结果。在侦查工作中，经验往往被作为默认的知识背景而不被察觉。

经验型侦查决策的积极意义在于能够更加准确和快捷地做出侦查决策。在繁杂的信息来源中，侦查人员根据案情有针对性地对现有的信息进行筛选整理，根据以往经验认为信息量足够做出判断决策时，就不需要等待收集完成理论程度上的完整信息，这样可以大大压缩分析研判时间，尤其是在紧急状况下需要立刻做出决策的时候。

同时，经验型侦查决策也会有一定的局限性。一方面，在侦查人员做出经验型侦查决策时受决策者主观因素的影响较大，侦查人员会根据过往所经历的事件和情景的总结而去理解和解释新信息。在经历不同、认知不同的情况下，容易造成一定的偏差或错误，从而导致侦查工作面临很大的风险性。另一方面，经验需要一个长期积累的过程，他人也无法体会你的经历。因此，经验型侦查决策作为一种决策方法，无法用具体的量化标准和规范进行准确的传授和推广。经验型侦查决策的局限性也提醒我们，不能完全依靠侦查人员的经验来推动侦查工作。

二、准备型侦查决策与临机型侦查决策

侦查活动是一种复杂多变的认知活动,充满了大量的未知性与不确定性,同时侦查活动具有阶段性与程序性,轻重缓急有所不同。因此依照侦查活动对侦查决策时间要求的不同,也可将侦查决策分为准备型侦查决策与临机型侦查决策。若时间要求不紧迫,且需要统筹安排一定的侦查活动,侦查人员则可开展准备型侦查决策;但若需要即时开展的侦查活动,则需要侦查人员依据情况的变化,随时做出临机型侦查决策。

(一)准备型侦查决策

准备型侦查决策是指案情基本明确,掌握的信息资料比较充分,在进行较为全面准确的研判与分析之后做出的一种决策。准备型侦查决策的特点有:占有的信息源资料较充分、决策的环境相对稳定、决策与反馈的时间较长、决策的流程与问题清晰明确、任务的结构合理清楚等。

通常准备型侦查决策是由多数决策者集体做出的,是在上一阶段侦查活动分析总结的基础之上,有针对性地对下一阶段侦查活动所要解决的核心问题做出相对宏观的对策和拟订方案,如案情梳理分析等。

(二)临机型侦查决策

临机型侦查决策是指侦查过程中,存在两个以上可能性的案情条件,随时依据侦查活动的需要而即时做出对应调整的侦查决策。临机型侦查决策的特点有:占有的信息资料较为有限、决策的环境相对不稳定、决策与反馈的时间紧迫、决策的流程与问题不明确、任务的结构不清晰等。

通常临机型侦查决策是由少数侦查人员在执行具体任务活动中,随着具体案情的实时变化,而做出相应的具体侦查决策,如在侦查讯问时,根据被讯问人的状态与表现,及时调整讯问的策略等。

第三节 侦查主体的认知偏差

一、侦查主体认知偏差的研究背景与基本视域

（一）侦查错案的防控政策

办案主体责任制是在党的十八届四中全会上首次提出，后续又出台《关于全面深化公安改革若干重大问题的框架意见》及相关改革方案，文中明确提出"完善执法责任制，健全执法过错纠正和责任追究制度，建立冤假错案责任终身追究制"。上述政策表明，在防控侦查错案的宏观政策层面，已经开始注重侦查主体认知水平、认知能力、决策能力及责任等相关主体因素在执法活动中的全面影响，明确错案防控机制的基本方向。

（二）侦查错案的现实需求及底层原因

侦查错案一直是侦查活动研究的一个核心问题。侦查错案，不仅损害了公共利益，打破了良好的社会秩序，破坏了司法公正，还损害了个人利益，使得当事者遭受不白之冤，更使得人民政府和司法行政机关丧失公信力。所以，侦查错案具有非常严重的社会危害性。通过呼格吉勒图案、张氏叔侄案，可以看出侦查过程中出现错误的情况还是存在的，侦查错案给当事人及其家庭带来了不同程度的影响及伤害，对执法公信力造成了巨大的影响。为了避免更多的侦查错案出现，找出产生侦查错案的深层原因更加值得探究。

（三）侦查错案的深入分析与认知科学

侦查错案源自侦查行为的实施，如果仅对侦查流程中出现的单一问题进行分析，是无法全面认知侦查错案出现的深层根源的。作为侦查行为实施的主体，往往被程序所忽略，侦查主体认知偏差的形成机制与影响更需要深入剖析与探究。

认知科学，是研究人类感知和思维信息处理过程的一门新兴科学，是现代心理学、神经科学、信息科学、数学等多个学科交叉发展的结果，是研究事物认知的本质、对象及规律的综合性科学。

从认知科学的角度来分析认知偏差，可以认为认知偏差是在某些特定的认知环境或情况下，主体在认知的过程中，发生了认知偏离现实的一种现象。其具体体现为信息收集与评估、发现和确定关键问题、处理问题的方法选择，以及预测和评价结果等几个方面出现的差异变化。而侦查行为本就是一种结构构成特殊的认知活动，若要辨析侦查活动中的认知规律与完成机制，尤其是要清楚地分析出侦查错案的深层根源，认知科学是最为合适的理论方法。但在很多情况下，对侦查错案所涉及的侦查程序和诉讼制度等客观方面研究颇多，却往往容易忽略侦查主体的认知偏差在侦查错案的形成过程与防控能力中的影响和作用。

因此，深入系统全面地了解侦查主体的认知偏差在侦查错案形成机制中的影响，通过相应的保障措施和心理素质训练等方面建设对应的矫正机制，来提高侦查主体的执法能力，明确执法责任，有效防控侦查错案的发生，提升办案质量，是急需解决的问题，也是必须要解决的问题。

二、侦查主体认知偏差的研究情况

对于侦查错案的产生和防控机制的研究，主要有以下三个方面。

首先，是从法学方面对侦查错案进行分析，着眼于证据制度及法治观念等层面，阐述防控侦查错案的理论。由于侦查行为的实施过程相对隐蔽，因此法学界主要是从法治观念及证据学的方向对侦查错案进行"应然状态"的理论研究，而非"实然状态"的实证研究，这就忽略了侦查主体认知决策的影响因素在实际侦查行为背后的决定性作用。这类研究角度看上去有比较清楚的方向和内涵，但往往与侦查活动的实际情况无法契合，甚至缺乏运用实证方法来考量侦查主体认知偏差的产生，以及进一步导致侦查错案的影响机制，这就使得相关的研究结果缺乏精准的实际指导意义与合理的应用价值。

其次，从侦查行为方面分析侦查错案的产生机制和防控对策。简单来说就是在侦查行为准则的规范、侦查行为实施过程的监控、违法取证行为结果的排除这几个方面展开探究，主要是侧重侦查行为具体环节的剖析，在这些基础问题之上提出了一些规范侦查行为及程序以实现降低发生侦查错案可能性的具体方法与措施，此方面研究成果较为丰硕，并且也有着重要的研究价值与积极的实践指导意义。但同时，这类研究角度也存在一定弊端，便是过于偏重侦查行为具体环节中涉及的客体要素，尤其是在严格遵照了侦查行为程序规范准则的情况下，依然出现的侦查错案便无法得到合理解释与有效的解决对策，其本质就在于忽略了侦查主体的认知偏差这一关键因素所造成的深层影响。

最后，还有少数的研究者对侦查错案发生的社会学及社会心理因素展开阐述与研究，探究侦查主体在侦查活动实施过程中，因对案件产生隐蔽影响的社会因素和心理因素而发生的侦查错案。目前相关研究对象主要涉及认知偏差产生的心理机制、影响机制和矫正机制，但缺乏更深层次的探究，对应的防控机制也略显单薄。

相对而言，一些西方发达国家较早地在侦查错案防控方面形成了较为丰富的理论体系以及比较完备的法律制度，有比较成熟的操作规程。但是，对侦查错案成因的探讨却较少。

三、侦查主体认知偏差的研究价值

侦查主体认知偏差对于侦查错案的发生有着必然的影响，需要利用认知科学分析了解侦查主体的认知偏差，进一步构建侦查错案产生的形成机制、影响机制、矫正机制等防控模块，并以层次更深、适应性更广、系统性更完善、可操作性更强为研究方向，提供理论指导及实践规范，其研究意义与研究价值主要体现在以下几个方面。

第一，有助于更加深入全面地认知侦查错案问题出现的根源，进而有针对性地系统防控侦查错案的发生。这个方面是强调从侦查主体认知偏差的层面审视和分析侦查错案，更加深入地剖析侦查错案发生时，具体行动程序出现问题的深层根源，并非要否定从具体行动程序分析和防控侦查错案的价值，体现出侦查主体认知偏差的影响机制。一方面对认知侦查错案产生的形成机制有着重要的指导意义，另一方面对构建有效的侦查错案防控机制有着重要的实践价值。

第二，有助于明确侦查主体的执法职责，强化侦查主体的执法能力。明确侦查主体的执法职责是防控侦查错案的重要内容，并从规范准则上明确侦查主体的执法职责，才能有效强化执法能力，进而提高侦查机关的社会公信力，维护社会公平正义，这是重大现实需要。

第三，有助于开拓认知科学在侦查研究领域的理论空间和实践价值，增强侦查活动相关问题研究的创新能力。一方面，在侦查研究领域的应用对认知科学的发展与完善发挥了积极的推动作用，另一方面，侦查研究向来秉持发散式的思维模式，尤其是将认知科学应用于侦查错案这一侦查研究领域的核心主题上，将会极大地提升侦查研究的创新能力。

四、侦查主体认知偏差的影响机制与矫正机制

(一) 侦查主体认知偏差的影响机制

侦查决策的过程是一项非常重要的信息认知过程,由于侦查环境复杂,案件涉及的人、事、物关系复杂多变,而且侦查人员的认知能力也有一定的局限性,因而,在侦查行为实施过程的不同阶段和不同环节中,侦查人员非常容易产生各种认知上的偏差。

根据侦查工作的特殊性,结合其特点,可以把侦查人员容易出现认知偏差的阶段大致划分为:信息收集阶段、信息整合阶段、信息评估阶段。侦查人员在每个阶段都有对应的认知偏差,分析这些认知偏差产生的心理机制及其在侦查过程中对应的具体表现特征,对于全面客观、系统深入地剖析侦查主体人员的认知偏差,尤其是对应的作用机制,有着异常重要的意义和作用。但需要注意的是,虽然认知偏差具有阶段性特点,但是不代表就一定会出现在某个特定的阶段,客观来说,许多认知偏差可能存在互相重叠、互相影响的情况,甚至有一些认知偏差会贯穿于整个侦查活动。

信息收集阶段,出现认知偏差的主要类型为代表性启发偏差和可得性启发偏差。

信息整合阶段,出现认知偏差的主要类型为首因效应偏差、近因效应偏差、晕轮效应偏差、锚定效应偏差、框架效应偏差、过度自信偏差、认知闭合需要偏差、损失规避偏差、动机性偏差、时间压力偏差和群体思维偏差。

信息评估阶段,出现认知偏差的主要类型为归因偏差、证实偏好偏差、沉没成本偏差、认知失调偏差和后悔厌恶偏差(见表2-1)。

表 2-1　不同阶段认知偏差的类型

阶　　段	认知偏差类型
信息收集阶段	代表性启发偏差
	可得性启发偏差
信息整合阶段	首因效应偏差
	近因效应偏差
	晕轮效应偏差
	锚定效应偏差
	框架效应偏差
	过度自信偏差

续表

阶 段	认知偏差类型
信息整合阶段	认知闭合需要偏差
	损失规避偏差
	动机性偏差
	时间压力偏差
	群体思维偏差
信息评估阶段	归因偏差
	证实偏好偏差
	沉没成本偏差
	认知失调偏差
	后悔厌恶偏差

之所以对认知偏差进行相应的阶段性分类，是为了更加系统且更加有针对性地了解掌握侦查人员的认知偏差。需要注意的是，认知偏差的含义源自心理学，而认知偏差的名称及界定并未有统一的规定。

在诸多的认知偏差中，形成机制不同，其出现的阶段和影响的结果也不尽相同。对其深入研究时，可以通过借鉴心理学的相关研究成果，同时结合侦查人员在侦查活动中的具体特点，梳理罗列出与侦查工作比较密切的认知偏差类型，从而进一步探究剖析其影响机制。

1. 判定案件性质的影响机制

判定案件性质是侦查活动的指导方向，只有性质明确了，才能有效开展后续侦查工作。如若案件性质迟迟无法确定，就会影响侦查效率，贻误战机，甚至判定错误，可能会导致冤假错案的发生。

案件性质的判定需要通过对信息进行一系列的对照、分析、筛选，然后结合侦查人员掌握的理论知识和以往的工作经验，综合做出判断。因此，在这几个环节中出现任何的认知偏差，都会导致案件性质判定的不准确性。其主要影响主要体现在以下几个方面。

第一，侦查人员受代表性启发偏差的影响。

认知事物时往往会先借鉴同类事件或以往的经验进行判断推理，这个过程称为代表性启发法。但是同类事件不一定有相同的结果，在这种情况下，就会得到一个错误的启示，产生严重的认知偏差，即代表性启发偏差。

在此种情况下，以往的丰富经验反而成为错误的引导，主观片面地选择了自认正确的信息和方向,而忽略了其他关键信息。因此,认知偏差对案件性质判断的准确性产生了严重的影响,就可能做出错误的侦查决策。造成此类情况的关键问题在于,侦查人员在判定案件性质的过程中,会习惯性地选择自己认为正确或感兴趣的信息线索,从而导致侦查错误的严重后果。

第二,侦查人员受可得性启发偏差和首因效应偏差的影响。

认知事物并做出决策时,过于看重自己已经知道或者容易获得的信息而进行判断推理,却忽略了其他信息或没有深度挖掘到的信息,即可得性启发偏差。

认知事物并做出决策时,通过先入为主的第一印象而进行判断推理,对其他信息的筛选产生了影响,即首因效应偏差。

侦查人员在案件性质判定过程中,过分倾向于依赖最先得到或最容易被察觉的信息作为决策依据,却没有全面挖掘其他有效信息,也未深入思考和分析可能存在的更加繁杂的信息;或者只对自己最感兴趣的线索或证据信息进行勘验收集,从而做出案件性质的判断结论。这些片面分析,忽略了可能隐藏的信息,非常容易导致认知偏差乃至侦查错误。

第三,侦查人员受过度自信偏差和动机性偏差的影响。

过度自信是普遍存在的一种认知偏差,是决策者对自身的能力过度自信。当面对不确定性时,过度自信的人会认为自己具备了足够的能力来解决问题,这种因高估自身能力造成的认知偏差,即过度自信偏差。

出于某些特殊动机或目的,致使在行为实施过程中具有选择性而造成的偏差,即动机性偏差。

在侦查情报分析过程中出现的过度自信偏差和动机性偏差,使得侦查人员为强化已持有的观念而有方向性及选择性地进行搜集、分析情报信息,导致后续的侦查活动会对某些特别的线索与信息格外注重,却忽略了其他的信息。在这种信息收集方面、方向局限的境况下,案件性质可能无法被准确判定,从而在很大程度上增加侦查错案出现的可能性。

2. 认定犯罪嫌疑人身份的影响机制

侦查活动中,经过一系列情报信息收集与分析,摸排筛选出犯罪嫌疑人,对于案件的侦破工作无疑是一个重大突破,让发散式的侦查活动拥有了一个明确的方向,接下来就是进一步收集相关线索、证据进行补充和完善。但需要注意的是,在侦查阶段,犯罪嫌疑人并不能等同作案人,这时在进一步收集相关线索、证据加以证明的过程中,就容易出现认知偏差。

上文中提到的代表性启发偏差、可得性启发偏差、首因效应偏差、过度自信偏差、动机性偏差等,都会导致侦查行为带有方向性或局限性,容易造成侦查错案。比如，犯罪嫌疑人的特殊身份、不良过往、特殊职业、极端性格等信息，都会对侦查人员的认知产生重要影响，会加大此类犯罪嫌疑人的怀疑程度，导致在接下来的侦查工作中，侦查人员又会因为锚定效应偏差、晕轮效应偏差、框架效应偏差、时间压力偏差、群体思维偏差的影响，而强化一开始对犯罪嫌疑人身份的错误认定，进一步对"作案人"身份开展强化，严重的还会导致出现刑讯逼供、诱供等违法行为，逐步构建起判定其作案人身份的"证据链"。

3. 收集证据的影响机制

收集犯罪证据，是侦查活动的重点，客观、全面、及时、准确地收集证据，是最基本的行为规范准则。而操作规程只能从程序或环节上遵循一定的流程严格完成，却无法明确规定收集证据的范围和要求。因此，收集什么证据，这些证据的证明作用如何，与案件之间有何种关联，均是由侦查人员发挥着决定性的作用。也就是说，侦查人员的证据采集活动既是一项执法活动，又是一项认知活动，既是认知活动，就自然存在认知偏差。同一个案件，不同的侦查人员进行证据收集，关注点也会有所不同。

由此可见，侦查人员的认知偏差对案件证据收集有着很大的影响，包括现场勘查、侦查讯问、侦查询问、辨认、检验鉴定等诸多环节，若这一系列过程中，侦查人员存在认知偏差的话，就会导致收集证据的方向以及真实性、完整性受到影响，让证据证明作用呈现出局限片面的不良后果。

4. 侦查终结的影响机制

侦查终结，是对整个侦查工作各个流程环节的梳理、评估、总结，同时需要查缺补漏，查找矛盾冲突，以及是否还存在未发现的重大疑点没有解释或无法解释。若前置环节中，侦查人员出现过认知偏差，在侦查终结阶段可能也无法轻易被发现，更无法被纠正。在这个阶段中，侦查人员的归因偏差、证实偏好偏差、沉没成本偏差、认知失调偏差、后悔厌恶偏差仍然具有消极的影响。也就是说，若侦查人员先前的认知偏差已经造成了一定的消极影响或不良后果，延续至侦查终结阶段，在某些认知偏差的作用下，侦查人员依然会保留相关认知判断的失误，仅从表面加以完善而已。这就不难解释一些侦查错误直至侦查终结阶段，也没有被发现或纠正相关错误的深层原因。

综上所述，侦查人员的认知偏差可能贯穿于整个侦查认知活动，分别在判定案件性质、认定犯罪嫌疑人身份、收集证据和侦查终结等几个关键环节上都有着不同程度的消极影响。如果此类消极的影响机制不能被及时准确地识别和矫正，就可能致使侦查工作出现错误乃至错案。所以，客观全面地剖析和确定侦查人员存在的认知偏差，及其对侦查活动的消极影响机制，从而更有针对性地提出有效的矫正措施，是提高办案质量的重要举措。

（二）侦查主体认知偏差的矫正机制

从认知科学的本质来看，认知偏差是因人而异且普遍存在的，而且还有部分认知偏差人们自身都无从察觉。可是，侦查工作关系到人身权益，还有司法公正和社会公信力的问题，因此消减认知偏差是提升办案质量的有效措施，结合不同阶段的认知偏差的产生机制和影响机制，可以从侦查人员心理与行为矫正机制、侦查机关组织环境与文化氛围矫正机制、方法工具矫正机制三个层面加以干预，从而最大限度地降低认知偏差带来的社会危害。

1. 侦查人员心理与行为矫正机制

纵览侦查人员的各类认知偏差，侦查人员的心理与行为特点在认知偏差的产生原因及造成影响的过程中有着很重要的作用。所以，对侦查人员的心理与行为特点着手实施矫正是行之有效的针对性措施。具体可以从以下几个方面实施。

（1）提高侦查人员对自身心理与行为特点的认知能力。侦查人员的心理与行为存在的有限理性导致认知出现偏差，如果侦查人员能够通过一系列有针对性的、科学合理的专业训练及实践，逐步使侦查人员充分意识到自身的认知存在偏差，那么，在工作中就能够客观、真实、全面地分析看待情报信息，通过不断的学习和训练提高自己的侦查能力，拓展侦查思维，这样就能更准确地判断案件信息。

（2）强化侦查人员侦查思维模式的训练。透过侦查人员的认知偏差分析发现，固定的侦查思维模式在认知中起到了很强的自然引导作用，而侦查人员自己往往很难发现这种思维定式的存在，自然也无法做到及时纠正认知偏差。可以理解为，侦查人员长期工作中形成了一定模式的思维习惯，遇到事件的发生，会自动依照以往相似惯例开展工作，并不会过多思考其中的个体差别，有的甚至最终也未发现更深层的根源差异。面对这种习惯性的侦查工作模式，就必须有针对性地开展一定的训练，从而改变并完善侦查思维方式和工作模式。

（3）增强侦查人员逻辑规则的训练。在认知偏差的背后，可以看到明显违背逻辑规则的现象，许多认知偏差产生的机制，除了自身的能力意识问题外，就是能否遵循既定原则和依据。也就是说，侦查人员对案件的认知加工应该遵循一定的逻辑规则，不然就容易导致侦查决策的失误。强化认知加工的逻辑规则，就是要让侦查人员知晓，侦查认知决策的前提是什么，这个前提能够确立所遵循的依据是什么，如何科学有效地收集证据信息后再进一步完成规范的认知加工，当出现多个认知决策后，又应该如何遵循逻辑规则选出最优的认知决策方案。所以，若侦查人员能够全面掌握认知加工的逻辑规则，就不会在决策时出现偏离导致认知偏差，造成消极影响。

2. 侦查机关组织环境与文化氛围矫正机制

侦查机关是一个有组织、有纪律的职能部门，担负了众多社会责任，而侦查人员除了要有严明的组织纪律性，同时还要依法开展侦查活动。也就是说，侦查人员的认知偏差是带有侦查机关的特殊组织环境与文化氛围的综合作用下的认知偏差。因此，面对具有特殊性的认知偏差，就需要有针对性的矫正措施来消减其带来的影响。具体可以从以下几个方面实施。

（1）完善侦查机关的组织环境与文化环境。通过优化侦查机关内部组织结构与工作氛围，保障并提倡侦查人员勇于提出不同意见、组织及个人利用逆向思维以对立反对观点对提出的意见进行反证与认证、大范围集中讨论并共同决策意见等工作模式，以完善和提高信息决策的准确性。

（2）深化改革，优化侦查机关的组织与文化环境。我国正在推进的警务体制机制改革、办案质量终身负责制和主办侦查员制度，推进以审判为中心的诉讼制度改革，这些改革措施就是为了实现司法公正、提升办案质量、有效预防侦查错案而推进的，因此，这些改革中关于机关组织和文化环境的改革若能落实，将会有效防控认知偏差。

3. 方法工具矫正机制

（1）方法矫正机制。通过换位思考的思维方式，利用逆向思维模式对侦查人员进行矫正训练。具体过程分为甄别分析、提出假设、挑战假设三个阶段进行。第一阶段，甄别分析。此阶段相当于证据收集阶段，侦查人员在案件背景复杂、关联信息繁杂、自身认知具有局限性的条件下，做出假设判断，并对提出的假设判断进行严密的分析，看是否存在错误或遗漏。解决这个问题，就需要全面分析信息，对假设涉及的各个要素展开严格的审查。第二阶段，提出假设。此阶段相当于证据整合阶段，侦查人员针对第一阶段收集的案件信息和侦查认知判断提出假设，充分发散思维，跳出常规思路，判断是否存在更多的可能性或选择性，进而做到更加深入地挖掘现有的情报信息，以及理论上可能存在的多种侦查认知判断的假设及相应的预期结果。第三阶段，挑战假设。此阶段相当于证据评估阶段，侦查人员主要是针对前面提出的种种假设进行对抗挑战，以寻求可能存在的矛盾与漏洞，以及如何补救等。通过这种换位思考的模式，把维护自己判断的立场，转变为挑战自己判断的立场，才能发现更多的隐藏问题，进而学会自我质疑，才能让认知偏差得以完善与纠正。

（2）工具矫正机制。侦查人员认知偏差产生机制的主要原因来自自身的因素，多数情况下无法通过自我审查或自我约束消减认知偏差。但随着计算机和大数据时代的来临，大数据、人工智能对推演概率的测算越来越人性化、精准化，因此在某些关系相对清晰的境况下可以辅助决策。也就是说，信息技术的发展，各种数据分析软件、工具和系统的应用，可以使个人认知决策更加客观、科学、准确，同时也更好地降低了决策时主观、经验、偶然状况的影响概率。这不仅减轻了侦查人员认知加工的压力，还在一定程度上消减认知偏差，从而降低侦查错误发生的可能性。

第四节　侦查中一般心理对策

　　侦查中的一般心理对策是指在侦查活动的各个环节中所使用的较为普遍的心理策略。它是以心理学为基础结合侦查学等学科，以心理活动的一般规律作为依据，针对侦查工作中涉及的具体心理现象所提出的。它的理论意义就在于，可以辅助侦查人员通过分析各种心理现象，从而更加有效地开展侦查活动。

　　在应用一般心理对策时，要求侦查人员除了对其基本理论有所掌握之外，还要注意适用对象和条件的准确选择，掌握各种方法的基本原则和应用技巧，注重实际效应和对应变化，以便提升一般心理对策的应用效果。

一、侦查中一般心理对策的选择

　　侦查中一般心理对策在应用时都有一定的适用对象和适用条件，通过适时调整，从而保证心理对策的正确实施。

（一）心理对策的选择与适用对象的选择

　　每一种心理对策都有其特殊的作用和与之相适应的对象，这是由侦查对象的适宜性决定的。在选择心理对策时，须依据侦查对象的特定心理特征、态度情绪、客体与主体之间的关系来决定。如侦查人员会通过了解侦查对象的心理对抗能力以及自身所掌握的有利案件信息等情况，来决定使用目的直接明确的对策还是目的间接隐蔽的对策等。

（二）心理对策适用条件的选择

心理对策能否达到预期效果，往往取决于是否及时选择了合理的适用条件。适用条件一般包括侦查对象的适应性、心理对策的准确性、侦查人员的指导等诸多因素。

侦查对象的适应性，包括客体的对应情绪是消极的对抗还是积极的协助；客体是受到法律保护的还是需要追究法律责任的。

心理对策的准确性，客观充分地认识侦查对象的适应性是前提，要根据不同的因素采用不同的心理对策，并且还要依据具体情况的发展变化做出及时必要的调整，以保证心理对策能够顺利实施。

侦查人员的指导，将会直接影响心理对策实施的效果。作为心理对策的实施主体，侦查人员应当随时密切注意心理对策实施的进展变化，敏锐把握变化情况的方向，抓住时机做出准确的判断和应对调整，保证侦查客体做出真实的反应。

（三）心理对策的种类

1. 观察法

根据侦查人员是否处于侦查对象的可视范围内，将观察法分为直接观察法和隐蔽观察法两种。

（1）直接观察法。侦查人员与侦查对象直面接触，对其外貌、表情、言谈举止等外部形象进行直接观察，从而获得信息。此种方法由于双方均可获取外部形象所展露的心理活动，所以侦查人员会占有一定的心理优势和主动权。但同时也要考虑侦查对象的身份和心理特征，避免侦查优势地位所带来的负面影响及客观虚假表象，从而影响分析的准确性。

（2）隐蔽观察法。侦查人员处于隐蔽处观察侦查对象而获得的相关信息。此种方法由于是在侦查对象没有察觉的情况下进行的，其优势在于能够展现侦查对象比较客观的自然心理活动，且侦查人员有很大的机动性来调节观察活动；而劣势在于不能直接对侦查对象产生干预影响，无法进行心理压迫及行为调整，不利于提高观察效率。隐蔽观察法常用的方式有：跟踪观察法、隔室观察法、望远镜观察法、视频监控观察法等。

2. 调查谈话法

根据谈话内容能否确定主题内容，将调查谈话法分为泛论话题法和圈定话题法。

（1）泛论话题法是在调查时，由调查人员提出某个事件，通过座谈会或者走访群众随便交谈等形式，让参与的谈话者自由发表自己所了解的情况和看法，调查人员便可从谈话中捕捉线索信息。

（2）圈定话题法是在调查时，由调查人员依据具体情况确定一个明确主题，要求谈话者围绕这个主题进行讨论，并且谈话内容不能离开话题中心，但同时要留意看似与话题无关的一些线索信息，不放过任何蛛丝马迹。

3. 对质法

对质法往往用于审讯过程中，在调查和缉捕工作中也可使用。所谓对质，就是让两人或多人面对面地陈述辩论，从而鉴别证言的真实度。对质是个体与个体之间直接进行的接触，各方心理活动是非常复杂的，各自的角度和态度不同，很难达成统一的意见。对质结果也不能说就是真实的线索信息，要经过其他方式或信息验证后，才能判断对质结果的真实价值。

4. 疑点突出法

疑点，即在主观方面对于事物的认识判断存在不确定性，在客观方面发现事物的存在和发展违反常规现象。疑点突出法，就是发现疑点后，究其内外因。通过对其成因的深究，能够分析出一系列围绕疑点的线索或事实，它们可能会牵涉未发现的事物及事件的本质。

5. 情景再现验证法

情景再现验证法，是通过对特定环境模拟或特定情景再现，让有关人员通过在类似的情景环境里引起关联回忆或条件反射，以便对事件的本质加以分析，并做出相应判断的方法。根据事件性质和受试人员的具体情况，此法可在自然条件下进行，也可在实验室进行。

6. 差异对照法

在侦查活动中，发生的情况会是多种多样的，而侦查人员通常会将多方信息加以比较对照，力求找到不同之处，从而进一步分析产生不同之处的各类原因。这种把不同的情况进行比较对照的方法，就是差异对照法。此法要求侦查人员具有敏锐的观察能力、缜密的分析能力和准确的判断能力。同时，在进行差异对照时，还要确定准确的对照对象和统一的对照标准。

7. 过滤筛选法

侦查活动中收集到的情况信息是繁杂的，侦查人员应对其进行必要的鉴别和筛选，从中确定可靠的侦查线索，制定正确的侦查方向。这种对线索信息进行鉴别和筛选的工作方法，称为过滤筛选法。

8. 分类归纳法

分类归纳法是通过分类和整合，把许多零散的线索信息依据一定的条件组合在一起，从而提高对某些事物认知的广度和深度。分类归纳法的基本方式有两种：一是以现象相同为依据进行归类；二是以本质相同为依据进行归类。

9. 迂回探测法

迂回探测法是侦查人员在对方集中注意力防范关键问题，而对那些有一定分量的间接性问题无暇防备时所使用的一种侧面探查的心理方法。此法是建立在心理分析基础上的，根据谈话对象的特点和状态，有目的、有依据地进行心理接触，要与诱供加以区别。

10. 规避隐遁法

规避隐遁法是在侦查过程中，侦查人员为了掩饰自己的心理活动而采用的技巧和策略。规避隐遁法包括直接规避法、反询规避法、分离规避法、沉默规避法等。此法既可以获取客体的心理活动信息，又可以有效地进行自我调节。

11. 定向询问法

定向询问法是当交谈双方处于漫无边际的谈话时，侦查人员可以通过插话、插问等方式打断侦查对象的话题，使交谈的内容按照原定的探究方向继续进行。

12. 多向询问法

多向询问法常常用在侦查活动中以多向多量的问题在短时间内紧密有序地从不同角度刺激侦查对象的心理，强化心理接触，使其分散注意力，失去心理平衡，从而暴露问题。

13. 启动回忆法

回忆是侦查工作能够顺利进行的心理条件之一，是开展侦查工作的基础。在侦查活动中，就是由案件相关人员通过出现过的话语、文字、声音、图像、衣着等信息联想回忆起其他有关事物，唤起以前感知过的事物的印象或信息，从而指导辅助侦查工作。

14. 突然质疑法

侦查活动中，常常在面对面的心理接触过程时，侦查人员突然提出疑问，以引出侦查对象特殊的交流信息，称作突然质疑法。此法的优点是针对性强，不容对方迟疑搪塞，争取主动。但也有其缺点，就是容易暴露侦查人员意图，侦查对象会有针对性防范。

15. 心理推测法

心理推测法是遵循心理活动的普遍规律加以分析和判断的方法。有重演心理的推测法和连续心理的推测法两种方法。

（1）重演心理的推测法，是从心理现象的内在关系着手，沿着近似的心理状态，可在相同的条件下，以一种心理现象推知另一种心理现象。

（2）连续心理的推测法，是观察分析现有的心理现象推测未来可能出现的心理活动，是由一种心理活动引发一种行为，然后这一行为又引发另一种心理活动的心理因果关系展开的。

二、侦查中一般心理对策的应用

在侦查活动的各个环节，问题及情况复杂多变，一般心理对策应随着客观情况的变化而不断调整应用，要避免在应用过程中出现失误，导致侦查对象的反应出现异常或沉寂，从而使工作陷入人为僵局。

一般心理对策调整应用，就是随着情况变化进行对应的主体调节。若应用过程中发生了意料之外的问题，认识和处理起来就较为困难。这类问题出现的原因，一是因为侦查人员对侦查对象的心理结构缺乏全面了解，二是因为侦查对象心理在推进过程中产生了新的内容和特点。这类情况比较复杂，解决起来也比较困难。因此，及时地认识新情况、解决新问题，将是一项长期的经常性的工作。

实践证明，人们的心理信息的交往是不断演变更新的，而且任何一种心理对策都有其局限性。因此，在研究和应用侦查中的一般心理对策时，应该考虑到这些因素，使其符合时代的要求，适应当下侦查工作的需要。

三、心理分析

（一）心理分析的概念

心理分析就是针对某个人或某件事，运用心理学的原理和知识，分析其所反映出的行为模式特点和心理活动特点。

（二）心理分析的作用

心理分析是心理学应用于实际工作的前提和基本功。知己知彼，百战不殆。在侦查活动中，心理分析得到了广泛应用，例如：在人群中识别潜在扒手、缉拿逃犯；通过对话或电话声音判断犯罪嫌疑人的心理活动特点；现场勘查中分析刻画犯罪嫌疑人的行为和心理特征，有助于确定侦查方向；观察、判断被讯问人的心理特点，采取恰当的讯问对策等。

（三）心理分析的基本途径

1. 外部表现

人的内心活动会外化为表情、动作、姿势等外部表现，在一定范围内，还会影响和制约外部表现，因此可以通过外部表现来认识客体的心理活动。

（1）眼神。一般规律而言，眼神坦然则内心平坦轻松；若双目茫然若失则可能沉浸于思索，心事重重，尤其是在心理平衡被打破时；若目光咄咄逼人、横眉怒目，则心中有事、胸中有气；若目光游移不定，则内心慌乱、紧张。而眼神动态更能反映客体心理的变化，如回答问题时，目光相迎，直视主体，一般属于情绪稳定、内心较为坦然；反之，目光移开、闪躲主体，对敏感问题通常不愿回应。眼神还可反映客体的个性，如目光坚定，客体可能个性坚强，具有敢为性、挑战性，抗压力强；反之，目光常闪避，可能个性羞怯内敛、胆小且缺乏自信，抑或心不在焉、情绪不稳定等。

（2）面部表情。面部表情也可反映是否伪装，如：表情肌肉僵硬，仅颧肌收缩、嘴角上提而眼轮匝肌不动是为假笑；不流泪、无痛苦表情的干号是为假哭。微表情与主要面部表情、言语表达内容出现矛盾时，表示客体紧张心态，其可能在说谎。

（3）姿势、动作。同样，身体姿势、动作的静止和变化状态不仅可以反映当下心理活动的内容，还可帮助认识客体的个性活动特点。例如：交谈时，客体上身前倾、面向对方、目光注视，表示关注重视；而坐姿不稳、跷二郎腿、漫不经心的神情、手脚不停抖动，反映客体不在乎或漠视傲慢的态度。

2. 口头言语

口头言语是客体思维的外在表现形式，是心理信息的表达途径之一。言语内容可直接反映心理活动内容，但成年人的言语可以与自身的真实意图有别，甚至表达反意。因此，分析时还要注意言语内容的言外之意。

首先是言者惯用的方言习语、日常用语，这可反映其文化修养、气质养成、当下情绪等。其次，口头言语分析还应注重语调、语速、语流、声音大小等所谓言语表情。言语表情可反映情绪、说话的意图等。

3. 外在描述

外在描述，是指通过别人的介绍和描述，以及对照片、录音、录像等记录材料进行分析。

4. 五官与全方位接触

通过其他感知觉，如通过嗅觉来判读对方的爱好、社会阶层等信息。

5. 其他途径

除上述内容外，还可利用一切有代表性的信息，如情境、环境信息、访谈笔录等进行心理分析。

（四）心理分析的内容与步骤

心理分析的内容丰富全面，包括客体的行为模式、心理特征、经历、职业、爱好、需求、认知、情绪心理过程和目前心态特点；还包括与侦查工作相关的心理活动特点，如犯罪嫌疑人在犯罪过程中的心理特点、知情人作证心理活动规律及其心理弱点。心理分析工作不仅需要收集大量的素材资料，还需要训练有素的心理专家参与。

心理分析作为一种繁杂的脑力活动，虽有不同的程序变化，但基本步骤通常分为以下几步。

第一，明确对象的一般情况和有关背景。

第二，分析判断对象的心理特征。

第三，分析判断对象一段时间内的心理状态，并应用于侦查工作各环节。

心理状态复杂多变，受个性特征、身份角色、时空环境等诸多因素的影响和制约，需要具体情况具体分析。

四、攻心术

(一) 概述

从心理学角度来讲，攻心术是指在知悉把握对方心理活动特征的基础之上，运用具有针对性的一些心理策略、措施手段，进而在一定程度上影响或改变甚至支配对方的心理活动和行为活动，从而实现自己的特定意图或目的的技能。

(二) 攻心方法

以结果为标准来看，凡是能够影响或改变对方的心理活动和相应行为活动的策略及措施手段都是攻心的方法，例如武力胁迫、刑讯逼供等。攻心方法的特别之处就在于能让对方自愿地改变行为和态度。但有时容易造成对方反感和抵抗行为，出现后悔、翻供的严重后果。

具体的攻心方法的基本规律如下。

(1) 基本目的就是通过破坏对方的心理平衡状态，进一步掌握交流的主动权，实现自己的目的。

(2) 基本对策就是利用对方自身存在或暴露出来的弱点破绽来寻求突破之机，打破平衡。

(3) 基本形式可以通过语言交流、行为活动、情景环境等方面，借助对方的感知和认知的心理过程传递刺激信息，找出对方的弱点或破绽。

(4) 基本方式可以运用语言明确表示，也可以通过语言交流、行为干扰、情景引导等方式侧面迂回暗示。

(5) 基本方法策略是在下列基本策略的基础上，结合具体情况确定更为恰当的应用方法。

① 借用自身、环境、社会等威势加以干扰，而开展工作。

② 根据对方的欲望和需求直接建立利害关系与交易，而开展工作。

③ 通过建立共情条件，动之以情，间接引导，而开展工作。

(三) 基本原则

攻心方法不同于心理分析，需要在实践中灵活运用，针对具体情景、具体对象，适宜临场发挥，及时调整，把控对方具体心理特征，通过一定方式使之产生与刺激表面相反，但实际正是其希望的情绪反应和行为，从而达到攻心的目的。

在侦查实践中总结出的一般性原则有以下几点。

（1）读心到位。随时观察对方的表现变化，准确把握对方的心理变化及规律。

（2）业务精通。熟知相关法律法规，遵守道德规范，熟练运用策略技能。

（3）善于交流。通过大量的交流获取充足信息，强化表达的意图，从而干扰并引导对方。

（4）尊重人权。尊重对方的人格与权力，拉近心理距离。

💡 拓展知识

（1）近因效应偏差：在认知事物时，依据最近时间的情报信息，却忽略了其他时间点的认知信息，从而导致认知发生的偏差，即近因效应偏差。

（2）晕轮效应偏差：在认知事物时，根据其某个特殊的品质或特点信息，而忽略了其他情报信息，导致认知出现的偏差，即晕轮效应偏差。

（3）锚定效应偏差：侦查人员需要对案件进行预测时，会将某种特征结果作为参考值，而参考值像锚一样制约着预测值，在认知过程中因参考值预定的不同而造成的认知偏差，即锚定效应偏差。

（4）框架效应偏差：在看待同一个问题时，由于表达的方式和角度不同，导致使用的决策方法不同而产生了认知上的偏差，即框架效应偏差。

（5）认知闭合需要偏差：认知闭合需要，可以理解为当侦查人员面对一个模糊的答案时，希望得到一个明确答案的动机需要，但不需要确定答案的准确性。在此种状态下做出的判断结论，由于认知时间短，分析不够全面，而可能造成的认知偏差，即认知闭合需要偏差。

（6）损失规避偏差：在面对同等事物时，相对于获得，面对等量的损失时表现得更为在意，也就是"得失不均衡"的心理状态，简单来说就是更加在意"损失"，所以，因不想放弃任何信息而造成的认知偏差即损失规避偏差。

（7）时间压力偏差：要求侦查人员在有限的时间内完成一定的任务而造成的压力就是时间压力，随着时间的缩短，紧迫的时间会导致侦查人员工作效率和工作质量下降，从而出现偏差，即时间压力偏差。

（8）群体思维偏差：高内聚力的群体组织认为他们的决策没有错误，其余人员为了维持表面一致，反对意见的信息则直接被忽略，在此种认知不全面的情况下，出现的认知偏差，即群体思维偏差。

（9）归因偏差：侦查人员无意或非完全有意地将侦查行为及其结果产生的原因进行了不准确的归纳分析，尤其是消极行为结果的分析不准而造成的认知偏差，即归因偏差。

（10）证实偏好偏差：侦查人员往往会为了验证自己的假设，去寻求能够证实假设的证据信息，而忽略了其他证据信息，甚至忽略能够否定假设的证据信息，这种情况造成的主观片面认知偏差，即证实偏好偏差。

（11）沉没成本偏差：侦查人员前期的侦查方向一直毫无进展，但由于前期投入了大量的人力资源，现在放弃相当于浪费成本，所以选择继续跟进而造成的偏差，即沉没成本偏差。

（12）认知失调偏差：当侦查结果与评估预料的结果不一致时，侦查人员会感到一种不协调的痛苦情绪，为了避免这种痛苦情绪，可能会对侦查结果视而不见，甚至会歪曲事实而造成的认知偏差，即认知失调偏差。

（13）后悔厌恶偏差：当侦查人员做出错误决策时，会感到痛苦和后悔，为了避免做出错误决策，侦查人员会选择保持现状的不作为或从众行为，从而出现了认知偏差，即后悔厌恶偏差。

本章小结

本章通过讲述侦查决策的类型和心理机制，了解侦查人员在侦查活动中做出侦查决策时的心理活动状态及变化；同时，作为侦查决策主体的侦查人员，在进行各类决策时，自身的认知偏差会对案件侦破起到很大的影响和作用，并且不同的认知偏差出现的阶段和影响的内容形式各不相同。为了消减认知偏差，应通过深入分析，构建对应有效的矫正机制，提高决策的准确性，最终消除侦查错案。通过心理分析与攻心术，掌握和融会侦查心理决策与侦查心理对策的综合应用。

思考题

1. 侦查决策的心理机制是怎样的？
2. 侦查决策的主要类型有哪些？
3. 如何协调运用经验型侦查决策与科学型侦查决策？
4. 侦查主体认知偏差主要影响有哪些？
5. 侦查主体认知偏差的矫正机制有哪些？
6. 心理对策的种类有哪些？
7. 心理分析的基本途径有哪些？

第三章

侦查思维心理

◆ **本章引例**

中央电视台社会与法频道《天网》栏目曾经介绍过《卧室里的茶客》一案，2019年2月2日傍晚，金山镇一家茶馆的老板何某报警称家中有死人。案发现场是报案人居住的茶馆。办案民警进入现场后，发现一名大概五十岁的妇女李某横卧在床上，身上盖了一床被子，喉咙被割开。何某称，李某的手机、现金和银行卡都不见了，床的旁边是一个展柜，展柜旁边是一个纸盒子，纸盒子里一般放有两三百元零钱用于茶馆经营日常找零，但现在只有几枚1元硬币。于是警方怀疑，嫌疑人最初应该是以盗窃为目的的，被发现后变为抢劫杀人。警方又通过勘查发现，现场门窗完好，没有破门的痕迹。尸检发现，被割喉并不是李某死亡的直接原因，造成其死亡的直接原因是被勒住而引发的窒息。法医判断嫌疑人是用绳索之类的物品勒死李某，后又划开其颈部。法医同时发现死者脖子上的勒痕是连续的，证明嫌疑人趁死者不备一下就勒住了死者的脖子，二人打斗并不激烈。因此，警方重新判断，这不是一起因盗窃转抢劫进而杀人的案件。这里，警方对于案件性质的判定，就是侦查思维活动的过程。

◆ **本章学习目标**

通过本章学习，使学生了解侦查思维的内涵及特征、侦查假设的思维方法。掌握侦查推理思维活动三种类型的概念、具体推理规则，能够懂得运用三种推理方法进行具体案件侦查。了解侦查问题解决的影响制约因素，懂得降低或者限制侦查思维问题负面作用发挥的解决方法。弘扬匠心精神，培养学生的缜密分析推理能力，坚持实事求是，尊重事实，依靠证据，冷静分析判断，严格依法办事。

第一节　侦查思维内涵及特征

在人类社会的发展进程中，得益于科技不断进步，人类认知世界的能力也不断增强。从过去愚昧、迷信的心理基础上借助神灵的力量来查明案件的"神判法""神誓法"等逐步被淘汰，通过假设、推理、验证的断案思维方法向智慧的、科学的方向迈进。如五代后晋时期的《疑狱集》中记载的"张举烧猪"案，据《疑狱集》记载：五代十国时期，江南一带的吴国句章县（治所位于今浙江余姚市东南），有个妇人谋杀了自己的丈夫，然后又放火烧毁了房屋，并声称丈夫是被火烧死的。由于夫妻两人关系一直非常紧张，丈夫的亲属怀疑是妻子杀了丈夫然后烧尸灭迹，于是告发到当地县衙。句章县令张举验尸后宣告这位丈夫不是被烧死的，因为凡被烧死的人由于受困于浓烟，呼吸时口中必然会吸入一些火场的灰尘，而死者口中却无灰尘。该妇人拒不承认。于是，张举命人弄来两头猪进行实验。一杀之，一活之，然后堆积草料烧这两头猪。待火熄灭后查勘发现，被杀的猪口中无灰尘，而活猪烧死后口中有灰尘。以此再行审讯，妇人这才认罪伏法。

而南宋法学家郑克的法学著作《折狱龟鉴》，是我国现存最早的狱讼案例汇编，该著作系统总结了上启春秋战国、下至北宋政和年间前人在案件的侦破、检验、审讯、判决和平反等方面积累的正反两方面的历史经验。书中的案例故事反映出，随着生产技术的发展，从先前的采取卜筮之言、神灵信奉等较为朴素的侦查方法，逐步转变为遵循特定思想理念以一定方法手段查明案情、审理案件，这可谓极大突破。郑克认为，查明案情的方法主要有三种，即察色、察辞、察情。承办案件之人要见闻广博，观察深刻，不被欺惑。如果智慧不足，就会有所迷惑，从而对难查的诬陷就不能辨明；如果勇气不足，就会有所畏怯，从而对易查的诬陷不敢去查辨。

随着生产力的发展、科学技术的突飞猛进，物证鉴定技术、技术侦查、视频侦查等得以充分应用到案件侦查工作中，技术手段的辅助作用使得案件侦查效率大大提高。但是人类大脑的构造和思维功能并没有发生生物突变，仍然在指挥着人的行动和思维活动。即使在当今互联网时代，各种信息和专业知识的获取渠道越来越方便快捷，人工智能研究和场景应用不断取得突破，但对各种信息和专业知识进行分析研究、组合应用仍然需要依靠人的思维活动来实现。侦查工作也概莫能外，面对各种渠道获取的大量信息、线索资料，还得依靠侦查人员缜密的侦查思维分析、甄别、研判来开展各项侦查工作。

一、侦查思维的内涵

《现代汉语词典》对思维的解释是：在表象、概念的基础上进行分析、综合、判断、推理等认识活动的过程。思维是具有意识的人脑对客观事物的本质属性、内在规律的自觉的、间接的和概括的反映。思维是认识过程的理性阶段，在此阶段，通过筛选、推理、判断和加工，思维活动把外界信息制成思维产品，形成概念，进而用其构成判断、推理和论证。思维不仅使人认识正在发生着的客观事物，而且能够推断出事物发生的原因和过程，预见事物后续发展变化的趋势。

侦查思维是侦查人员在案件侦查过程中所进行的判断、推理、论证的思维活动。每一项具体的侦查活动都是在侦查人员的思维活动中完成的。立足侦查活动的特点，我们得出侦查思维的概念是指侦查人员以案件事实为思维对象，运用侦查手段、措施、对策对具体案件的人、事、物、时、空五要素及相关联的信息要素进行思考、研究，并开展分析案情、收集证据、发现和查缉犯罪嫌疑人的智力活动，是贯穿于案件侦查活动整个过程的一种认知的精神活动。

二、侦查思维的特征

从案件侦查中侦查思维活动的过程来分析，侦查思维的特征主要表现在以下几个方面。

（一）侦查思维的回溯性

事情的发展总是原因在前结果在后，但案件侦查工作通常是由结果探求原因的活动，即由目前向过去追溯考察的过程。大多数情况下，侦查工作始于犯罪行为实施完结之后。侦查人员在接手案件伊始，往往只能面对犯罪行为造成的结果，通过对因犯罪行为引起或留下的各种痕迹、物证进行勘查、分析，研究这些痕迹、物证的性状及其形成机理，经过严密证据鉴证，回溯犯罪嫌疑人的犯罪活动经过，梳理犯罪嫌疑人所具有的特征、条件，再以这些证据要素来寻觅和查缉犯罪嫌疑人。例如，一起碎尸杀人恶性案件，侦查人员在接到群众报警，才得知案件已经发生，经过对案发现场的勘验和检查，通过尸块上分检出的蛆虫，利用昆虫学原理，判断这名被害人死亡时间在24小时左右；通过尸块曾用清水清洗过，回溯分析分尸地点有水源，很有可能是在厨房或者卫生间；

犯罪嫌疑人对尸块进行清洗，说明其在分尸的时候时间充裕，对现场的控制能力强，应该不是毛头小子，而很可能是中年人。这一切的侦查活动，都是在回溯性的侦查思维指导下所进行的推理和选择。

（二）侦查思维的比对性

人类探寻事物的过程，本质而言就是一个探究新事物的过程。侦查人员将在侦查活动中遇到的疑难问题与自身知识储备中的类似部分，以及过去经历过的类似情况进行比对的思维活动便是侦查比对。这个比对过程，也是一个学习接受和完善侦查新知识的过程。美国认知教育心理学家奥苏贝尔创建的有意义学习理论认为，有意义学习其实质在于新知识与学习者认知结构中已有的适当观念建立起任意的和本质的联系，进而被同化到已有认知结构的过程之中。侦查人员在具体个案侦破过程中，通常也是首先将案发现场勘查和广泛调查所收集到的信息线索与自己曾经侦办或者知晓的案件进行比对，并注意区别眼前所遇案件与记忆中案件的相同点和不同点，进而合理选择有效的侦查策略、措施和手段，直到成功侦破案件。这个思维活动过程充分反映出侦查思维的比对性特点。

（三）侦查思维的发散性

侦查思维的发散性，是指选择用一种与通常思维习惯不同的视角和路径进行探究，找寻可能存在的各种答案，最终把遇到的疑难问题顺利解决的思维活动。在思考时呈现出一种扩散状态的思维模式是发散思维的特征。通过发散思维，充分发挥想象，突破原有认知，从一点向四面八方多维发散，并将原有知识、观念加以重组，以找到更多的问题解决方案。发散思维是不走寻常路，打破常规，从不同维度对已有信息按照不同的方向进行分析研究，从而获得问题的解决办法。侦查思维的发散性表现为，侦查人员不是按照程式化的逻辑推理模式进行思考，而是紧紧抓住案情问题的本质，把表面看起来没有关联的迹象、信息联系起来进行分析。互联网时代，侦查人员可以通过诸多快捷途径涉足对于自身完全陌生的知识领域，迅速拓宽知识视野。面对扑朔迷离的案情，侦查人员必须充分发挥自己的想象力，围绕已经掌握的案件信息和线索，运用发散思维，进行大胆假设、小心求证，寻找破解案件的钥匙，以快速完成侦破案件的任务。例如，某年，宜昌市市区、郊区及所辖县和县级市都发生相似的白天入室盗窃案件，唯独宜昌市下辖的长阳县没有发生过这类案件。这便是该系列案件的一个反常情况，侦查人员针对该反常情况，通过发散思维推断出犯罪嫌疑人有可能就在长阳县，这一判断极大地缩小了排查范围。

（四）侦查思维的情境代入性

侦查思维的情境代入性就是社会学概念换位思考的一种思维方式，意指要设身处地站在别人的立场来思考。在案件侦查过程中，侦查人员遇到瓶颈、无法突破僵局时，可以运用情境代入思维，把自己放在犯罪嫌疑人的位置上，设身处地从犯罪嫌疑人的立场角度来思考问题，发现不得其解表象之下的内在联系，进而破解思维僵局。在具体案件中，面对大量资料、线索信息，怎样从其中推理出犯罪嫌疑人在犯罪现场的活动经过，侦查人员可以把自己放置于犯罪嫌疑人的角度来推理溯源。对案发现场的特殊景象、某些不符合常理的痕迹位置，可以结合当地文化习俗、风土人情，以及犯罪嫌疑人的成长环境、智力水平等因素，处在犯罪嫌疑人的角度来推断其在犯罪现场的活动经过和当时的犯罪心理，为其精准画像，发现其身上有别于常人的特质，并迅速锁定嫌疑目标。

（五）侦查思维的连续性和周期性

运用侦查思维对各类刑事犯罪案件进行概括、分析、判断和推理的过程往往会导致正确或谬误的结果，以及这两种结果的杂糅。实践证明，正确的侦查思维就是科学地反映了侦查对象的外部联系和内在本质。科学的侦查思维有利于侦查人员正确地分析、研究案情，有利于侦查人员选择最佳的侦查途径开展侦查工作，有利于侦查人员全面收集犯罪证据，达到及时侦破案件的目的。非科学的侦查思维并非简单地歪曲和抹杀侦查对象的本质和规律。如果是由于案件资料和犯罪信息的不全面导致的分析不充分、推理不周严、判断不准确，则应把这些情况看作是通往科学的侦查思维和正确结论的必要环节，这是由侦查思维的连续性和周期性决定的。

第二节 侦查假设思维

假设是在科学研究中对客观事物的假定说明，是思维活动的基本形式之一。它是人类在科学研究、创设理论体系活动中，基于已掌握的事实材料、现有科学原理，对未知的事物、现象提出的尚未证明的阐述事实的观点说明。由此可见，假设在人类认识自然、改造世界中发挥着极其重要的作用，它既是认识事物、现象发展规律的重要手段，也是创设理论体系、发现真理的必经阶段。假设在侦查活动中的运用形式便是侦查假设。侦查假设是侦查思维的一种逻辑思维方式，在侦查工作中，根据已掌握的有关犯罪案件的各种线索信息，运用概念、判断、推理等多种推理形式，对案件进行综合分析，提出侦查假设，推动侦破工作抽丝剥茧，推测性地解释案件真相，逐步揭露和证实犯罪事实，最终锁定犯罪嫌疑人。

一、侦查假设的提出

在具体案件中，犯罪嫌疑人的犯罪动机和犯罪心理活动是案发内在原因，案发现场留下的物证、痕迹是案发后的结果，由犯罪结果去回溯寻找犯罪动机是提出侦查假设的客观需要。侦查人员可以根据犯罪现场勘查、寻访调查等工作所获取的各种线索信息，以及犯罪嫌疑人心理活动的规律和特点，通过自己掌握的知识、过往的经验积累和科学理论，运用分析、比较、概括、综合等思维活动对案件性质、作案目的、作案手段、作案过程、犯罪嫌疑人具体特征等做出分析推测。它对于明确案件侦查方向、确定侦查精准范围、科学制订侦查方案、指导侦查工作高效进行等都有着重要意义。可以说，案件侦查全过程就是侦查人员提出侦查假设、分析侦查假设、校正侦查假设、否定侦查假设，最终证实侦查假设的活动过程。例如，侦查人员杨警官在一起命案现场勘查的时候无意中听到a群众的自言自语，a群众说："真惨啊，一家三口全死了。"据此杨警官提出a有重大作案嫌疑的假设，理由是：犯罪现场还处于完全封闭的状况，只有封闭前到过现场的人才有可能知道被害人死亡的具体人数，而a知道案件死亡人数情况，因此a有重大作案嫌疑。

侦查人员如何合理确定侦查假设呢？侦查工作一般开始于案发现场勘查，根据犯罪结果分析犯罪动机，查找犯罪嫌疑人。犯罪现场呈现出来的结果通常都会有多种可能性，提出的侦查假设也就不可能只有一种可能性。因此在提出侦查假设时，逻辑外延应尽可能各种存在的可能性。例如，从湖水里打捞出来的尸体，应该有他杀、自杀、意外落水三种可能的假设，如果有确信无疑的证据能够排除自杀和意外落水死亡两种可能，那么，他杀的侦查假设就是能够成立的。

在侦查工作刚开始阶段，基于现已掌握的信息资料，尽量详尽罗列各种可能存在的侦查假设，但随着侦查工作的不断深入，收集到的新情况、新线索日渐增多，侦查初期提出的有存在可能性的各种侦查假设有部分就会因新的情况和线索而被排除，因此，需要校正原有的侦查假设。在几种侦查假设都可能存在，还不能选定其中一种侦查假设的情况下，可以选择其中具有最大可能性的侦查假设开展侦查工作，但是，对于其他侦查假设也不应完全放弃，在侦查过程中，也应该予以注意。

二、侦查假设的种类

一般来说，对刑事案件进行案情分析时，需要从以下六个方面入手，即案件性质、犯罪时间、犯罪地点、犯罪的方法手段、犯罪活动情况以及犯罪嫌疑人情况。而在对案件进行侦查假设时，也应当围绕这六个方面来进行。

（一）对案件性质的侦查假设

案件性质是指案件本身所具有的本质属性。在刑事案件侦查工作中，为了科学确定案件侦查方向，达到有力打击犯罪，需要对案件性质进行必要的划分。具体案件本身所具有的区别于其他事物的根本属性是案件性质划分的根本依据，因此对案件性质的侦查假设需要根据案件现场的具体情况来进行分析。例如，要分析被害人陈述的真实可靠性，要分析现场各种痕迹、现象的存在是否符合客观规律和基本原理，要分析被侵害对象的详细情况，在此基础上，再根据具体案件的因果联系来分析判断，最终做出符合逻辑判断的案件性质的侦查假设。

（二）对犯罪时间的侦查假设

犯罪时间是犯罪嫌疑人实施犯罪活动所经历的时间段。对犯罪时间的侦查假设需要根据现场有关物品的状态、现场痕迹的新旧程度，以及与一些自然现象的形成先后、尸体现象及事主和现场周围群众工作生活的规律来进行。

（三）对犯罪地点的侦查假设

犯罪地点是犯罪客观方面的一项选择要件，任何犯罪活动都是在特定的空间地点进行的。确定犯罪地点，是查清案件事实、推断犯罪嫌疑人情况特征的重要依据。对犯罪地点的侦查假设需要考虑诸多因素，例如，所发现的犯罪地点是否为主体现场、犯罪地点与周围环境的关系、多个犯罪地点之间的关系、该地点与犯罪对象之间的联系等，都需要进行分析判断。

（四）对犯罪的方法手段的侦查假设

犯罪的方法手段是指犯罪嫌疑人为达到犯罪目的所使用的计谋、采取的途径和步骤、实施侵害行为的工具和凶器、破坏障碍物的技能方法等。对犯罪的方法手段的侦查假设需要通过分析现场有无遗留工具、犯罪嫌疑人如何使用工具，以及工具的来源、特征进行分析判断。

（五）对犯罪活动情况的侦查假设

为了完整了解犯罪嫌疑人在犯罪现场的运动轨迹和心理状态，需要分析犯罪活动情况，这有助于揭露伪装、剔除假象、发现真相。犯罪活动情况的侦查假设应当在细致研究分析犯罪现场遗留的物品、各种痕迹物证、犯罪嫌疑人在犯罪主体现场的活动情况、现场外围发现的痕迹物证及进出通道情况等基础上，综合考虑各种因素进行分析判断。

（六）对犯罪嫌疑人情况的侦查假设

犯罪嫌疑人的情况主要包括其个人特征和同伙成员特征，例如，犯罪嫌疑人所从事的劳动职业、受教育程度、语言表达习惯、方言口音，以及犯罪参与人数等特征情况。对犯罪嫌疑人情况的侦查假设需要通过综合分析整个案件的各种情况、线索，结合以上各个步骤所获得的信息，并研究犯罪嫌疑人的心理活动过程来进行。

侦查人员在进行侦查假设的过程中，要注意自身某些短板因素、消极心理等对正确选择并确定侦查假设的影响。例如，由于侦查人员的侦查经验不足，受狭隘的经验、思维定式的影响，主观、片面，不能客观完整分析案情资料线索，可见在选择并确定侦查假设时，如果工作不细致、疏忽、遗漏某些存在的可能性，那么侦查工作很可能走上歧路，造成整个工作的被动。

三、侦查假设的循环过程

（一）获取全面的案件相关信息资料

侦查假设是一种逻辑思维方式，绝不是天马行空的假想，而是基于大量有关案件事实情况、资料线索所做出的大胆构想。如果没有涵盖全面客观的信息收集，如果没有符合逻辑的分析判断，那么，依赖这种基础所提出的侦查假设则是一种空想。这种侦查空想不仅无法找准案件侦查方向，提高侦查工作推进速度，反而很可能导致侦查工作误入歧途。

侦查假设的第一步，是通过现场勘查、调查访问、技术检验等侦查手段获取有关犯罪事件的相关信息资料。侦查人员接到相关的控告或举报后，并不能确定所涉事件的性质，必须采取必要的侦查手段对该事件的现场、人员以及物品等进行一定程度的调查,而这个前期调查就是侦查人员获取初步信息资料的过程。这一步是侦查活动的重要步骤,接下来的侦查工作能否顺利推进,都是以此步骤中获取的信息资料作为基础。

为了增加侦查假设经得起验证的概率,协助确定合理的侦查方向,侦查人员必须尽量保证侦查假设的依据客观全面,逻辑推理严密,因此,全面客观地收集与案件事实相关联的证据材料是首要任务。

一是要确保案件事实材料的全面性。虽然在案件发生初期,可能只有犯罪现场遗留的痕迹、物证和有限的证据资料,但侦查人员综合运用侦查措施,经过地毯式收集犯罪现场各种痕迹、物证,再及时进行检验鉴定、调查走访,从而可以最大限度地掌握所有与案件有关的证据材料。

二是要保证案件事实材料的准确性。通常情况下,侦查初期收集到的各种信息资料,虽然数量很多,但其中会混杂一定数量的无效信息。例如,具备反侦查意识的犯罪嫌疑人会破坏现场,销毁证据,甚至故意伪造现场,误导侦查;有的案件知情人由于所处角度不同、能力限制,所提供的案件信息可能是无效的,甚至是错误的;有的案件知情人由于自身有各种顾虑,不愿提供有关情况,推说不知道,等等。可见,侦查人员如果不能保证所收集到的与案件相关的证据资料是准确的,那么在此基础上提出的侦查假设往往是错误的。

(二)分析研判案件信息资料

通过分析获取的犯罪信息资料,提出问题。侦查人员在经过现场勘查和调查访问之后,首先要确定事件的性质,分析事件是否为犯罪事件。如果能确定为犯罪事件,侦查人员就会对犯罪事件的构成要素进行分析,提出关于案件性质、犯罪时间、犯罪地点、犯罪的方法手段、犯罪活动情况以及犯罪嫌疑人的特征方面的问题,而这也是建立侦查假设的起点所在。

案件信息资料的分析研判是建立侦查假设的关键。侦查工作初期收集到的信息资料有的是与案件有密切联系的,有的却毫不相干;有的线索是有价值的,而有的却证明力极低。所以,侦查人员对掌握的案件信息资料进行甄别筛选、剔伪留真,非常必要。但在筛查过程中,也要克服定式思维,避免先入为主的认知偏差,应立足于所掌握的全部主客观案件信息资料进行侦查假设构建。同时要对为何不支持因为认知偏差而做出的判断进行合理解释,做到一切取舍都应有据可循,从源头上为提出接近案件事实的侦查假设奠定坚实基础。例如,一起强奸杀人案件,通过对被害者的尸体检查,发现被害人不仅被性侵犯,且十个手指头都被砍下。被强奸后还被砍下手指头,这种犯罪行为极为罕见。这反映出什么情况呢?犯罪嫌疑人痛恨手指头。为什么会痛恨手指头?会不会是在实施强奸犯罪的过程中，被害人激烈反抗，用手指抓伤了犯罪嫌疑人，由此激怒犯罪嫌疑人而导致杀人毁尸？如果侦查假设推理正确，那么犯罪嫌疑人可能身上或者脸上有新鲜的抓痕，以此为线索排查嫌疑对象，将大大缩小排查范围，提高侦查效率。

（三）提出合理的侦查假设

针对存在的问题，提出猜测性的答案，即提出侦查假设。问题提出之后，如何来解决问题呢？一般来讲，侦查人员首先可以依据侦查经验知识，运用回溯法得出几个较为合理的解释来回答所提出的问题。当然这种答案只是猜测性的，还有待于实践的检验。只有经过实践检验是正确的，侦查假设才能被接受。这便是侦查假设的正式提出。

（四）侦查假设具体化

利用演绎推理形成一定的侦查假设推论，这一步表面上看起来很简单，实际上却十分重要，是解决问题的关键一环，因为提出的侦查假设往往只是一个比较笼统的侦查推断，而直接进行实践检验是比较困难的，这就需要将所提出的侦查假设具体化。而演绎推理的思维路径是由一般到特殊的推理方法，推论前提与结论之间的联系是必然的，是一种确实性推理。演绎推理的推理方法，正好符合实践检验的需要。因此，在建立侦查假设的过程中，以侦查假设为依据进行演绎推理是十分重要的一步，其完全是出于验证侦查假设的需要而进行的，与对侦查假设的检验息息相关。

（五）检验侦查假设

检验侦查假设是一个必经的步骤，因为提出的侦查假设无论多么科学合理，都不能改变其仅仅是假设的本质，如果没有实践的验证，任何侦查假设都不可能成为侦查结论。因此，这就需要侦查人员采取各种侦查措施，细致全面地调查案情，进而验证侦查假设。

（六）得出侦查结论

这一步是侦查假设循环的收尾环节。在对侦查假设进行实践检验后，会出现两种情况，即证实或证伪。如果侦查假设被证伪，那就说明所提出的侦查假设并不是解决问题的答案。这种情况下就需要回到第三步，重新提出新的侦查假设。如果侦查假设被证实，那就说明所提出的侦查假设是正确的，正是问题的答案。这样就可以顺利地解决所提出的问题。而当案件犯罪构成各要素所对应的问题都得到解决后，那么整个案件也就可以宣告侦破。

以上六个步骤环环相扣，共同演绎了侦查实践活动中侦查人员的整个思维过程，其对于从理论上把握侦查假设具有十分重要的意义。

第三节 侦查推理

推理是思维的基本形式之一，是由一个或几个已知判断（前提）推出一个新的判断（结论）的思维活动过程。侦查推理是指侦查人员以已经掌握的案件事实情况和客观严密判断为基础，对案件中的犯罪动机、手段、过程情节等未知要素进行推导的思维活动过程。

各种违法犯罪活动大多是危害结果公开暴露，而犯罪嫌疑人、犯罪活动实施过程、相关犯罪证据等都尽可能隐匿的特殊的社会行为。侦查推理，就是根据客观事物之间内在的因果联系，推导出有关案件未知的全部或部分事实、情节，排查犯罪嫌疑人。所以，在提出和校正侦查假设、查清案件事实真相、追踪犯罪嫌疑人、拓展破案思路等各种侦查工作中，侦查推理发挥着极为重要的作用。科学严密的侦查推理活动能帮助侦查人员深化对案情的认识，扩大侦查视野，确定正确的侦查方向，正确反映案件的内在客观必然性。当然，并不是所有的推理形式都能在案件侦查中得到运用，在侦查思维中经常用到的推理思维活动类型主要是假言推理、选言推理、类比推理三种。

一、侦查中的假言推理

（一）假言推理一般类型

假言推理是根据假言命题的逻辑性质进行的推理，即由某种事物情况是否存在，推出另一事物情况是否存在。根据逻辑学基本理论，假言推理分为充分条件假言推理、必要条件假言推理和充分必要条件假言推理三种情况。

1. 充分条件假言推理

充分条件假言推理，就是它的假言前提是一个充分条件假言判断的假言推理。其典型的推理形式是：由承认前件进而承认后件。具体而言，充分条件假言推理有两条规则。

规则①：肯定前件，就要肯定后件；否定前件，不能否定后件。

规则②：肯定后件，不能肯定前件；否定后件，就要否定前件。

根据规则，充分条件假言推理又可以分为两种类型：充分条件假言推理肯定前件式、充分条件假言推理否定后件式。

(1) 充分条件假言推理肯定前件式。

其正确推理形式是：

> 如果 p，那么 q
> p
> ——————
> 所以，q

(2) 充分条件假言推理否定后件式。

其正确推理形式是：

> 如果 p，那么 q
> 非 q
> ——————
> 所以，非 p

例如：

Ⅰ. 如果谁骄傲自满，那么他就要落后；小明骄傲自满，所以，小明必定要落后。

Ⅱ. 如果谁得了感冒，他就一定要发烧；小李没发烧，所以，小李没得感冒。

例Ⅰ和例Ⅱ都是充分条件假言推理，前者是肯定前件式；后者是否定后件式。这两则推理就是正确的充分条件假言推理。

2. 必要条件假言推理

必要条件假言推理，就是它的假言前提是一个必要条件假言判断的假言推理。其典型的推理形式是：如果承认后件，就必须承认它的前件。具体而言，必要条件假言推理有两条规则。

规则①：否定前件，就要否定后件；肯定前件，不能肯定后件。

规则②：肯定后件，就要肯定前件；否定后件，不能否定前件。

根据规则，必要条件假言推理又可以分为两种类型：必要条件假言推理否定前件式、必要条件假言推理肯定后件式。

（1）必要条件假言推理否定前件式。

其正确推理形式是：

> 只有 p，才 q
> 非 p
> _____
> 所以，非 q

（2）必要条件假言推理肯定后件式。

其正确推理形式是：

> 只有 p，才 q
> q
> _____
> 所以，p

例如：

Ⅰ．只有年满十八岁，才有选举权；小周不到十八岁，所以，小周没有选举权。

Ⅱ．只有选用优良品种，小麦才能丰收；小麦丰收了，所以，这块麦田选用了优良品种。

例Ⅰ和例Ⅱ都是必要条件假言推理，前者是否定前件式；后者是肯定后件式。这两个推理都符合推理规则，都是正确的。

3. 充分必要条件假言推理

充分必要条件假言推理，就是它的假言前提是一个充分必要条件假言判断的假言推理，如果能从命题 p 推出命题 q，而且也能从命题 q 推出命题 p，则称 p 是 q 的充分必要条件，且 q 也是 p 的充分必要条件。其典型的推理形式是：如果承认前件，就要承认后件；如果承认后件，就必须承认前件。

具体而言，充分必要条件假言推理有两条规则。

规则①：肯定前件，就要肯定后件；肯定后件，就要肯定前件。

规则②：否定前件，就要否定后件；否定后件，就要否定前件。

根据规则，充分必要条件假言推理有四个正确的推理形式。

(1) 充分必要条件假言推理肯定前件式。

  p 当且仅当 q

  p

  ―――――――――――

  所以，q

(2) 充分必要条件假言推理肯定后件式。

  p 当且仅当 q

  q

  ―――――――――――

  所以，p

(3) 充分必要条件假言推理否定前件式。

  p 当且仅当 q

  非 p

  ―――――――――――

  所以，非 q

(4) 充分必要条件假言推理否定后件式。

  p 当且仅当 q

  非 q

  ―――――――――――

  所以，非 p

例如：

Ⅰ．元成考试得了满分当且仅当他每道题都做对了；元成考试得了满分，所以，元成每道题都做对了。

Ⅱ．元成考试得了满分当且仅当他每道题都做对了；元成每道题都做对了，所以，元成考试得了满分。

Ⅲ．元成考试得了满分当且仅当他每道题都做对了；元成考试没有得到满分，所以，元成不是每道题都做对了。

Ⅳ．元成考试得了满分当且仅当他每道题都做对了；元成不是每道题都做对了，所以，元成考试没有得到满分。

例Ⅰ到例Ⅳ分别是以上充分必要条件假言推理的四种正确的推理式。

（二）侦查思维中的假言推理

侦查假言推理，指在侦查思维中，侦查人员按照假言推理的规则，以该假言判断的某个假言支的肯定或者否定作为另一个前提，进而得出另一个假言支是肯定或者否定作为推理结论。依据假言推理基本理论，侦查假言推理可根据作为前提之一的假言判断命题的类型不同分为三种类型的侦查假言推理：充分条件侦查假言推理、必要条件侦查假言推理和充分必要条件侦查假言推理。

侦查假言推理在案件侦查中的运用主要有以下两方面。

1. 推断作案应具备的条件

刑事案件侦查就是要查清案情，惩治犯罪，维护正常的社会秩序。但刑事案件往往都比较复杂，作案人为逃避打击，总是想掩盖犯罪事实真相，侦查人员接触案件初期，会被很多假象迷惑，这就要求在案件侦查开始尽快排查出作案人作案必须具备的条件。只有这样，在接下来的侦查工作中才能对照作案条件明确侦查方向，尽快找出符合条件的嫌疑对象进行重点审查。

例如，某公司出纳室发生百万元现金被盗案件。经现场勘查发现出纳室门锁完好无损，而且出纳室正常只备有五万元以内的现金，存有的百万元现金是临时收到的货款，知道该消息的人并不多。

在这个案例中，通过将现场勘察和调查走访发现的特定事实，置于一个一般原则之下，然后推论罪犯的必要条件，这就是假言推理的应用。如果盗窃现场门锁完好无损，那么作案人一定备有开锁钥匙；被盗公司出纳室门锁完好无损，所以公司内部肯定有人参与。于是作案条件就明确了，排除了外盗的可能。这就是充分条件假言推理肯定前件式的应用。

2. 缩小作案人范围

在客观世界，联系是普遍的，而其中有部分客观事物还存在着一种条件联系，即某现象或情况的存在必然引起另一现象或情况，反之，如果不存在某现象或情况，那么也必然不会引起另一现象或情况的出现，而假言推理中必要条件假言推理反映的就是这样一种联系。

例如，在某起凶杀案件中，初步确定了犯罪嫌疑对象之后，还要进行甄别，进一步缩小范围，最终查出作案人。其推理形式是：如果王龙是作案人，那么他就一定有作案时间，现在从各方面查证王龙没有作案时间，所以他不可能是作案人；如果万鑫是作案人，那么他就一定在案件发生的时间内到过现场，现经查证，万鑫没有到过现场，所以万鑫也不是作案人。运用必要条件假言推理否定前件就要否定后件的规则，把王龙、万鑫排除在作案人之外，剩下的嫌疑人就更有嫌疑了，这就有效地缩小了甄别排除范围。

充分条件假言推理否定后件式推理除了可以用于正向推理案情事实，判断案件侦查发展，还可以用于侦查假设的否定证明。

侦查假设的否定证明推理形式为：

> 如果侦查假设 E 成立，那么必定存在相应的侦查证据 F；
> 相应的侦查证据 F 不存在；
> 所以，侦查假设 E 不成立。

在此要注意，根据逻辑推理规则，充分条件假言推理的否定前件式和肯定后件式都是无效的，即"如果 p，那么 q，非 p，所以，非 q"；"如果 p，那么 q，q，所以，p"都是错误的推理。例如，① 如果某人是作案人，那么他一定出现在案发现场；王龙不是作案人，那么王龙一定不会出现在案发现场。② 如果某人是盗窃犯，那么，他应受法律制裁；经查明，万鑫确实受到了法律制裁，所以，万鑫是盗窃犯。

上述两例都是不正确的充分条件假言推理，因为例①违反了"否定前件，不能否定后件"的规则；例②违反了"肯定后件，不能肯定前件"的规则。

侦查假言推理在案件侦查工作中经常运用，但要发挥其积极作用必须注意以下几个方面的问题。

第一，作为大前提的前后件之间必须有内在的逻辑联系。一般而言，前后件之间完全没有联系的错误是显而易见的，通常不会犯这种低级错误，大多数情况是前件和后件之间有一定的联系，而侦查人员按照自己以往的经验判断认为二者之间是必然联系的情况，把可能判断为必定。比如，做贼心虚这是一个常识性规律，如果是作案人，那么他面对侦查人员，一定心虚，表情紧张。而作为犯罪嫌疑人之一的张某在面对讯问时，表情放松，言语前后逻辑合理，不紧张，所以可以排除张某是作案人。这个假言推理就其形式来说是正确的，但由于大前提的前后件之间没有必然的联系，因此结论是不正确的。

第二，小前提必须真实。这是指小前提的肯定和否定应有足够的材料予以证明，符合客观实际。如果作为小前提本身的事实根据不真实，那么其作为推理依据的证明力是缺乏的，运用假言推理做出肯定或否定的结论也无法保证真实可靠。

第三，必须严格遵循假言推理的规则。只有按照假言推理规则要求进行推理，才可能保证结论的真实可靠。如充分条件假言推理，其规则是：肯定前件，就要肯定后件；否定前件，不能否定后件。肯定后件，不能肯定前件；否定后件，就要否定前件。又如，必要条件假言推理，其规则是：否定前件，就要否定后件；肯定前件，不能肯定后件。肯定后件，就要肯定前件；否定后件，不能否定前件。而充分必要条件假言推理的规则更严格苛刻。在案件侦查具体的侦查思维活动中，运用假言推理开展推理判断，必须牢记推理规则，以免延误战机，影响工作。

（三）侦查思维中假言推理的作用

在侦查思维中，侦查人员开展案件侦查，常常会以某些假设性判断作为前提，综合所掌握的案件材料、信息具备或者不具备某种特质属性，提出假设性肯定或者否定来作为另一个前提，推演出该案件是否具备或者不具备其他某种特质属性。其中所运用的推理就是假言推理。

1. 推断案情性质

在案件侦查过程中，确定案情性质是必须解决的首要问题。只有推断出案情性质，才能科学制订案件侦破策略，排查犯罪嫌疑人。一般而言，基于案件现场基本情况，将与案件发生有一定因果关系的各种情况信息建立一则假言判断，运用侦查思维，遵循假言推理规则探求犯罪行为与某些情况信息之间的因果联系。例如，运用充分条件假言推理，可将犯罪现场勘查、走访摸排的情况作为假言判断的前件，将要推断的事实或结论作为其后件，然后按照充分条件假言推理肯定前件式的规则得出肯定后件的结论。

2. 为犯罪嫌疑人尽可能精准画像

通过无限接近实际的精准画像，可以尽快缩小犯罪嫌疑人的排查范围。精准画像的前提是基于案情事实，明确作案人的符合条件，条件越多，画像就越精准，作案人的范围也就越小。通常情况下，对照符合条件筛查作案人可以通过正、反两个方向进行推理。正向推理就是采用肯定式继续构建充分条件或必要条件假言推理的假言判断，从而推理出关于案件的更多、更充分的条件；反向推理就是采用否定式排除那些不具备作案条件的犯罪嫌疑人，进而缩小犯罪嫌疑人的范围。

3. 预测案情发展

案件表现为时空形式的多样性和不确定性，客观事物的复杂多样性和人的认识的时空局限性之间形成一种对立，给侦查工作带来相当难度。要想一开始就做出肯定的断定是十分困难的，因此，侦查人员常常首先提出各种侦查假设即建立各种假言命题，并以此为依据进行相应的推理和论证。

4. 检验侦查假设

侦查假设的检验虽然是一个科学方法论问题，但是其中必须运用推理，而且运用的推理正是充分条件假言推理。一般而言，如果从侦查假设推理出的可检验命题被证实了，那么侦查假设可能也是真实的；如果侦查假设推理出的可检验命题被证伪了，那么侦查假设就可能也是不真实的。

二、侦查中的选言推理

（一）选言推理一般类型

选言推理是至少有一个前提为选言命题，并根据选言命题各选言支之间的关系而进行推演的演绎推理，一般由两个前提和一个结论所组成。根据逻辑学基本理论，按照组成前提的命题是否皆为选言命题，可分为纯粹选言推理和选言直言推理。纯粹选言推理在思维实践中意义不大，按一般习惯用法，选言推理主要指选言直言推理。根据选言前提各选言支之间的关系是否为相容关系，可分为相容选言推理和不相容选言推理。

1. 相容选言推理

相容选言推理就是以相容选言命题为前提，根据相容选言命题的逻辑性质进行的推理。

相容选言推理有两条规则。

规则①：否定一部分选言支，就要肯定另一部分选言支。

规则②：肯定一部分选言支，不能否定另一部分选言支。

根据规则，相容选言推理只有一个正确的推理形式，即相容选言推理否定肯定式。

    p 或者 q
    非 p
    ————————
    所以，q

或者：

    p 或者 q
    非 q
    ————————
    所以，p

例如：

Ⅰ. 元成是警察或者是律师，他不是警察，所以，他是律师。（正确）

Ⅱ. 元成是警察或者是律师，他是警察，所以，他不是律师。（错误）

例Ⅰ符合相容选言推理的规则"否定一部分选言支，就要肯定另一部分选言支"，所以，这一推理是正确的；例Ⅱ违反了相容选言推理的规则"肯定一部分选言支，不能否定另一部分选言支"，因此是不正确的。因为相容选言命题的选言支"元成是警察"和"元成是律师"可以同时是真，因此，肯定"元成是警察"，不能否定"元成是律师"。

2. 不相容选言推理

不相容选言推理就是以不相容选言命题为前提，根据不相容选言命题的逻辑性质进行的推理。

不相容选言推理有两条规则。

规则①：否定一部分选言支，就要肯定另一部分选言支。

规则②：肯定一部分选言支，就要否定另一部分选言支。

根据规则，不相容选言推理有两个正确的推理形式。

(1) 不相容选言推理否定肯定式。

要么 p，要么 q

非 p

─────────

所以，q

(2) 不相容选言推理肯定否定式。

要么 p，要么 q

p

─────────

所以，非 q

例如：

Ⅰ. 要么去打篮球，要么去踢足球；没有去打篮球，所以，去踢足球。

Ⅱ. 要么小明考试第一，要么小花考试第一；小明考试第一，所以，小花不是考试第一。

例Ⅰ是不相容选言推理的否定肯定式；例Ⅱ是不相容选言推理的肯定否定式，这两种推理都是符合上述不相容选言推理的规则，所以，都是正确的。

（二）侦查思维中的选言推理

侦查选言推理，是指在侦查思维中，侦查人员按照选言推理的规则要求，以选言判断作为前提之一，以该选言判断的一部分选言支的肯定或者否定作为另一个前提，以该选言判断的另一部分选言支的否定或者肯定作为结论的推理。在案件侦查中，运用选言推理可以基于某种侦查假设来推断案件的性质，对缩小排查范围、明确侦查重点、锁定可能性较大的嫌疑目标、尽快侦破案件、查清案情事实作用巨大。依据选言推理基本理论，侦查选言推理可根据作为选言前提各选言支之间的关系是否为相容关系，分为两种类型的侦查选言推理：相容的侦查选言推理、不相容的侦查选言推理。

侦查选言推理在案件侦查中的运用和作用与侦查假言推理、侦查类比推理相似，都是基于它们属于逻辑知识范畴，都是思维的规律和思维的规则，对人的思维保持严密性、一贯性有着不可替代的校正作用。发现刑事案件，往往案件已经发生，负责侦破的侦查人员首先面对的就是案件现场，侦查工作则是由果到因的溯源，作为思维的规律和思维的规则，逻辑知识应用到侦查破案当中是其特点使然。如对案件性质、作案人数、作案时间、作案过程、作案工具等的推定都需要运用这些推理。侦查人员遵循逻辑思维规则，辅以证据佐证予以否定、肯定各种可能，最终查明案情，抓获犯罪嫌疑人。

结合选言推理的规则特点，在运用侦查选言推理的过程中需要注意以下几点。

一是选言支应尽可能列举穷尽一切可能的情况，这是保证选言推理得出正确结论的前提。按照选言推理的推理规则，大前提各选言支应穷尽一切可能的情况，这个选言判断是必然真实的判断，如果一个选言判断的选言支未穷尽，且它所遗漏的可能情况也许就是真实情况，那么这个选言判断就是错误的。尤其是在运用否定肯定式规则进行推理时，更要注意这一点。只有选言支穷尽，才能保证选言大前提为真；否则运用否定肯定式推理出的结论就无法保证绝对真实。

二是要分析选言前提各选言支之间的关系是否为相容关系。如果无法确定选言前提各选言支之间关系是否相容，那就当作是相容选言判断。在实际工作中，由于受到掌握的信息和资料等条件限制，侦查人员在主观判断上很难对多种可能情况之间的相容关系做出是否互相排斥的准确判断。无论是相容选言推理，还是不相容选言推理，否定肯定式都是普遍有效的推理形式，只要作为前提的选言命题为真，各选言支穷尽了一切可能的情况，推理得出的结论必定为真。而肯定否定式的推理形式则不然，它仅是不相容选言推理的有效形式，对于相容选言推理，肯定否定式的推理形式无法保证推断结论的正确性，通常不会采用。因此，当选言前提各选言支之间关系是否相容无法确定时，将其当作相容选言判断，尽可能避免采用肯定否定式的推理形式，可以选择否定肯定式这种普遍有效的推理形式，从而在工作机制上确保侦查工作的科学运作。

三是对于选言支的否定必须有明确依据。这样才能保证否定选言支不会出错，在运用否定肯定式的推理形式时，对选言支做出否定判断的过程其实就是一个反驳的过程。因此，在这个推理过程中一定要做到否定判断必须是真实的，然后遵循否定肯定式的推理规则。否则，选言推理得出的结论无法保证是必然的。

三、侦查中的类比推理

（一）类比推理一般类型

类比推理亦称"类推"，是推理的一种形式，根据两个对象在某些属性上相同或相似，通过比较而推断出它们在其他属性上也相同或相似的推理过程。它是从观察个别现象开始的，因而近似归纳推理。但它又不是由特殊到一般，而是由特殊到特殊，因而又不同于归纳推理。

一般来说，类比推理的逻辑形式是：

A 对象具有 a、b、c、d 属性，
B 对象具有 a、b、c 属性；

所以，B 对象也具有 d 属性。

"A"对象表示类比物的对象原型，即类比的参照物；"B"对象表示需要认识的未知事物。它们分属于两个不同的事物类，类比推理就是在类比物与应予解释的对象间进行的一种推理活动。

类比推理的特征主要有以下几点。

1. 思维活动的独特性

类比推理是从观察个别现象开始的,但它既不同于由特殊到一般的归纳推理,也不同于由一般到特殊的演绎推理,而是由特殊到特殊的思维活动,是一种具有独特形式的推理。

2. 推理过程的复杂性

琳琅满目的大千世界,如何选择两个或两类事物进行类比分析,这既要立足于开展类比,也需要跳跃的联想能力,还需要各方面知识的积累和丰富的实践阅历,发现类比对象在某方面的一致性是个复杂的思维活动过程。

3. 推演结论的不确定性

类比推理不具备演绎推理的前提和结论之间必然联系的特征,其推演所得出的结论远超出类比参照物所涵盖的范围,前提与结论之间并不是必然的联系。前提为真,并不能必然得出结论为真,结论也有可能为假。因此,类比推理的推演结论具有不确定性。

4. 应用范围的广泛性

运用类比推理,虽然推演结论具有不确定性,但其认识作用却十分突出。它不同于演绎推理与归纳推理只对同一类属对象进行分析推断,类比推理可能针对两个不同种类的对象,比如人身上的伤痕与动物身体上的伤痕。类比推理无论在日常生活中,还是在科学研究和司法实践中都有着广泛的应用。

(二)侦查思维中的类比推理

侦查思维中的类比推理,是指在侦查思维中侦查人员以已发生的刑事案件为参照研究对象,与待侦破刑事案件之间具有的诸多已知相似属性进行类比分析,推导出待侦破案件可能具有的但还未发现的其他相似属性的思维活动。

侦查类比推理在案件侦查中主要运用在以下两方面。

1. 并案侦查

并案侦查是侦查破案的重要措施之一,即把两起以上先后发生的案件,经串联起来分析,发现在案情、物证、作案手段、作案工具、侵害对象及作案人体貌特征等方面所表现出的某种相同特征和习惯性特点,认为是同一个或同一伙犯罪嫌疑人所作的案件合并在一起组织侦查的措施。

并案侦查可以把有关发案地区的力量联合起来，统一指挥，协同作战；可以汇总更多的案件相关信息，全面分析案情，明确侦查方向，划定合理范围，加快侦破速度；可以集中力量打击那些凶残而狡猾的惯犯、流窜犯和犯罪团伙。

根据并案侦查概念，只有同一个或同一伙犯罪嫌疑人作案的案件才适用并案侦查。那如何判断是否为同一个或同一伙犯罪嫌疑人作案呢？理论与实践都认为应从以下四个维度来分析判断。① 案情性质相同。侵犯财产类、人身伤害类、报复行凶类是刑事案件的主要类型，这些类型的案件能反映出作案人的作案动机。② 作案手段、作案工具及具体动作习惯相同。这些方面能反映出作案人的职业特点和一般人不具有的特殊技能。③ 作案现场遗留的痕迹、物证相同，或者相互之间有直接的联系。④ 作案人的体貌特征相同。这是判断是否为同一人或同一伙人作案的重要依据。

是否适用并案侦查，主要是对若干起案件在上述四个维度进行分析比对，判断是否存在相同或相似的方面，进而推知这些案件是否同一个或同一伙犯罪嫌疑人所为。可见，这一推理判断过程应用的就是类比推理的侦查思维。

并案侦查尤其适用于系列案件侦破。例如，"北京白宝山杀人案""张君特大抢劫杀人案""甘肃白银连环杀人案"等大案、悬案的成功告破就是在侦查思维中成功运用类比推理的典型案例。

2012年"苏湘渝系列持枪抢劫杀人案"是近年来影响较大的特大案件。2004年4月22日，重庆市发生持枪抢劫杀人案，当天中午12时左右，该市江北区工商银行五黄路分理处门口，歹徒开枪将两名取款女子打死1人、打伤1人后逃逸，抢走现金7万元。2005年5月16日，重庆市又发生持枪抢劫杀人案，上午9时35分左右，沙坪坝区汉渝路一牛肉馆前发生一起持枪杀人抢劫案件。犯罪嫌疑人尾随两名取款人员（系一对夫妇）并开枪打死两名取款人员，枪声惊动一过路男子，犯罪嫌疑人顺势向该男子射击将其打伤，在抢走两名取款人员的17万元现金后逃逸。2009年3月19日晚上7时42分许，位于重庆市高新区石桥铺的某军区营房门口，站岗的18岁哨兵被凶徒开枪杀死，他手中的自动步枪被抢走，另一赶来查看的哨兵遇袭重伤。行凶者事后在逃。接着，2009年10月14日，长沙市天心区南郊公园山坡上发生一起枪击案，遇害人身中6枪，身上20元钱未被抢。在接下来一年多时间内，长沙市又接连发生三起持枪杀人案："长沙'12·4'枪击抢劫案""长沙'10·25'枪击抢劫案""长沙'6·28'枪击案"。案件发生后，长沙市公安侦查人员通过走访调查、调看案发现场周围的视频监控、深入网吧排查，确定了作案人的体貌特征和面相。长沙市警方对这四起案件分别进行了分析：① 作案目的是谋财，而且基本得手；② 作案人非法持有来源不明的枪支；③ 作案人极端残忍，枪杀无辜群众，性格孤僻，具有反社会性；④ 作案人为体貌特征相似的一个人单独作案，作案后立即逃离消失。根据掌握的这些共同点，侦查人员认为这几起案件可能是同一人所为，决定实行并案侦查。但是，由于作案人每次作案前后，都多次踩点，在作案时间和地点安排上精心谋划，案发后都迅速逃离，然后便人间蒸发，抢劫财物也不挥霍，反侦查意识强，所留线索和物证极少，湖南省公安机关的刑侦部门未能顺利侦破这些案件。

2012年1月6日，南京市发生"1·6"枪击抢劫案，南京市下关区和燕路一农业银行发生持枪抢劫案。一男性犯罪嫌疑人持枪打死某公司提款人，抢走19.99万元现金后逃窜。2012年8月10日，重庆市发生"8·10"枪击抢劫案。当日上午9时34分，重庆市沙坪坝区凤鸣山康居苑路口中国银行储蓄所门前发生一起持枪抢劫杀人案。嫌犯打死2人、打伤1人，抢走死者浅黄色女式单肩大挎包，逃离现场后，搭乘"摩的"逃逸。

南京市和重庆市两地警方分别侦查发现，案件各方面信息与重庆市、长沙市系列抢劫杀人案件有多处相同特点，确定这九起案件是同一犯罪嫌疑人所为，并锁定是重庆人周克华。据此，在公安部协调下，九起案件并案侦查。后据电话监控，狂妄的犯罪嫌疑人要在8月14日继续作案。警方布下天罗地网。2012年8月14日6时50分，犯罪嫌疑人周克华与警察遭遇，被警方当场击毙。

通过并案侦查，集中警力，节约了办案资源，汇总了案件各方面线索，为快速锁定犯罪嫌疑人真实身份、缩小侦查范围提供了方便，极大提高了案件侦破效率。

2. 侦查实验

侦查实验是指在案件侦查中，侦查人员为了确定对案件侦查有重要意义的某一事实或现象是否存在，或在某种条件下能否发生、怎样发生，参考案件发生时的种种条件，将该事实或现象加以再现的一种侦查措施。

侦查实验的思维特征也属于类比推理，通过运用类比推理思维实施侦查实验，有助于弄清楚案件中某些关键情节，推动案件侦破，查明全部案情。

根据侦查实验结果，运用类比推理的比附、援引原理，可以判断在案发特定时空条件下能否听到某种音响，能否看到某种形象，能否闻到某种特定气味，能否完成某一行为，某种痕迹是否吻合一致，等等。以此来验证核实证人证言、被害人陈述、犯罪嫌疑人供述和辩解是否符合案件实际情况，进而判断在具体案件的侦查工作中收集的物品、痕迹与书面材料是否与具体案件有关，现场痕迹产生是否符合客观实际。

如2021年年初的"货拉拉女生跳车死亡事件"。根据当事人家属向媒体爆料，当事人车某某于2月6日通过"货拉拉"App平台下单搬家，然而上车后不久,司机就拨打了报警电话,称乘客在行进途中,从副驾驶跳车了。2月10日,车某某被医院宣布抢救无效死亡。该事件迅速引起关注。

长沙市警方迅速成立专案组,对该事件进行调查。受害人车某某,女,23岁,身高150厘米,体重43.5千克。由于整个事件只涉及受害人和货拉拉司机周某,跳车事件发生后,受害人伤重不治,只有另一个当事人司机周某一面之词,难以澄清事情经过。而涉案的拉货车辆内未安装音视频监控设备,现场附近靠涉案车辆副驾驶室一侧无视频监控,且当晚过往人车稀少,调查取证工作难度大。为查明事实,专案组认真开展现场勘查、视频侦查、侦查实验,还原了案件经过。

针对偏航问题,根据犯罪嫌疑人周某供述,专案组进行了多次侦查实验,发现货拉拉App导航路线总里程11公里,红绿灯15个,驾车需用时约21分钟;偏航路线总里程11.5公里,红绿灯11个,可节省4分钟左右。

专案组通过侦查实验还原了受害人车某某的坠车过程。专案组以与受害人车某某个体特征相近的人员为实验对象,以同型号面包车副驾驶室进行模拟坠车实验得出:若实验对象起身将上半身探出车窗外,可以导致从车窗坠车的结果。

通过侦查实验,还原了案发当时的情况,判明受害人是意外坠车,而不是跳车,查清了案情实际情况,消除了受害人家属和公众的疑虑。

通过上述案件,可以看出,本案证据材料极少,只有唯一的涉案当事人的陈述,而公众也对跳车如何发生疑虑重重。在此情况下,如何迅速查明案情,拿出令人信服的解释回应公众关切非常必要。长沙市警方的专案组运用类比推理思维,通过科学开展侦查实验,验证当事人的言辞证据是否属实,还原案件发生经过。公众疑虑也逐一澄清。显而易见,侦查实验乃至类比推理在案件侦查中的作用还是很重要的。

3. 确定案件证据的证明力

侦查案件的核心任务是通过收集证据来查清案件情况,证实犯罪嫌疑人。其中,所收集证据的证明力是案件侦查的主要任务之一。侦查人员可以运用类比推理思维,利用各种刑事技术方法,在确保涉案痕迹、物证的检材与实验样本是同一关系的基础上,分析判断具体案件的涉案证据,如撬压痕迹与撬压工具、现场车辙与涉案轮胎规格纹路、足迹与相关鞋型、视频信息资料与所指对象、指纹类型与嫌疑人等是否具有同一性。凭此确认在侦查工作中收集到的撬压痕迹、车辆印迹、脚印、视频内容、指纹等痕迹和相关物品,是否与相关案件事实存在实质性客观联系,以此来确定案件相关证据的证明力,即判断其可否作为揭露犯罪的独立定案依据。

第四节 侦查问题解决思维

一、侦查问题解决思维概述

问题解决是在问题空间中进行思维搜索，以便使问题的初始状态达到目标状态的思维活动过程，它是人类进行的有意义的思维活动。心理学范畴对问题解决的解释是：由一定的情境引起的，按照一定的目标，通过运用各种认知活动、经验、技能等，经过一系列的思维活动及操作，使得需要研究讨论并加以解决的矛盾得以解决的过程。

实用主义哲学家杜威1910年在《我们怎样思维》一书中提出的反省思维的五阶段，后被学界称为解决问题的五阶段模型。这五个阶段是：① 问题的感觉，即暗示，是困惑、挫折或意识到困难的状态；② 问题的界定，即理智化，确定疑难究竟存在于哪里，包括不太具体地指出所追求的目的、需要填补的缺口或要达到的目标；③ 问题解决的假设，即提出问题的种种假设；④ 对问题及其解决方法的逻辑推理，如有必要，连续检验这些假设，并对问题重新加以阐述；⑤ 用行动检验这些假设，进行验证，证实、驳斥或改正假设。

随着心理学的研究发展，学界又提出了系统论、控制论、信息论等理论体系，对于解决问题的思维过程，理论界认为这是一个比较复杂的思维活动系统过程。因为思维过程并非一开始就已经编拟好了解决问题的因果程序，而是随着条件的发展、情势的变化逐渐建立形成的。并且，解决问题的思维过程还需要进行不断的修正、调整，通常需要经历一个逻辑思维不断深化、上升的过程，即由问题的具体情况不明到初步明了，再到基本清晰，最终达到完全清楚的思维运动进程。

侦查是思维活动的一种表现形式，受思想意志支配。案件侦破的过程就是侦查人员解决侦查问题的思维过程。侦查问题解决思维就是侦查人员为达到侦破案件的目标，需要将原有的知识、经验综合成新的解决办法，或采用新的侦查策略来破解眼下的疑难障碍，将问题由侦查行为的初始状态，经过各种侦查活动问题空间，最后达到侦查行为目标状态的问题解决思维过程。

二、可能影响侦查问题解决的因素

从侦查思维角度来考量，影响刑事案件侦查问题解决的因素主要有思维短板、思维定式和群体思维。

（一）思维短板

思维是人类所有的认知和智力的高级活动，通过对表象直接认知后进行分析、判断、推理等的认知过程，来探索与发现事物的内部本质联系和规律性。按照信息论的观点，思维是对新输入信息与脑内储存知识经验进行一系列复杂心智操作的过程，是对客观现实间接的、转化后的反映。因此，思维作为人类的主观认知活动，长期因循传承，其自身会带有一定程度的短板弊端，即存在思维短板。这些思维短板会对侦查思维产生影响，使侦查人员不自觉、无意识地产生侦查思维偏差，影响侦查工作中所遇问题的及时解决。

思维短板具体表现有以下两点：一是停留在事物的外部、现象的表面，不能透过事物表象来揭示事物的本质和规律。例如，轻信受害者的指认，认为受害者指认的一定就是凶手，而没有通过其他的人证、物证进行核实和验证。由于人的认知能力是存在偏差和局限性的，尤其处于环境特殊、超出受害者的承受力或者受害者被蒙蔽时，受害者更容易产生认知偏差，即使受害者不存在主观故意的捏造、包庇或者报复，但客观上也难以避免。侦查人员如果缺乏综合判断力和辨别力，就会在侦查初期误入歧途。二是墨守成规，不能结合不断变化的实际情况探索解决新问题，缺乏创新性。在大多数的犯罪现场，当侦查人员面对物品被翻动并散落满地、钱款和贵重财物不翼而飞的现场时，通常认为是遭遇盗贼，会定性为涉及财产的案件，并按照盗窃案的特点来开展侦查，从而忽略了对现场的其他可疑痕迹、物证的勘察。思维僵化往往会导致案件定性错误，侦查线索丢失，侦查方向出现偏差，造成大量人力、财力和时间成本的浪费。侦查工作实质上是一种与时间赛跑的思维活动，各种思维短板的消极表现往往会导致侦查工作有利时机的错失，而这种错失也许会造成重要的痕迹、物证损毁和消失，以致难以弥补，最终贻误战机，阻碍案件侦查进程。

（二）思维定式

思维定式，是指按照以往积累的思维活动、经验教训和已建立的思维规律，在反复运用中所形成的比较稳定的、定型化了的思维路径、方式、程序、模式。先前实践活动中获得的知识、经验和形成的习惯，都会促使个体逐步建立对外界认知的固定倾向。认知的固定倾向便是一种思维习惯，而思维习惯又是一种沿袭式的思维形式。习惯已经熟练掌握的不假思索的反应行为和适应行为，以致压倒合理的思想而不给其以自由发挥的机会，从而影响之后的分析、判断，形成思维定式——即思维总是摆脱不了已有框架的束缚，表现出消极负面的思维惯性。

侦查思维定式，是指侦查人员受自身的知识结构、阅历经验、风格特点、情感偏好等思维活动因素的影响，在具体刑事案件侦查活动过程中所具有的一种倾向性、习惯性、稳定性的思维活动状态。

侦查思维定式的消极负面影响主要有以下几点。

1. 容易在案件接手之初先入为主

侦查工作有严格的制度要求和程序规定，在接到报案后，在对案发现场的勘察中，按照既定程式，通常会以案发现场为中心，开展以物找人的现场勘察。对于现场遗留痕迹、物证，往往会产生要么是指控犯罪的有用证据，要么就是与案件无关的物品的惯式思维，对于不符合常理的特殊现象则容易忽略。许多疑案、悬案，侦破专家都会通过复勘现场来收集新的线索。而具有反侦查意识的作案人在案发现场的故意行为也会对侦查人员产生一定的迷惑误导。

2. 影响案情客观全面分析

各种类型案件的经验性、规律性总结对于分析案情有极大帮助，因而当新接手案件的系列特征与此前已经总结提炼的经验、规律相吻合时，按照惯性思维，侦查人员自然就会按照经验和规律来对新案件进行归类、分析。比如：一对足印，一浅一深，通常是有瘸腿的特征；但若从事某些特殊工作，也有可能使一只鞋底磨损得更多。而这种特殊情况在正常的思维定式中，一般不会想到。

3. 误导案件侦查策略的科学制订

在侦查思维定式的影响下，侦查人员容易关注具体案件的各种特征与以往经验积累的典型特征之间的相似性，而忽略二者之间的差异性，导致制订案件侦查策略时生搬硬套以往的经验方法。例如，一矿山仓库被盗贵重财物20万元，因保管人员在发现后未及时保护好现场，使得矿山多人进入案发现场，破坏了案发现场的足迹、印痕等物证。侦查人员经过勘查发现，该矿山仓库为砖瓦结构平房，案发后门窗依然完好，无任何撬压痕迹；因仓库常年平安无事，年久失修，在房顶角落有一直径约30厘米的不规则漏洞，且有比较完整的蜘蛛网覆盖。案情分析认为，房顶虽有漏洞，但成人难以进入，且覆盖着的蜘蛛网完整，不像是外盗。据此，侦查人员制订了内盗方向的侦查策略，并排查矿上所有嫌疑人员，但没有任何突破，案件侦破工作陷入停滞。后在侦破另一起盗窃案过程中，抓获的犯罪嫌疑人供述了此案，是成年人爬上房顶用绳子系着其孩子进入仓库实施盗窃，赃物也是从屋顶漏洞吊出。而且，根据蜘蛛的习性，蜘蛛网被破坏后可在很短时间内修复。正是因为侦查人员觉得洞口太小，蜘蛛网完好无损，所以误导了侦查策略的科学制订，偏离了正确方向，造成案件侦查工作的停滞。

（三）群体思维

群体思维是群体决策中的一种表现，指在一个聚合力较强的组织中，迫于从众的压力使组织对少数人的或不受欢迎的观点得出不客观公正的评价，乃至观点被忽视。为了维持群体表面上的一致，认为组织的决策没有错误，所有成员都必须坚定不移地支持群体的决定，即群体决策时的倾向性思维方式。

侦查工作是负有侦查职权的政法机关的专项职能。侦查队伍群体具有准军事化特点，内部管理制度严格，案件侦查工作通常要保密，基本与外界隔绝，对上级的服从性强，这些特点反映出侦查队伍群体在侦查工作中同一性色彩较强，而个体特异性较弱。在侦查工作中，当侦查个体不需要承担主要责任时，其思维并不积极地活跃于分析和解决问题上，会认为问题已有解决方案，便依赖已有的解决方案，或者服从上级的安排，不愿表达不同的见解，缺乏对情势进行深入思考和分析的思维积极性和主动性。这种思维方式将影响侦查资源的综合利用效率，甚至错失侦查时机，陷入侦查僵局。惰性和盲从的群体思维阻碍了侦查人员批评性思维作用的发挥，无法评判当前决断的正确性，也不会主动探索其他策略的可行性，在某种程度上会阻碍案件侦破的进程。

三、侦查思维问题解决路径

由于侦查个体知识结构、认知能力、习惯偏好等方面的主客观制约，以及侦查队伍群体自身所固有的显著特点，侦查思维问题的存在应该说是必然会产生，且不可能完全杜绝的。但是，通过分析研究，理清侦查思维问题产生的机理，在侦查活动过程中，采取科学而必要的干预措施来减少或者限制侦查思维问题负面作用的发挥，还是很有必要且具有现实可行性的。

结合各种侦查思维问题的特点，基于实践需要和现实可行性，我们可以有针对性地通过以下三类方法来减少或者限制侦查思维问题负面作用的发挥。

（一）提高对自身认知与思维规律的认识，补齐思维短板，培养锻炼客观、开放、包容的思维方式

侦查人员自身的认知能力差异与思维习惯偏好是思维短板现象出现的主要原因，因此，首先可以普及思维认知规律相关知识，提高侦查人员对自身存在思维短板的正确认识。通过针对性的专题辅导，使侦查个体了解思维认知活动的规律，认识到专业知识、从业经验和实践阅历对一个人的思维认知能力有很大的影响，其中的消极影响容易使侦查个体对具体案件证据、信息感知迟钝，关键信息抓取不精准，进而影响信息的采集、加工和判断。通过主动干预，让侦查人员知晓思维短板的负面作用，增强主动克服意识，在侦查工作中，尽可能做到客观、全面、细致、理性地开展侦查思维活动，努力补齐自身思维短板。其次，侦查人员应针对性地加强思维训练，警惕因为某个特别突出的特征掩盖其他品质和特点的认知错觉，以及偏好关注眼前所见与自己曾经经历过的案件的相似性，而忽略产生这种相似性的原因或重复的概率等各种心理学上的典型认知偏差。侦查人员对案发现场各种情况的出现概率和现实可能概率要有冷静的评判，不断调整自己的思维角度，通过采用不同的思维方式，有意识地突破自身原有知识、经验范围的限制，尽量减少认知偏差所造成的思维短板。

（二）理性对待思维定式，加强思维模式训练，注重逆向思维

侦查思维定式是一种思维习惯，是伴生存在的必然现象。在侦查活动中完全剔除思维定式是不可能的，也是没有必要的。侦查思维定式还是有一定积极作用的。通过总结办案经验，提炼成功做法，有利于提高同类案件的侦查效率，增强侦查人员法治意识，严格依法办事、按章操作，避免程序瑕疵，也有利于培训教育新入行的同志，促进其快速成长。因此，应理性对待思维定式，做到扬长避短。

一是要加强思维模式训练，在工作实践中不断提高敏锐的观察能力和全面分析的能力。侦查人员要了解侦查思维定式的特点和其存在的必然性，正确看待这种思维方式，努力发挥其积极作用，同时克服其消极负面影响，客观甄别自身固有的认知模式和思维习惯对侦查具体工作认知的干扰。通过不断锻炼增强敏锐的观察能力和全面分析的能力，冷静客观地对待接手的每一起新案件，基于对案发现场的全面掌握，发挥侦查思维定式的积极作用，从而指导破案。

二是要注重逆向思维。这是区别于正向思维的思维方式，是对司空见惯的似乎已成定论的事物或现象反过来思考的一种思维方式。通过"反其道而思

之",让思维向对立面的方向发展,从问题的相反面进行深入探索,往往能够起到拨云见日、柳暗花明的意外效果。现实中的刑事案件五花八门,运用静止机械的思维方式或者依仗以往的经验去套用,效果肯定不理想,而通过逆向思维,尤其是运用换位思考、主动代入的思维方式,将有助于侦查人员立足于新的假设前提,对掌握的案情、收集到的证据材料及其他各种与案件有关的信息资料进行再深入分析、推演和研究,往往能克服侦查人员自我认知偏差和思维定式,透过迷雾假象,抓住案情实质。

(三)激发侦查个体的思维活性,提高侦查队伍群体的集体决策力

侦查个体在侦查组织中所产生的思维变化,一方面源于组织规范或者地位高低、等级制度所带来的压力,另一方面源于侦查个体对侦查组织中其他个体的依赖性。长此以往,侦查人员的思维逐渐缺乏积极性和主动性。所以,要优化群体思维,就必须对侦查机关现有的组织环境、议事机制等进行优化与完善,激发侦查个体在侦查组织中的思维活性,提高侦查组织的集体决策力。

首先,在一个侦查队伍群体中,应普及群体思维相关知识,让每位侦查人员,尤其是负有领导职责的侦查人员了解这种现象存在的必然性,了解侦查工作中产生群体思维现象的原因、表现及其可能产生的影响和后果,在思维认知层面加强认识,主动防范。

其次,改革完善案情研判议事规则,营造宽松环境,鼓励畅所欲言,充分表达观点意见。领导者应做好表率,发扬民主,尽可能避免因领导权威服从偏差所导致的群体思维。在研判过程中,可以遵循以下原则:① 随心所欲原则,鼓励提出各种观点;② 无批评原则,无论是什么方案都不能提出批评;③ 尽可能多的原则,方案越多越好;④ 骑肩原则,鼓励群体成员对别人提出的观点加以整合和改良。

再次,当集体研判出现成员意见一致的情况时,领导者可以指派集体成员中思维活跃、善于表达的同事充当反对者角色,适时抛出问题,引导群体成员开展讨论,即使是没有异议,也应考虑全面,论述清楚。

最后,在大数据时代,有条件的情况下应多运用大数据技术,增强分析研判的客观理性。据报道,当前已经有辅助决策支持系统在案情分析研判中的运用。通过在计算机软件系统上发言,实现自动、实时收集各参与成员的意见,并对意见进行分析处理,这不仅能极大提高讨论研判的效率,而且避免面对面观点针锋相对的顾虑、尴尬,保证各方意见可以没有顾虑的充分表达,增强讨论的客观性,尽可能降低群体思维的影响。

拓展知识

催眠技术

催眠是一种类似睡眠的恍惚状态。催眠术是指心理医生运用不断重复、单调的言语、动作等对被催眠者的感官进行刺激，诱使其意识状态渐渐进入一种特殊境界的技术。在催眠状态下，被催眠者能重新回忆起已被遗忘的经历和体验，畅述内心的秘密和隐私。换句话说，被催眠者在催眠状态下呈现一种缩小了的意识分离状态，只有心理医生与其保持密切的感应关系，被催眠者顺从地接受心理医生的指令和暗示。这样，心理医生对被催眠者运用心理分析、解释、疏导，或采取模拟、想象、年龄倒退、临摹等方法进行心理治疗和记忆恢复。

20世纪50年代，美国为提高刑事案件侦查效率，尝试训练警察使用催眠技术，并由警方在执法实践中使用这项技术。然而在推广早期，由于该项技术远不成熟，致使催眠技术在执法实践中的运用并不多，仅仅引起一些心理学家的研究兴趣，直到1958年美国医师协会才正式承认催眠的教学与使用。洛杉矶警察局是全美开展侦查催眠工作最先进的执法机关。该局早在1978年便成立了警用催眠学会，该学会为志愿学习催眠的警官提供为期四天的训练课程。据不完全统计，接受催眠训练的各类刑事警察超过一万人。洛杉矶警察局的催眠专家认为，警察运用催眠技术可从证人处得到比运用一般讯问方式多出60%以上的相关资料。人的潜意识可以正确地记录意识所摄取的事情信息，而催眠可以使个体进入这个难以置信的记忆库之内。虽然很多专家承认，在催眠状态下证人可能说谎，但催眠技术通常可提供许多侦查线索，这些线索无疑对帮助某些案件摆脱侦查困境提供了新的思路，而且这些线索可经由其他证据来互相印证。近年来，法用催眠在美国一直呈等比例增加的状态，许多执法机构已经利用催眠技术协助侦破案件。除美国外，英国、德国、荷兰等国家也有许多训练警察催眠技术的课程。我国香港地区亦有侦查人员接受美国联邦调查局的催眠技术训练，并有成功地运用催眠技术侦破案件的案例。

由于我国的《刑事诉讼法》明确规定了证据收集的一般原则：严禁刑讯逼供和以威胁、引诱、欺骗以及其他非法方法收集证据，不得强迫任何人证实自己有罪。司法部门可能认为在侦查工作中运用侦查催眠是以非法方式获取证据，因此，侦查催眠的研究还没有进入我国内地执法机关的视野。

在科技迅猛发展的互联网时代，犯罪手段层出不穷，呈现出多样化、隐蔽化、高科技化等特点，罪犯的反侦查能力也越来越强。这种形势变化，要求侦查人员提高智慧和科学技术应用能力，不能局限于传统的侦查手段来侦破案件。催眠技术可以作为侦查犯罪的辅助手段，并不是完全依赖催眠技术获取相关线索甚至直接将催眠所得作为证据使用。催眠技术对于案件侦查最大的帮助可能在于当事人或证人对于重要的记忆出现模糊或者不能准确记起的情形下，能够帮助其回忆出重要的线索，侦查人员依据这些线索找到关键证据，结合其他证据，反过来可以印证催眠获得信息的正确性。因此，在遵守相关催眠原则的基础上，可以探索尝试将催眠技术作为一种新的获取案件线索的侦查手段。

本章小结

案件侦查主要通过侦查思维活动来收集证据、查清案情、缉拿犯罪嫌疑人。侦查思维是贯穿于整个案件侦查过程的智力活动。运用侦查假设思维，立足与案情相关联的线索、材料和客观事实，按照侦查推理思维中的假言推理、选言推理、类比推理的具体推理规则和方法，甄别、验证各种侦查假设，查清案情事实，锁定嫌疑人。同时还应了解侦查问题解决的影响制约因素，懂得减少或者限制侦查问题负面作用发挥的解决方法，推动具体案件尽快侦破。

思考题

1. 侦查思维的概念是什么，侦查思维活动特征有哪些？
2. 什么是侦查假设，其类型有哪几种？
3. 如何进行侦查假设？
4. 侦查假言推理的概念是什么，在案件侦查工作中运用侦查假言推理需要注意的问题有哪些？
5. 侦查假言推理在案件侦查中的作用是什么？
6. 侦查选言推理的概念是什么，在案件侦查工作中运用侦查选言推理需要注意的问题有哪些？
7. 侦查类比推理的概念是什么，其在案件侦查工作中应用的情形有哪些？
8. 侦查问题解决的影响制约因素有哪些？
9. 如何减少或者限制侦查思维问题负面作用发挥？

第四章

现场勘查心理分析

◆ 本章引例

某地发生一起特大持枪抢劫银行案,作案人持有猎枪,自制爆破装置对银行的防弹玻璃进行爆破,反侦查能力较强,作案后迅速逃离现场。从侦查过程中获取的视频资料可见,作案人作案过程极为冷静,对导火索的长短掌握得当,并且引燃后非常从容、坦然。

侦查人员分析,作案人对爆炸知识有足够的了解,熟练掌握爆炸技能,同时心理素质和心理调节能力极强,由此推断作案人应当具有参军或从警经历。案件成功侦破后,证实了侦查人员的判断。

◆ 本章学习目标

理解现场勘查心理分析的内涵与理论依据,了解现场勘查心理分析的内容和作用,掌握现场勘查心理分析的途径与方法,明确做好现场勘查心理分析应注意的问题。

传统的现场勘查工作基本上是围绕着客观物质痕迹以及现场访问进行的，传统的现场勘查工作更重视物质痕迹的勘验和利用，而犯罪心理痕迹的发现和收集往往容易被侦查人员忽视。其实作案人员在现场除了遗留有形的物质痕迹，还会不自觉地遗留无形的心理痕迹。

近年来，随着侦查心理学的不断研究发展，我国侦查学界开始关注犯罪心理痕迹分析在侦查工作中的运用，并将其成功运用于现场勘查工作中，给侦查工作既注入了新鲜的活力，又带来了一些传统侦查方法所不能达到的效果。尤其在新形势下，作案人员的作案水平不断提高，呈现出智能化、复杂化的特点，且作案人员的反侦查意识不断增强，对侦查人员的侦查工作提出了更高的要求，侦查人员急需根据新的特点采取新的方法，通过在现场勘查中发现提取的物质痕迹来分析心理痕迹，将提取的物质痕迹与其所反映的心理痕迹相结合，完美刻画犯罪嫌疑人，可以更好地发挥侦查的整体效应，全面地揭露、证实犯罪，发现、查明并缉捕犯罪嫌疑人，从而提高侦查破案的效率。

第一节　现场勘查心理分析的内涵与理论依据

一、现场勘查心理分析的相关概念与内涵

要准确把握现场勘查心理分析的概念与内涵，首先应对犯罪现场、现场勘查、现场勘查心理、犯罪现场心理痕迹、现场勘查心理分析这几个相关概念和内涵进行梳理，进而明确概念之间的逻辑关系。

（一）犯罪现场

犯罪现场是实施犯罪行为和遗留有与犯罪有关的痕迹、物证的场所。而"痕迹"一词不能仅仅理解为物质痕迹，还应包括心理痕迹。

（二）现场勘查

现场勘查，是指侦查机关对犯罪处所及其遗留痕迹和其他物证所进行的勘验和调查。现场勘查的目的是发现、提取犯罪痕迹和其他物证，了解和研究罪犯实施犯罪的情况和案件性质，确定侦查方向和范围，为侦查、起诉和审判案

件提供线索和证据。现场勘查是侦查人员收集证据的执法活动，是侦查活动的重要环节。

现场勘查要求及时、全面、细致、客观。通过研究现场特点及其发生的某种变化，发现、提取和利用各种痕迹和遗留物等，进而发现和收集案件信息，掌握第一手材料，寻找与犯罪相关的内在因素，为分析案情、确定侦查方向和范围、揭露案件真相提供有价值的信息和可靠的依据。现场勘查是整个侦查工作的第一个环节，也是侦查工作的基础。这项工作进行的质量高低，直接影响着整个案件的侦查效果。因此，充分重视和收集现场存在的一切与案件有关的信息，并使侦查人员的心理活动保持最佳状态，是完成侦查工作的基本要求。

（三）现场勘查心理

现场勘查不仅要重视物质痕迹等案件信息，还应重视有关的心理痕迹。现场勘查心理是在现场勘查过程中包含的一些相关的心理要素，既包括侦查人员在现场勘查过程中的心理活动情况，也包括犯罪现场中所遗留的犯罪人、被害人的各种行为心理痕迹，以及现场调查访问过程中获得的有关心理分析信息。

（四）犯罪现场心理痕迹

犯罪现场心理痕迹的概念有广义与狭义之分。广义的犯罪现场心理痕迹是指犯罪现场客观事物形象的心理属性，即心理要素通过人的行为赋予犯罪客观事物形象的属性，包括犯罪行为作用于犯罪现场而引起的一切能揭示犯罪心理的现象和状态。狭义的犯罪现场心理痕迹是指犯罪人在犯罪现场实施犯罪行为时，通过遗留在现场的有形痕迹或相关人员的记忆、描述，以及犯罪人自身犯罪心理发生、发展、变化过程，而表现出的犯罪人特定的、一致的、典型的心理特征。在刑事案件侦查过程中，侦查人员应首先立足于狭义的犯罪现场心理痕迹。

（五）现场勘查心理分析

现场勘查心理分析是侦查人员根据心理学原理，以及其他相关学科知识，运用心理分析的方法，对犯罪人在犯罪现场所遗留的物质痕迹进行分析，推断特定物质痕迹所折射出的特定心理痕迹，从而推断犯罪人作案动机、作案目的、作案时的心理状态、可能有的典型个性等心理特征及生活经历，以帮助明确侦查方向和范围的过程。

二、现场勘查心理分析的理论依据

（一）客观反映性

人的行为和心理具有反映性，即人的任何行为都是在心理的支配下完成的，一个人的心理活动虽然具有主观性，但随着行为的实施，支配其行为的心理活动会随着行为痕迹的遗留而显现出来，成为一种客观存在的事实，且不以人的主观意志而转移和消灭。因此，人的一定行为能反映出人的特定的心理特征，而犯罪行为是犯罪心理及其他特定心理的外化表现。犯罪人的犯罪心理活动是内在的、隐蔽的，而受其犯罪心理活动支配的犯罪行为及其所造成的结果是外在的、暴露的。犯罪人的心理活动特点必然在犯罪行为中显露出来，固定在某些客观现象的因果制约性之中。例如一起入室盗窃案件，犯罪嫌疑人在进入某地办公室内实施盗窃的过程中，除了窃取大量贵重财物外，还取走办公室内放置的烟、酒以及一些保健品。丢失的这些物品表明犯罪嫌疑人可能较贫穷，存在爱贪小便宜的心理，由此产生了偷窃这些物品的念头，后来的侦破结果也证实了这些假设。由此可见，犯罪行为将会破坏和改变客观物质形态，而且不可避免地在现场留下物质痕迹，不可避免地在犯罪客体、现场痕迹上留下犯罪人犯罪心理的印迹，使其犯罪心理活动客观地表现出来。

（二）间接可知性

犯罪现场心理痕迹是客观存在的，其客观性决定了可知性。但犯罪现场心理痕迹又不同于可直接提取、固定的物质痕迹，犯罪现场心理痕迹对犯罪人的心理特点、心理状态的反应是通过物质痕迹间接反映出来的，需要建立在对物质痕迹科学分析的基础之上。犯罪人实施犯罪行为，必定是受其犯罪心理、主观意志所支配，然后作用于犯罪现场客观的人或物，通过犯罪现场的人或物反映出犯罪人的个性心理和行为规律。例如，某案发现场门上的撬压痕迹、地面的足迹、桌上的手印等物质痕迹，是以直观形式反映到侦查人员的面前，但这些痕迹中所反映的犯罪人的人身、职业特点、个性特征、动作习惯、作案动机目的等信息，则需要通过现场勘查心理分析才能弄清楚。

（三）相对稳定性

一个人的个性心理特征形成之后，在不遭受重大事件影响的情况下，一般不会轻易改变，会在一个时期内甚至一生中保持一定的稳定性，如兴趣爱好、习惯、某项职业技能等。由此犯罪现场有形痕迹背后的心理痕迹也是相对稳定的，能够比较真实地反映犯罪人的心理面貌，从而为侦查人员锁定犯罪人提供依据。根据犯罪人自身较为稳定的心理特征支配下的犯罪行为，无论此人是初犯，抑或是惯犯，只要侦查人员能够发现这些特征，就有助于提高侦查破案的效率。犯罪现场心理痕迹具有一定的稳定性，这对于侦查一个惯犯的情况具有更高的价值。侦查人员不仅可以通过现场得到的物质痕迹进行并案分析，还可以从犯罪人较稳定的个体特征进行分析，更加准确及时地对同一作案人实施的多起案件进行并案侦查，提高侦查效率和破案能力。例如，惯犯在多次实施犯罪行为时，会选择使用其擅长的犯罪手段。

（四）人身特定性

人的个性都有其独特性，人与人之间不会有完全相同的心理面貌。人的一定的心理特征是在先天遗传因素的基础上，通过后天所处的客观环境影响而形成的。由于每个人所处的生活、学习、工作环境各不相同，因此，人的心理特征具有特定性。犯罪现场心理痕迹总是与特定的犯罪人相联系，犯罪人个性方面的特征，在犯罪人长期的生活、工作中，尤其是犯罪过程中逐步形成并受内在的自身因素控制。在实施犯罪的过程中，犯罪人尽管会极力伪装犯罪行为，但难以根本改变个性的特定性和稳定性，会自觉或不自觉地从作案时空、目标、手段的选择，事前有无预谋，是否知情及物质痕迹特点当中表现出来。我们掌握了犯罪心理痕迹的特定性，对这种心理痕迹体现出的个性特征进行分析，就可以对犯罪人的犯罪心理痕迹进行同一认定。例如，某连环杀人案中，被害人均为25岁左右的年轻女性，打扮时尚，身着红色连衣裙，且遇害时均为深夜独自回家的路上。侦查人员经过对多起案件相同线索的汇总分析，认为犯罪嫌疑人对作案对象、作案时间、作案手段的选择具有特定性，分析其可能遭遇了情感挫折，其女友和被害人的特征应该相似，所以侦查人员缩小了摸排范围，并很快追踪到了犯罪嫌疑人。

第二节 现场勘查心理分析的内容和作用

一、现场勘查心理分析的内容

犯罪现场心理痕迹是犯罪现场的心理属性，能反映犯罪人心理特征的案件真相的一切现象和状态。现场勘查心理分析是现场勘查工作的重要组成部分，是以侦查破案为目的，因此，现场勘查心理分析的内容应包括案件的六个要素：时间、地点、动机、人、事、物。

（一）分析与案件相关的时间问题

与案件相关的时间问题分析包括案前准备时间、案发时间、作案持续时间、案后逃逸时间等不同阶段的时间问题分析。案件发生的时间，无论是对预谋性犯罪还是偶发性犯罪，都具有十分重要的意义。在预谋性犯罪中，犯罪人选择作案的时间总是和掩盖罪行的目的相联系，犯罪人通常不会选择那些容易暴露罪行的时间来实施犯罪行为。而偶发性犯罪中，犯罪人往往缺少案前的准备，在实施犯罪行为时，往往顾不上考虑选择什么时间进行犯罪才有利于达到犯罪目的。通过分析作案时间是否经过精心选择，侦查人员可以从中发现重要的侦查线索，帮助查明犯罪动机。例如，在一桩纵火案中，侦查人员勘查现场后综合各方面的材料发现一个疑点，犯罪嫌疑人为什么会在这样的时间纵火。通过细致调查，侦查人员发现一个重要情况，即上级有关部门即将来这里检查账目，结合该单位的大量账目在火灾里被烧毁的事实，使作案时间的特殊性在这次纵火案中显露得更加明显。侦查人员根据这一线索缩小了侦查范围，着重审查了嫌疑对象，很快查清是该公司一名财会人员放的火，他妄图在上级有关机关检查账目之前伪造失火的假象，把大量涂改伪造的账目烧毁，以掩盖其贪污的罪行。

（二）分析与案件相关的地点问题

犯罪活动与犯罪地点之间的关系，不仅取决于犯罪性质，还取决于犯罪人的个性心理特征。通常，犯罪地点对预谋性犯罪行为起着某种掩蔽的作用。精心选择作案地点，正是犯罪人为了有效达到犯罪目的，并最大限度地推迟被发现的时间而实施的选择。在一些杀人碎尸案中，首先发现的案发现场并不是第一现场，而是抛尸现场或关联现场。这时，运用现场勘查心理分析，可以帮忙寻找第一现场，从而打开案件侦查的突破口。例如，某地发生一起碎尸案，侦查人员从江边上发现的零碎尸块，以及几块包裹碎尸块的布片和塑料袋开始侦查活动。发现尸块的现场肯定不是第一现场，侦查人员必须尽快发现杀人现场及肢解现场。根据犯罪嫌疑人能够杀人并肢解尸体这一特点，推断作案现场应是偏僻的室内；又根据尸块的肢解情况，分析推断犯罪嫌疑人具有一定的外科解剖技术，并从尸块被切割肢解的断口痕迹分析，作案工具是锋利的专用器械。由此综合推断得出，作案现场极可能在医院或类似的偏僻场所，犯罪嫌疑人是外科医生或具有解剖经验的人。按照现场勘查心理分析的推断,很快有了侦查结果,证明侦查人员的上述分析是正确的。

（三）分析与案件相关的犯罪动机问题

动机是指引发、推动、维持作案人实施犯罪行为的内在动因。对犯罪动机的分析判断,是现场勘查心理分析的中心任务之一。分析犯罪动机要综合各种现场信息,包括:现场条件、现场增减物品、现场人体行为痕迹、现场工具痕迹、被害人信息、知情人的印象痕迹等。判断犯罪动机是一项细致、严谨的工作。对犯罪动机可以做出种种预先的推测,但对犯罪动机的最后判断,必须有明显充分的事实依据。

犯罪人作案后的现场,无论侵犯的对象是人还是物,除了留有储存着犯罪信息的痕迹、物证外,还不可避免地从不同程度留下犯罪人的心理痕迹,成为对案情和犯罪人进行分析、刻画的重要信息和依据。它对于分析案情和确定案件侦查方向与范围,都有极其重要的作用。

我们知道,犯罪是人的一种行为。这种行为的形成,是由犯罪人的需求和欲望所形成的内驱力等有关主体因素和与案件有关的各种客观因素相互作用的结果,是心理活动的外部表现。所以,犯罪人作案时所遗留的各种痕迹、物证,都不同程度地反映了犯罪人的心理活动。侦查人员可以根据犯罪人不同的行为表现,分析判断其在作案时的心理活动,进一步分析犯罪人的作案动机、目的,以及其职业特点、犯罪经验、准备程度、行为习惯、年龄、性别等犯罪信息,从而逐步缩小侦查范围,有重点地排除嫌疑对象。

根据动机的指向类型不同,可以将犯罪动机分为十类。

① 侵财动机,又称物欲动机。这类动机是由物质需要引起的,导致物欲型犯罪。

② 性欲动机。这类动机是由违反社会道德和法律规范的性需要引起的,导致性欲型犯罪。

③ 情感动机。这类动机是由异常的情感、畸形的爱和人际社会化过程引起的,如因爱生恨的为情杀人、哥们儿义气行凶伤害等,往往不计后果,从而导致严重的违法犯罪行为。如 2011 年 9 月 17 日,合肥 17 岁中学生陶汝坤因求爱不成,将汽油泼向 16 岁少女周岩,并点火将其烧成重伤;又如,吴谢宇弑母案,等等。

④ 报复动机。这类动机是由仇恨心理或当事人之间的矛盾引起的,往往会造成比较严重的后果,如报复性杀人、报复性危害公共安全等。

⑤ 信仰动机。这类动机是由反社会的政治信仰或邪教信仰所引起的,从而导致信仰型犯罪。

⑥ 变态动机。这类动机与心理或生理上的病理改变有关,犯罪人的动机不能以常人的心理来解释,从而导致变态型犯罪。

⑦ 恐惧动机。这类动机往往是由身处险境力图摆脱威胁的需要而引起的。如防卫过当过失杀人、渎职犯罪等。

⑧ 嫉妒动机。这类动机是由排他心理的畸变与不良发展引起的,可导致严重的后果。

⑨ 戏谑动机。这类动机是由人对新奇事物的探究本能需要与追求刺激的低级精神需要相结合引起的,在未成年人犯罪、网络犯罪中较为常见。如2017年9月16日湖南武陵山区一名15岁少年小唐为了在现实中体验虚拟世界杀人的"刺激快感",采用猛击头部、狠掐脖颈、水淹等方式,将23岁的女邻居残忍杀害。究其犯罪动机,小唐交代他和被害人并无矛盾,他从小学六年级开始在网吧里接触各种暴力游戏,对"侠盗飞车"尤其沉迷,在这款游戏的情节设定中,玩家可以扮演"黑社会"杀人,他在初二就萌生了体验现实杀人感觉的渴望。在审讯过程中,小唐没有表现出悔意,供述杀人过程思维清晰、举止平静,甚至不时露出得意之色。

⑩ 自卑动机。这类动机又称自尊和自我实现动机,是由过度的自卑或不合理的自尊心,以及错误的人生观、价值观引起的。在当前社会发展状况下,由这类动机引起的犯罪行为在大学生群体中有增加的趋势,如马加爵案件。

(四)分析与案件相关的人的问题

与案件相关的人主要指被害人和作案人,通过对涉案人的分析,可以帮助我们更客观地分析案情,更全面准确地收集犯罪证据与线索,甄别假案,确定案件性质并推断作案人具备的条件,提高现场勘查心理分析和案件侦破的效率。

1. 对被害人的背景分析

被害人的背景有时能成为诱发作案人产生犯罪的动机和目的因素。有不少案件存在被害人的某些背景情况激起作案人的犯罪意向、动机,或给作案人以可乘之机的情况。对被害人背景情况的分析,主要包括以下因素:一是被害人的年龄、性格、体貌,以及心理、性格特征;二是被害人的思想品德、生活作风、兴趣、嗜好等;三是被害人的财物保管及债务情况;四是被害人的交往关系,包括亲朋好友、恋爱对象,以及不正常的社会关系,如狱友、赌友等;五是被害人的身体状况、生理缺陷、精神疾病及严重的伤残等;六是被害人的生活习惯、工作或职业性质及作息安排；七是被害人的行为表现，包括有无违法犯罪行为；八是被害人因何故在犯罪现场，以及案发前后的行为表现；九是被害人的家庭成员情况，主要是指家庭成员的自身因素及与外界的联系；十是被害人居住、生活、工作的环境条件及所在地区的社会治安状况和人民群众的防范意识等。

2. 对作案人的分析

对作案人的分析包括个人基本特征分析、知情特征分析、生活及行为特征分析、职业技能特征分析、心理特征分析，以及违法犯罪经历特征分析等。

（1）个人基本特征分析。

个人基本特征分析，包括作案人的人数、性别、年龄、身高和体貌特征等。根据犯罪现场勘查发现的手印、足迹、作案工具、伤痕、血液形态及体液遗留等物质痕迹，一般可以确定大致的作案人数及作案人的身高等人身特征。但信息化时代的到来，作案人反侦查能力越来越强，会通过破坏现场物质痕迹、伪装现场痕迹来达到迷惑侦查判断的目的，如男扮女装、女扮男装、大脚穿小鞋、小脚穿大鞋、戴手套等手段干扰侦查。这时就需要综合考虑现场勘查提取的物质痕迹的一致性，通过发现矛盾，全面分析以识别反侦查手段。而现场勘查心理分析能够透过痕迹、物证的表象，帮助我们发现问题的本质。如对性别的判断，可以根据作案方式的选择、伤痕形态、案发现场物品增减的特点等信息进行心理分析而做出正确判断。女性犯罪有着独特的心理特征与犯罪行为特征，在有些案件的现场会表现得非常明显。例如在盗窃案中，从现场取走的物品可以体现女性与男性不同的兴趣爱好，女性盗窃的物品多为首饰、化妆品等穿用物品，而男性盗窃则多为名烟名酒食玩等物品。如对年龄的判断，由于各年龄阶段的人因其生理特点、生活条件、婚姻状态、受教育程度以及职业环境等不同，不同年龄的人会选择不同的犯罪种类、方法和模式。例如未成年人作案时在现场痕迹中呈现出慌乱、力弱、幼稚的行为及兴趣点和一些反常、怪异行为等方面的特征。

（2）知情特征分析。

知情特征分析，即判断作案人是否为受害人的熟人，可以使侦查摸排范围迅速缩小，具有很重要的现实意义。通常知情人作案具有选择作案时间恰当、作案地点合理、作案目标准确、实施犯罪的行为过程中体现出熟人的行为痕迹，如对进出路线的选择、受害人与作案人互动的特征（如招待的水杯、食物等）等特点。当然，知情特征分析也要综合分析，有一些职业惯犯，为了实施犯罪会提前进行"踩点"以了解情况，使得作案过程看起来如同熟人作案一般。

(3) 生活及行为特征分析。

生活及行为特征分析，往往可以从犯罪现场增减的物品、作案工具和作案过程中表现出来的方式方法、技能技巧等方面来判断。例如，在盗窃案件中，流窜犯一般只要金钱和贵重饰品等，而本地人作案有时连价值较低的东西也不放过。

(4) 职业技能特征分析。

职业技能特征分析，人们从事某种稳定的职业，往往会形成一种特有的职业素质，在习惯用语、处事原则、分析问题的观点、解决问题的方法等方面，不经意就会流露出职业心理的痕迹。这种职业心理素质，不仅在从事职业活动时会展现，而且在平时生活中也会不同程度地反映出来，因此从事较稳定职业的人在实施犯罪行为的过程中，其在习惯用语、活动方式、危害手段方面往往会留下职业技能特征的痕迹。例如，某杀人碎尸案中，现场勘查发现，尸体被肢解的部位准确，刀痕整齐，分析作案人具备生理解剖学知识和熟练的动作技巧，据此判断作案人为外科医生或具有解剖经验的人，此案告破后证实，作案人正是一名外科医生。另外，有些犯罪活动必须依赖一定的技能才能完成，如利用计算机病毒作案、盗窃汽车等，必须具备某方面的专长才能完成作案。

(5) 心理特征分析。

心理特征分析，包括作案人的兴趣、爱好、智力、能力、认知水平、气质特点、性格特征等方面。一个人的兴趣爱好一旦形成就会影响今后的生活，并会在案发现场上有所反映。如作案人爱好抽烟、吸毒、嗜酒等，其心理痕迹往往会反映在案发现场上。能力的差异会直接影响作案人犯罪的方式、手段及其类型。如实施盗窃行为需要眼疾、手快、反应灵活，故偷窃惯犯一般具有较强的观察能力、敏捷的思维能力、迅速的行为能力。特别是在科技迅猛发展的当下，作案人的犯罪手段也更加高明，不同能力的作案人在犯罪方式、手段、类型的选择上会有更大的区别。由于个体本身的差异和生活环境的不同，不同的人会形成不同的生活习惯和性格特征，由于性格具有相对稳定性和独特性，不以人的意志为转移，因此会习惯性地表现在作案人较为稳定的行为中。比如书写的笔迹、走路的姿势、左手习惯（左利手）、现场痕迹破坏和处理情况等，这些都可以成为分析作案人性格特征的关键因素。

(6) 违法犯罪经历特征分析。

违法犯罪经历特征分析，这一方面可以通过作案的技能水平来分析。人的技能水平不同，对某一活动完成的熟悉程度及质量也不同，即犯罪经历不同，对犯罪活动的实践和技能表现水平也不同。因此，可以通过现场反映的作案人技能水平的高低，来推测作案人的经验和经历。一般案发现场遗留的痕迹、物证较少，犯罪目标准确，作案手法娴熟，有专用的作案工具，多是惯犯所为。初犯由于缺乏犯罪经验，犯罪时恐惧心理较强，精神紧张，难免会丢三落四，案发现场痕迹较多而且凌乱。因此，如果犯罪现场痕迹混乱、翻动较多、手法简单、东西丢三落四，很可能是初犯所为。现场痕迹有序，作案手法娴熟，说明作案人的技能已达到熟练程度，则更可能是惯犯或累犯作案。

（五）分析与案件相关的事件问题

与案件相关的事件问题的分析主要包括：案件性质分析、作案过程分析、当事人及证人的印象痕迹分析、反常事件分析等。

1. 案件性质分析

案件性质分析，即真假案件的识别。某些人为了掩盖自己的过错甚至罪行，会谎报假案或伪造犯罪现场。而假案的现场必定隐含有各种物质痕迹、行为痕迹等现场状态上的矛盾，这时就需要进行犯罪现场心理痕迹分析，判断现场信息的一致性关系，以识别假案。例如某盗窃案，报案人自称家中被盗，现场勘查发现，防盗门虽有被撬痕迹，但未达到开锁的程度，家中无明显翻动迹象，报案人称仅 5 万元现金被盗，无其他财物损失，根据现场提取的痕迹分析，防盗门系用钥匙开锁，家中除受害人一家的手印、足迹等人体痕迹，无其他新鲜的痕迹。经过教育开导，最后报案人交代了其报假案的真实原因，因其赌博输钱无法向家人交代，于是伪造了家中被盗的假象。

2. 作案过程分析

犯罪行为是犯罪心理外化的结果，进行犯罪现场重建，虚拟再现犯罪行为的过程，是分析作案人心理的重要一步。例如，某杀人现场，被害人身上既有绳勒痕迹，又有刀砍痕迹，伤多且重，这种作案手段留下的心理痕迹是作案人唯恐杀人不死，倾向于报复发泄的动机。另外，从犯罪手段可以分析作案人的某些行为习惯，许多惯犯的犯罪手段一经形成就很难改变。例如，有的作案人善于溜门撬锁，有的作案人习惯暴力破锁，有的作案人习惯用一种特殊的工具伤人等。在现场勘查心理分析过程中，只有将犯罪行为再现出来，才能根据行为形成和发展的心理学规律，从犯罪行为分析作案人日常生活的行为特征、心理活动和心理特征，准确地刻画作案人。例如，一伙抢劫案犯，在相隔几十千米的甲、乙两地作案。在甲地作案时，作案人都戴着口罩，在乙地作案时却都没戴口罩，并案侦查后，通过对犯罪行为的心理分析，我们不难得出作案人是甲地人的结论，因为在甲地作案怕被熟人认出来才戴口罩进行伪装，在乙地没有这样的顾虑,所以在乙地作案时都没有戴口罩。通过对上述犯罪行为特征规律性的心理分析,缩小了侦查范围,为案件的最终侦破提供了帮助。所以,对作案过程中行为因素的掌握和分析是现场勘查心理分析的关键环节。

3. 当事人及证人的印象痕迹分析

印象痕迹是指对有关犯罪事实、犯罪物证的记忆痕迹,既包括对犯罪人的体貌、言语、行为过程的感知和记忆,也包括对与犯罪有关的各种现象、状况(如火光、声响、气味等)以及已消失的物质痕迹的感知和记忆。印象痕迹同样能反映作案人的犯罪心理,也是犯罪心理痕迹的一种形式。例如,在一起强奸抢劫案中,被害人陈述:"凌晨一点左右,我听到阳台上有响动,就伸手去把灯拉亮,突然一个蒙面人扑了过来,用被子蒙住我的头,伸手就去拉我的短裤……我感到他是戴着手套的……"根据上述印象痕迹,结合现场环境及物质痕迹,侦查人员对作案人的犯罪心理进行了刻画:作案人作案从容不迫,自信度高,有一定的犯罪经历和反侦查经验,对当地环境非常熟悉。据此,很快查明该案件系本村的某个刑满释放人员所为。

4. 反常事件分析

在某些案件中,当事人及知情人有时会反映一些反常或奇怪的现象,这些现象可能难以和案件建立起明显联系,但仍需要侦查人员将反常事件纳入犯罪现场分析信息系统中来,以备在案件进展到一定程度的时候能得到分析利用。例如,某入室抢劫杀人案中,被害人的侄子是凶手之一。在侦查初始阶段的排查中并没有把杀亲的情况列为重点,而是一个偶然的机会,有人反映被害人侄子最近还清了欠款,出手大方,且右手大拇指有伤。这个反常事件引起了侦查人员的注意,从而很快侦破了该案件。

(六)分析与案件相关的痕迹物品

与案件相关的痕迹物品的分析主要包括:人体行为痕迹分析、作案工具痕迹分析、现场增减物品分析等。

1. 人体行为痕迹分析

人体行为痕迹分析,是指对犯罪现场中作案人遗留的手印、足迹、血迹、体液、粪便等人体痕迹进行分析。这些人体痕迹不仅能反映作案人的某些生理特征,而且能反映作案人当时一定的心理状态。例如,作案人出入现场一般会在现场留下足迹，足轻、足慢和步态清晰者为进入现场所留，步幅大且力重者往往为逃出现场所留，步态混乱者大多出于恐惧或有意制造假象。

2. 作案工具痕迹分析

作案工具痕迹分析，是指对犯罪工具在现场造成的痕迹进行分析。例如，某地发生公交爆炸案，现场勘查发现炸弹为自制炸弹，里面包括高锰酸钾、电池、电子钟、棉花等材料，利用高锰酸钾瞬间燃烧释放的巨大能量完成爆炸，设计十分巧妙、合理，由此侦查人员判断作案人具有一定的知识水平，尤其是理化知识方面。

3. 现场增减物品分析

现场增减物品分析，是指对作案人在犯罪过程中遗留的能反映现场心理痕迹的犯罪工具及其他物品，以及被盗、被损害物品的分析。从现场遗留的作案工具、衣服、鞋帽、烟头等可分析作案人的职业特点、生活习惯和作案动机及当时的心理状态等。例如，报复杀人一般是有所准备，自带作案工具，杀人手段残忍，遗留物少。而盗窃杀人，多数事先没有杀人的准备，因为起初的动机是盗窃而非杀人，作案时被人发现，临时起意，作案工具多数就地取材，痕迹破绽较多。

二、现场勘查心理分析的作用

侦查工作是在已知犯罪结果的情况下，回溯犯罪过程，寻找作案人。要完成这一工作，准确快速地确定和抓获作案人，侦查人员需要通过现场勘查收集犯罪痕迹、物证，对现场勘查心理痕迹进行分析，从而提出合理假设，确定侦查方向和范围。侦查中运用现场勘查心理分析的作用主要体现在以下几个方面。

（一）刻画作案人的特点，分析犯罪主体的有关心理特征，确定侦查方向和范围，为立案侦查提供重要的第一手材料

通过现场勘查获取的痕迹、物证能够帮助侦查人员初步构建证据链，提供查找作案人的客观依据，现场勘查心理痕迹分析可以指导侦查人员识别作案人在作案过程中的行为习惯，进而推测其个人人身、生活、职业、兴趣、动机、心理特征等人格特质及违法犯罪经历特征，从而逐步明确侦查方向，缩小侦查范围，锁定作案人。

（二）根据现场痕迹、物证进行心理分析，判断作案人知情特征，起到物质痕迹起不到的侦破作用

通过分析作案人在现场活动中所反映出的心理状态，可以判断其对现场的熟悉程度，是否为被害人的熟人等。有效地判断作案人的知情特征，可以使侦查摸排范围迅速缩小，具有很大的现实意义。

（三）分析犯罪现场心理痕迹共性特征，及时串并案件

由于受犯罪心理的支配，犯罪人实施每一个犯罪行为时都会带有自身的特定性和稳定性，不以人的意志为转移，这种特定性和稳定性表现在犯罪现场上呈现出犯罪心理痕迹的共同性。犯罪人在首次作案成功后，其行为方式在心理上会得到强化，在以后遇到相似条件或情景时，仍会采取相同或相似的手法继续实施同一性质的犯罪活动，形成较为稳定的犯罪动力定型，留下其具有共性的心理痕迹。在侦查工作中，侦查人员可以通过分析现场勘查痕迹、物证分析犯罪心理的特点和共性，研究此案与彼案的联系，一旦发现这些案件中有相似或相同的心理痕迹，且跟现场所发现的物质痕迹指向的侦查方向一致，侦查人员就可以果断进行并案侦查，从而提高侦查效率。

（四）根据犯罪现场反常现象进行心理分析，识破伪装伎俩

犯罪人在实施完犯罪活动后，为了逃避打击、扰乱侦查视线，总是想方设法对现场进行伪装和破坏，但不论其伪装得多么巧妙，犯罪人在实施犯罪行为时，支配其行为的心理都是不可能改变的，就是要达到一定的犯罪目的，满足自身的犯罪需求。因此作案人对现场的伪装和破坏，反而会暴露出犯罪现场的反常性，犯罪现场上的反常现象既不符合正常的活动规律，又违背作案人自身的活动规律。因此，侦查人员只要能够透过反常现象看本质，去伪存真，就可以识破伪装伎俩，还原作案人真实的犯罪心理。

所以，现场勘查中心理痕迹的发现和分析研究是现场勘查的重要内容之一，它对完成侦查活动有着积极的作用。现场勘查中对心理信息发现和研究的意识强、认知能力强，对现场信息的提取率和利用率就高，破案率和破案质量也就高。反之，就可能影响侦查工作的进行。重视犯罪现场心理痕迹的发现和研究，为全面地发现和利用犯罪信息，正确地认识和研究犯罪现象，增加了新的途径。

第三节　现场勘查心理分析的途径和方法

一、现场勘查心理痕迹分析的途径

从犯罪现场物质痕迹中认识犯罪人的犯罪现场心理痕迹，从犯罪现场心理痕迹中推导出犯罪现场物质痕迹的形成原因，使两种痕迹相互印证，是现场勘查心理痕迹分析的有效途径（如图 4-1 所示）。

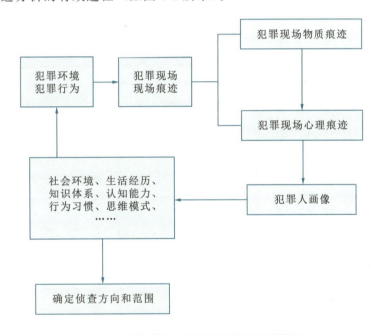

图 4-1　现场勘查心理痕迹分析的有效途径

人的心理是在生活实践活动中形成和发展起来的，并表现在人的各种活动之中。人的心理活动支配调节着人的各种行为活动，心理活动与行为活动的关系是互相联系和相互制约的。犯罪心理活动是内在的、隐蔽的、难以透视的，犯罪心理活动支配的犯罪行为及其所造成的结果是外在的、暴露的。犯罪心理痕迹就是通过犯罪人的犯罪行为活动，包括影响制约犯罪心理活动的有关因素，以及作用于现场有关物体或反应于案件的有关因素，形成了物质化、客观化的东西并表现出来。

(一) 犯罪动机与犯罪目的的联系和区别

首先，犯罪动机是推动个体犯罪的原因，犯罪目的则是通过犯罪产生的结果，本质是不同的。如报复杀人，动机是双方恩怨，目的则是致对方死亡。其次，犯罪动机是起因，犯罪目的是结果，没有动机就不能实现目的。此外，犯罪动机与犯罪目的又有密切关系。在大多数情况下，它们有重叠，很难区分。如强奸犯罪，其动机和目的都是为了满足非法的性欲求。犯罪动机、犯罪目的、犯罪行为三者之间的关系可以从产生、作用、表现、相互关系四个方面加以联系和区别，如图4-2所示。

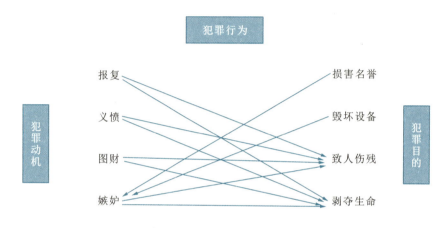

图 4-2 犯罪动机、犯罪目的、犯罪行为三者之间的关系

犯罪动机与犯罪目的的关系可以概括为以下五条。

第一，在多数情况下，犯罪动机与犯罪目的是一致的，甚至可以相互转化。

第二，犯罪动机相同，而犯罪目的不同。

第三，有时犯罪目的相同，而犯罪动机不同，即同一犯罪目的可以来源于不同的犯罪动机。

第四，犯罪动机来源于需要，犯罪目的既来源于犯罪动机，又受犯罪人的个性（知识、经验、能力、习惯等）、当时的情境、条件所制约，犯罪行为则服从于犯罪目的，也是实现犯罪目的的手段。

第五，犯罪目的显示，随着犯罪动机强化，犯罪目的会不断升级。由于外部条件和情况的变化，若给予犯罪人新的刺激，犯罪动机会向恶性发展。

(二) 从发案环境发现和研究犯罪心理痕迹

犯罪现场的周围环境状况与犯罪行为存在着一定的因果联系性。犯罪现场所处位置的特殊性、安全性，影响犯罪人的心理活动。犯罪人为什么会选择此处作案,此处作案的风险性如何等问题,都与犯罪人的心理活动有着密切的关系。

因此,犯罪现场周围的环境状况反映着犯罪人对侵害空间对象的认知特点,反映着犯罪人与侵害对象及发案地的关系状况,反映着犯罪人的作案经验及其个性特征,也影响制约着犯罪人作案过程中的心理及行为活动。因而,发案环境是发现和研究犯罪心理痕迹首先要考虑的因素。例如盗窃或抢劫杀人案件的发案地处于远离公路的偏僻村落中,则流窜作案或不熟悉情况者作案的可能性较小,而本村人或熟悉情况者作案的可能性则较大。即使存在不熟悉情况者或流窜犯罪人作案的可能性,那么,外来人员作案的偶然因素和流窜犯罪人的认知特点与经验,则是导致犯罪行为的特殊原因。其中,若是流窜犯作案,则要注意是否还有相同或类似的案件,以根据此认知和行为特点进行串案或并案侦查。

(三)从进入现场的方式发现和研究犯罪心理痕迹

进入现场的方式反映着犯罪人对现场环境、侵害目标的熟悉程度,反映着犯罪人的作案经验和能力,反映着犯罪人与侵害对象的关系,也反映着犯罪人的个性特征,表现在进入时是采取盲闯、强行、尾随方式进入,还是采取巧妙欺骗、诱惑的方式进入的。因此,这是发现和研究犯罪心理痕迹的重要因素和途径。

发生在20世纪80年代初震惊全国的长沙市马王堆2号墓出土文物被盗案,案犯就是在反复观察踩点、熟悉了现场环境后最终选择了以展览馆后墙上的窗户为进入口,从而成功作案。

发生在1992年9月18日曾被称为世界第二大文物盗窃案的开封博物馆上亿元文物被盗案,案犯也是经过多次观察踩点,在熟悉现场环境并制定了合理的出入方式后成功作案的。而在此案的侦破中,案发前几次来馆参观的嫌疑人,成了侦破此案的重要线索。同时,此案的进入与逃跑方式也反映了案犯丰富的犯罪经验和能力。

许多入室抢劫、强奸杀人案,案犯均是和平进入的方式,破案结果也证明了案犯与被害人多为熟人或有其他交往关系。而利用开锁、撬门等技术方式进入,则反映了案犯的相关技术和能力。

(四)从损失物发现和研究犯罪心理痕迹

从损失物的情况研究犯罪心理痕迹,是分析犯罪人的犯罪动机和目的、作案时的心理状态,以及其年龄、性别与职业特点等方面的一种途径。不同的犯罪动机和目的，犯罪时的心理活动和行为指向是不同的，所反映的心理痕迹也不同。如现场被盗物是贵重物品和现金，这说明犯罪人的犯罪动机是为了满足物欲，犯罪目的是获取钱财；如现场是贵重物品遭到破坏，那就说明犯罪人的犯罪动机是报复，破坏了贵重物品也就达到了犯罪目的，破坏痕迹明显地反映着报复心理。从损失物的体积大小、数量多少、质量轻重研究犯罪心理痕迹，可分析犯罪人犯罪活动的行为特点及犯罪时的心理状态。现场损失物笨重、数量大（如木材、钢材等），这说明犯罪人有充分的准备，甚至备有运输工具，作案时有恃无恐、胆大妄为，作案时间不可能太短，可能是累犯、惯犯或犯罪集团所为。

另外，从现场损失物的特点可以分析犯罪人的兴趣、嗜好、年龄、性别以及认知特点和社会职业等。

（五）从作案手段、方式及其动作特点发现和研究犯罪心理痕迹

从犯罪人所采取的作案手段、方式及其动作特点研究其犯罪心理痕迹，是分析犯罪人犯罪行为的手段、方式及动作特点的心理原因及其作案过程的一种途径。

某个犯罪现场，被害人身上既有手掐、绳勒痕迹，又有棒打、斧劈痕迹，伤多且重，反复杀伤。这种作案手段和动作留下的犯罪心理痕迹是犯罪人唯恐杀人不死，从而可分析其心理原因是犯罪人与被害人有仇，为实现报复发泄的动机而为之，或为了灭口，怕杀人不死反遭其害，故犯罪手段、动作凶恶残忍，几种手段先后连续使用。

（六）从攻击的方式和特点发现和研究犯罪心理痕迹

犯罪人的攻击行为，有本能与无意识的攻击，有预先设计好的攻击，有熟练与习惯了的攻击，有与被害人互动过程激发出的攻击。而攻击方式一般会表现出犯罪人的行为动作定式，即习惯了的行为与动作方式。而这种行为与动作方式，与犯罪人的类似行为有着相似性和一致性，反映着犯罪人的行为动作习惯，以及犯罪人的心理与生理方面的特征。如：是左利手还是右利手；是善于击打还是善于掐捏；是善于捂嘴还是善于扼颈；是善于用刀还是善于用棍棒；等等。这种行为动作方式，不仅表现在日常生活中，也会表现在犯罪活动中。因此，从攻击的方式和特点入手，是发现和研究犯罪心理痕迹的又一因素和途径。

（七）从作案时间、地点、工具发现和研究犯罪心理痕迹

作案的时间、地点、工具，对犯罪行为起着某种掩蔽和便利的作用，所以，犯罪人总是选择那些有利于犯罪成功的时间、地点和工具作案。

预谋性犯罪的时间、地点和工具的选择是经过精心策划准备的，而偶发性犯罪，大多来不及考虑时间、地点和工具；胆小谨慎者一般选择安全可靠的时间、地点作案，而胆大妄为者则敢于在风险较高的时间、地点作案。

因此，根据这种心理特点来研究作案时间、地点和工具与犯罪活动的关系，可以为发现和分析犯罪活动发生的预谋情况，以及剖析犯罪人的犯罪经验与个性特征等提供帮助。

（八）从物质痕迹发现和研究犯罪心理痕迹

从物质痕迹发现和研究犯罪心理痕迹，这是从犯罪现场的物质痕迹形状特征互相之间的关系、伪造痕迹等方面入手，探究造成这些心理痕迹的行为过程及犯罪人的活动特点，分析犯罪人的动机、目的、工具、手段、方式、人数、性别、年龄、经验、有关能力、与侵害对象的关系、准备情况，以及有关心理因素及其特点等，从而为分析案情、刻画案犯、缩小侦查范围提供依据的一种途径。如犯罪人遗留的指纹、足迹、工具、枪弹等痕迹，传递出犯罪行为过程的信息，反映了犯罪行为的动机、目的与过程。通过分析，可能再现犯罪行为的动机、目的或犯罪行为的某个阶段或全过程。

例如，有的杀人现场上可以看到犯罪人的多种行为方式，有的犯罪人在被害人死亡后继续施加一些动作，有的犯罪人在现场上漫无边际地寻找目标人物，等等。

这些活动必然在一些客体上留下一定的痕迹。而这些行为特征，反映了犯罪人的主观心理状态、犯罪人的行为及心理活动，以及犯罪人不同的行为动机与目的。从认识这种特定的关系中去捕捉与犯罪有关的信息，对再现犯罪行为过程和再现犯罪现场有着重要的作用。

（九）从现场遗留物发现和研究犯罪心理痕迹

从现场遗留物发现和研究犯罪心理痕迹，这是从犯罪现场遗留物的特点、遗留物在现场的位置关系等方面入手，分析犯罪人作案过程中的现场情况、心理状态、人数以及造成遗留物的心理原因，从而为识别犯罪人的人数、年龄、犯罪经验、作案条件、与侵害对象的关系等提供依据的一种途径。

例如，现场遗留的工具和物品不是一件，而是多件，分布面广，丢三落四，本应带走的工具和物品也遗留在现场，这反映出犯罪人的人数较多，犯罪人作案时内心恐慌、情绪紧张，可能是没有作案经验的初犯，或是不顾及后续侦查、没有较大心理压力的人，或是流窜作案者及流动人员所为。另外，现场遗留有他人带来的礼物、喝过水的杯子、抽剩的烟头等，这些物品都对发现和分析现场心理痕迹有着重要的作用，都能在一定程度上为再现现场情景和分析案情提供信息和线索。

例如，一起入室杀人案，通过现场一茶杯中茶叶紧贴杯壁的迹象，正确分析了犯罪人与被害人的关系，从而准确锁定嫌疑对象而侦破案件。

从现场遗留的作案工具、衣物、鞋帽、烟头、痰液等遗留物及遗留痕迹研究犯罪心理痕迹，既可以分析犯罪人作案时的心理状态及行为活动等，又可以分析其职业特点、生活背景及个人习惯等，由此可以为侦查工作提供线索，为分析案情、缩小侦查范围提供依据。

（十）从反侦查行为发现和研究犯罪心理痕迹

反侦查行为多是经过犯罪人周密策划的，反映着犯罪人的智商和犯罪经验水平等心理特征。有的犯罪人为了逃避法律的制裁而清理或伪装现场，以防备或迷惑侦查。而这些清理或伪装现场的痕迹，正说明了他们是有经验的惯犯或累犯，或是工于心计、处事精细、善于伪装。这些都在一定程度上给侦查工作提供了信息和线索。

此外，犯罪人对被害人的控制方式、性行为的方式和顺序、逃离犯罪现场的行为、处理尸体和藏匿赃物等的方式及特点，都不同程度地反映着犯罪人的动机、目的、经验、能力、与侵害对象的关系、人数、性别、年龄及个性特征等。

（十一）从现场访问对象的陈述和证实发现和研究犯罪心理痕迹

现场访问接触的事主、被害人、证人和知情群众等，这些人有的在犯罪实施过程中或犯罪活动发生前后接触过犯罪人，犯罪人的言语行为特点、体貌特征等都在他们心目中留有一定的印迹。他们的陈述和证实，本身就可能反映出犯罪人的有关信息。通过对这些信息的研究，不但能为发现和分析犯罪人实施犯罪时的心理状态、犯罪动机和目的提供帮助，而且为刻画犯罪人的形象和再现犯罪过程提供了条件。

（十二）从有关人的情绪变化发现和研究犯罪心理痕迹

现场勘查访问中，侦查人员时常会有意无意地接触到涉案人。由于这些人隐瞒着犯罪行为，不断地加强心理防御，对侦查人员的调查访问活动反应十分敏感，从而在情绪或行为上有所表现。通过对这些反常心理和行为现象透露出的心理活动进行分析，就有可能把有关现象联系起来，从而发现线索，为侦查工作的进展提供条件。有些重大案件正是从这些异常的心理和行为现象入手而破获的。所以，调查访问过程中注意人们的异常表现也是发现案件线索的重要途径。

另外，有关人员案发后的其他各种异常表现也是发现嫌疑对象和案件线索的重要途径。

关于犯罪心理分析的十二个方面，它们之间是相互联系、相互补充的。随着勘查、访问的进展，侦查人员常常把多种犯罪行为心理痕迹和现象联系起来进行综合分析，去粗取精、去伪存真，从而为判断整个犯罪心理活动及犯罪过程，再现全案真相、发现案件线索提供帮助。

二、现场勘查心理分析的方法

现场勘查心理分析包含的内容十分复杂，涉及时间、地点、动机、人、事、物六大方面，只有通过全面占有现场信息进行系统综合分析，才有可能得出正确的结论。因此，掌握正确的现场勘查心理分析的方法是非常重要的。

作为侦查人员，接到报案信息后，首先要前往犯罪现场发现、提取、收集现场物质痕迹，通过挖掘凌乱破碎的单个物质痕迹间的潜在逻辑关系，形成有序的、符合行为规律的痕迹链条。然后运用宏观的侦查思维，系统分析各类痕迹的数量、种类、分布状态，以及痕迹间、痕迹与犯罪行为间的联系，深挖潜在的心理痕迹。最后，侦查人员应注意对反常痕迹进行挖掘，从反常现象中探索正确的秩序和逻辑，发掘独特的心理痕迹。现场勘查心理分析的具体方法如下。

（一）全面收集犯罪现场初始信息，去伪存真，分类整理

犯罪现场上的初始信息主要包括通过犯罪现场勘查发现的各种痕迹、物证及其相互关系，现场反映出来的正常和反常现象，以及对知情人的现场访问得到的材料等。全面收集犯罪现场初始信息是进行现场勘查心理分析的基础和关键。

在全面收集犯罪现场初始信息的基础上，侦查人员还要对犯罪现场初始信息进行分析甄别，去伪存真。初始信息的来源非常复杂，侦查人员观察和取证的能力也参差不齐，因此，初始信息的质量和可信度往往处于不确定状态，对痕迹、物证信息的甄别首先要从初始信息的来源、收集的方法进行辨析，重点对初始信息的客观性进行研判，如现场保护是否得当，现场初始信息发现、提取的方法是否合法、正确，现场手印、足迹、血液、体液能否排除当事人或被害人而确定是作案人所留，现场进出口的相关痕迹能否确定与案件的关联等。对现场访问得来的言词信息要辨析是当事人、被害人、知情人亲眼所见并直接陈述还是道听途说，特别要注意同一人的陈述中有无前后矛盾的地方。通过认真细致地甄别，就可以去除初始信息中无关或虚假的信息，避免现场勘查心理分析受误导。

经去伪存真的现场初始信息仍然纷繁复杂，不利于开展分析工作，还需要按照心理痕迹分析的各个内容要素对现场初始信息进行归类整理，分别作为分析确定作案时间、发案地点、犯罪动机、作案手段工具、侵害对象、案件性质和作案人个性特征的依据，使现场勘查心理分析的内容能够有相应的条理清晰的现场信息要素做支撑。当然，对现场初始信息的归类整理是不可能一步到位的，往往要根据现场勘查心理分析工作的需要，进行多次组合，从而形成完整的现场分析信息体系，使现场勘查心理分析能够全面准确的展开。

（二）依据现场信息逆向重建犯罪行为现场，刻画作案人的行为与心理

在全面系统收集犯罪现场初始信息后，应及时进行犯罪行为的现场重建。通过现场勘查心理分析，客观地还原作案人及被害人案后的行为活动，尽可能虚拟再现犯罪过程。犯罪行为的现场重建不是犯罪心理痕迹和现场信息的简单拼凑，而是符合行为规律的逻辑推测。重建过程包括犯罪行为假说与演绎推理分析。首先，侦查人员根据犯罪现场分析信息，进行联想与归纳，提出犯罪行为假说。其次，根据犯罪行为假说推测出犯罪行为缺失部分，使其成为完整的犯罪行为链条。如果逻辑过程合理，但发现与犯罪现场分析信息互相矛盾，就需要检验演绎推理分析过程的科学性，可以通过补充、收集犯罪现场分析信息来支持犯罪行为假说。例如，某地发生一起凶杀案，在一出租屋内发现一具高度腐败的女尸，死者仅穿有保暖内衣裤，无任何能够证明其身份的物品和证件，现场未发现有价值的犯罪痕迹、物证，由于无法确定尸体身份，导致案件侦破工作陷入停滞。侦查人员从死者的衣着特征与实际的矛盾点出发，跳出中心现场的局限，结合现场附近有一条小河的环境特征，提出作案人可能将有关痕迹、

物证弃于河中的假设，侦查人员对小河进行了全面搜索，发现了死者的衣物、手提包和身份证件，从而完成了犯罪行为现场重建，为案件的侦查找到了突破口。如果犯罪行为假说和演绎推理分析的行为推论与犯罪现场分析信息出现了矛盾，则需要检验最开始提出的犯罪行为假说是否有误，对犯罪行为假说进行修正，直至完成犯罪行为现场重建。犯罪行为现场重建有时并不是只有一个结果，而是可以有多种可能性存在，即可以出现多个犯罪行为假说同时成立的局面，这为现场勘查心理分析和案件侦破提供了更为全面、细致的工作方案。

犯罪行为现场重建之后，现场勘查心理分析工作便由痕迹、物证的行为分析转为心理分析，现场所有的痕迹、物证都是在行为主体的心理支配下完成的。通过对犯罪行为过程的重建，可以从行为入手进行心理分析，包括行为的目的、动机、心理状态、习惯形成的各种影响因素等。对行为的心理分析，直接关系到案件的定性、侦查方向的确定和侦查范围的划定，这是现场勘查心理分析的核心。根据心理特征与各影响因素之间的关系，运用行为心理分析原理，分析作案人的兴趣、需要、价值取向、气质、性格、能力等个性特征，以及年龄、性别、职业、文化程度、作案动机和目的、作案经验、作案的预谋情况和现场情境等，将各个心理特征整合还原于现实来刻画作案人，确定作案人最可能的类型特征，从而确定侦查方向和范围。具体可围绕以下八个方面展开心理分析。

1. 对犯罪地点的心理分析

犯罪地点的选择能够在一定程度上反映出作案人的心理特征，即反映了作案人对是否便于成功作案和及时逃脱、隐蔽自己的认知，通过分析被害人为什么案发时出现在这个地点，作案人为什么要选择这个地点作案，往往能够反映出作案人是有预谋作案，还是流窜作案。

2. 对现场痕迹的心理分析

犯罪现场出现的一切痕迹，都是在人的心理活动作用下产生的。在勘查犯罪现场时，应该对痕迹产生的原因进行分析，首先确定痕迹的真正性质，既要避免将无关痕迹误认为犯罪痕迹，又要避免将犯罪痕迹认作无关痕迹。例如，在一起入室盗窃案现场中，被害人回家后发现家中被盗，着急查看损失情况，将自己的指纹留在了保险柜上，在这种情况下，要综合调查进行全面分析，排除干扰痕迹。其次可以根据痕迹分布的位置、痕迹遗留的多少，分析是否熟人作案或者有作案经验的惯犯。例如，盗窃案件若是熟人作案或内外勾结作案，则对贵重物品存放的位置比较了解，现场翻动痕迹会较少，破坏痕迹不多。同样是盗窃案件，惯犯和初犯遗留的痕迹也会有较大的区别，惯犯往往会进行踩点，技术开锁，戴手套、脚套、头套作案，避免遗留较多的痕迹、物证，而初犯往往进入现场的方式较简单粗暴，由于缺乏作案经验而在现场留下较多个人生物痕迹、物证等。

3. 对作案手段的心理分析

一方面，因受教育程度、知识体系、思维模式、行为习惯的制约，不同的作案人在作案的过程中，通常在选取作案工具、选择作案时机、挑选作案对象等各个环节都会做出不尽相同的选择，反映出个人的作案特点。如惯犯作案时，会选择相似的作案方式，几个不同的案件，有可能采用相同的作案手段，通过作案手段的心理分析，可以帮助我们进行并案侦查。另一方面，有些高科技犯罪案件中，作案人需要掌握专门的技能或专业的设备，通过作案手段的心理分析，可以帮助我们缩小作案人的摸排范围。如利用计算机病毒实施犯罪，说明作案人具有计算机专业知识或学习经历。

4. 对选择作案工具的心理分析

作案工具是作案人进行犯罪活动时使用的一切器械物品，包括作案时使用的枪械、刀斧、毒药、棍棒、绳索等，还包括汽车、摩托车、船只等交通工具。作案人对作案工具的选择不仅能反映出个人的身份属性、职业岗位、经济状况、行为特征、心理状况、犯罪目的、是否惯犯等，甚至还能反映出身高、体重、运动能力，是否有充足的计划，以及个人的知识水平及思维特征等情况。例如凶杀案件，可能由不同的原因引起，有时是单一的原因，有时是混合的原因，从作案工具的选择上分析，有时可以帮助我们较快地确定犯罪动机，像投毒杀人，一般作案人与被害人之间存在明显的利害关系。当然，不同的作案人选择不同的凶器也能反映出作案人接触凶器的便利条件。如在某地发生的抢劫小超市案件中，犯罪现场勘查发现，捅伤被害人的刀具为学生经常使用的铅笔刀，于是侦查人员将附近学校的学生作为侦查重点，很快将犯罪学生抓获。

5. 对犯罪现场遗留物品的心理分析

作案人在犯罪现场有时会遗留一些物品，如凶器、字迹、烟蒂、食物残渣、排泄物等。遗留物品不仅能反映作案人的身份、身体特征，还能反映出作案人的心理状态等。对犯罪现场上这些有意无意遗留的物品进行分析，能够帮助我们为作案人画像。例如，某入室杀人案现场，一家三口在家中被杀，经现场勘查发现，作案人数为两人，三名被害人均一刀致命，现场遭到破坏，没有留下较多有价值的痕迹、物证，并且作案人在行凶后，还在现场停留了一段时间，在现场吃了一些东西，喝了两瓶啤酒。根据现场遗留的物品，侦查人员分析作案人在行凶杀人后还能在现场停留吃喝，杀人手法老练，应为有前科的人作案。据此检索类似案件进行并案侦查，集中线索，很快破获了该案件。

6. 对犯罪现场损失财物的心理分析

根据犯罪现场财物的损失破坏状况，可以帮助侦查人员分析判断作案人的个性心理倾向，比如作案人的犯罪动机、需要、喜好等。例如，犯罪现场有现金、首饰、贵重物品丢失，直接说明作案人的侵财动机；如果犯罪现场遗失的贵重物品存放的位置比较隐秘，作案人仍准确盗走，可以从中判断是否为熟人作案，是否为预谋性犯罪；如果犯罪现场发现仅丢失了女性内衣裤，存放隐秘的贵重财物并未丢失，则可以分析出作案人有变态的心理需要，对被害人存放贵重物品并不知情等信息；如果现场丢失的财物数量较多，体积较大，则可以分析出作案人的人数。

7. 对犯罪对象侵害程度的心理分析

作案人实施犯罪时一般会有明确的犯罪对象，对犯罪对象的侵害主要表现为对人身和财物的侵害。如行凶杀人时侵害的程度、伤害的大小，盗窃作案时对财物存放位置的破坏程度、窃取财物的多少等。凶杀案件中，被害人生前受到长时间的折磨，身体有多处致命伤，从中反映出作案人对被害人有极强的仇恨心理。又如某盗窃现场，除遗失现金、手表等贵重物品外，还有主人平时收藏的动漫玩偶，侦查人员可据此判断作案人的兴趣爱好、年龄特点等。因此，对犯罪现场中人或物的侵害程度、侵害目标选择，可以帮助我们分析作案人的心理状况，为作案人画像。

8. 对犯罪现场反常现象的心理分析

在作案时，作案人为了逃避打击、转移侦查视线，总是想方设法对现场进行伪装，但不管伪装得多么巧妙，都不可能改变其早已形成的个性心理特点，从而暴露出犯罪现场的反常性。通常情况下，反常现象更容易被侦查人员察觉，越是反常的迹象越是对作案人反常的犯罪心理做出了反馈。例如，某地发生一起重大盗窃案件，被害人将10万元现金装入保险箱，存放在卧室内，三天后发现现金被盗。侦查人员通过现场勘查发现，保险箱背部被划开一道口子，箱内现金被盗，保险箱内遗留有两本书籍。通过对被害人询问，这两本书是作案人作案后放入保险箱中的，很明显，作案人想拖延事主发现的时间，反映出一种掩耳盗铃的心态，显然是熟人所为。破案后证实作案人就是同居一室的室友。

（三）开展犯罪行为指标统计学研究，建立犯罪心理痕迹整理归档系统

现场勘查心理分析结论准确与否，需要大量的实际应用经验积累。对犯罪心理痕迹的整理归类，可以将一些成功通过现场勘查心理分析侦破案件的经验进行有效的利用。从大量的个案中，将犯罪行为及其各方面的特征归纳整理，并进行统计学研究，由个别到一般，为侦查工作提供帮助。统计学分析工作需要大量的真实案例样本，如在刑事侦查活动及司法工作中进行犯罪心理和犯罪行为的测量、记录，通过档案保存，不断积累和更新，并运用心理学和统计学的原理和方法总结建立一套犯罪行为指标体系。因此，为了更好地开展现场勘查心理分析，应建立并不断完善犯罪心理痕迹的整理归档系统，成立专门的犯罪心理痕迹整理分析小组，形成适用于我国的犯罪心理痕迹分析的反馈验证机制，设计出相关反馈系统的计算机软件，用成功破获的案例来验证犯罪心理痕迹分析的正确与否，从而更好地指导现场勘查心理痕迹分析在今后侦查办案中的运用。

第四节　现场勘查心理分析应注意的问题

现场勘查心理分析是侦查技术与心理学结合的产物，它的出现与广泛应用给侦查工作带来了新的思路，为打击和预防犯罪提供了极大帮助。现场勘查心理分析的作用日益凸显，但相关理论仍处于发展阶段。在实践工作中，现场勘查心理分析具有很强的主观性，还存在一些问题，因此，侦查人员在现场勘查中运用心理痕迹分析案情时应注意以下几个方面。

一、提高侦查人员现场勘查心理分析的业务素质

并非所有的犯罪现场都能找到有价值的犯罪心理痕迹，并通过其研究犯罪人的行为动机与目的等，从而侦破案件。侦查人员对于每一个问题的认识应该客观，有什么样的存在就挖掘什么信息，不能为了寻找犯罪心理痕迹，主观臆测、牵强附会，凭空确定动机、目的等。因此，实事求是是研究及利用犯罪心理痕迹的重要原则。在侦查实践中，应该既重视对犯罪心理痕迹的发现和研究利用，又要本着科学求实的态度，在没有条件的情况下，不主观臆测、牵强附

会、凭空研究。

侦查人员是侦查活动的主导者，侦查人员在进行现场勘查心理分析时，首先要注意必然结果和偶然因素之间的联系，在分析过程中要注重运用心理学的理论和方法，客观、系统地进行分析，努力排除犯罪心理痕迹分析的主观影响。因此，侦查人员要有坚定的信念、合理的知识结构、丰富的社会经验和良好的专业技能。要加强对侦查人员的心理素质、心理分析、现场勘查业务的培训，努力提高侦查人员现场勘查心理分析的业务能力。具体做法包括以下几点。

① 培养侦查人员优秀的心理品质，包括敏锐的观察能力、非凡的记忆能力、敏捷的思维能力、良好的情绪调控能力。

② 加大侦查人员现场勘查业务素质的培训力度，丰富侦查人员的勘查知识和技能。

③ 培养侦查人员坚强的意志力、客观严谨的工作态度、良好的团队协作意识和高度的敬业精神。

二、掌握犯罪现场真实、客观、准确的犯罪行为信息

犯罪心理痕迹和犯罪行为是密不可分的，只有掌握大量真实、客观、准确的犯罪现场信息，才能保证犯罪心理分析不会成为侦查人员的主观臆断。犯罪现场信息的真实与否，也决定着犯罪心理痕迹分析的正确与否。因此，在案件发生后，侦查人员应运用科学的现场勘验技术方法和正确的现场访问技巧，把侦查过程中不完整、片段抽象的现场信息，努力汇总集中，向完整、全面、真实的方向发展，以作为现场勘查心理痕迹分析的有力支撑。

三、精准分析犯罪现场信息背后的心理要素

每一个案件现场都有其特殊性，哪怕是同一类案件的现场也会存在差异，因此，侦查人员必须要具体问题具体分析，通过从现场勘查获取的信息，精准分析信息背后的心理要素，按照现场勘查心理痕迹分析的途径，对犯罪现场细微变化进行准确分析，反复推演作案人的犯罪行为过程，从而为作案人进行画像。

四、善于总结现场勘查心理分析的价值与局限性

现场勘查心理分析在案件侦查工作中的作用和价值越来越被侦查人员所认

可，正确的现场勘查心理分析能有效推动侦查工作的顺利进行，但现场勘查心理分析只是侦查工作的一种手段与方法，心理分析的正确与否与很多因素有关，在实际工作中，难免会出现偏差，甚至出现错误。因此，在侦查工作中一定要不断完善现场勘查获取的信息，对现场勘查心理分析意见进行确认与校正，要善于通过总结每个案件现场勘查心理分析的成败经验，正确认识现场勘查心理分析的价值和局限性，更好地服务于案件侦查工作。

第五节　现场勘查中观察应注意的心理学问题

侦查人员的观察力对侦查破案十分重要，特别是对现场的勘查尤为重要。在现场勘查工作中，要做好现场勘查的准备工作，划定勘查范围，确定勘查顺序，以及进行实地勘查，每一步都需要侦查人员锐利的观察力。现场勘查时，对现场的各种现象和状态，明显的或不明显的痕迹，现场上遗留的物品，以及尸体、血迹、指纹、足迹、凶器、精斑、毛发、烟头、纸片、衣物等有关痕迹、物证，只要认真注意观察，就能从中发现破绽，并成为破案的线索。

一、观察的概念

心理学上的所谓观察，是指有意识、有目的地对事物的注意和感知。它是受思维影响的，有意的、主动的和系统的感知高级形态。不论是对犯罪人的分析刻画，还是再现现场情景，刑侦人员的观察力品质都是非常重要的。

观察不仅仅是单纯地感知问题，还包含着理解、思考的成分，是有目的、有计划的知觉。观察是人认识世界的窗口，是获得一切知识的门户，当然，也是侦查人员获得案件信息的窗口。从类型上看，有的人视觉观察力强，有的人听觉观察力强，有的人嗅觉观察力超常，这种差异与个人的先天素质和实践活动有关；从能动性上看，有的人属主动观察型，有的人属被动观察型；从观察深度上看，有的人是精细型，有的人是粗略型；从观察中的反应上看，有的人倾向于动态型，有的人倾向于静态型，前者善于表达被观察的事物的发展过程，且能描述事物的发展趋势，后者则习惯于孤立地、静止地看事物。

二、观察应注意的心理学问题

（一）要有明确的目的和任务

明确的目的和任务是进行良好观察与判断的前提。目的越明确，任务越具体，注意指向就越明确，注意力就越集中，观察收效也就越大。

（二）具备相关的知识

对于要观察的对象，事前要有充分的知识准备。作为一个侦查人员，必须具备有关现场勘查和各项侦查活动的丰富知识和技能，才有可能发现蛛丝马迹，获取细微痕迹、物证及有关信息，正确判断犯罪人及其案件的有关特征。因此，观察的成功与否，专业知识和相关方面的丰富知识起着重要作用。专业知识越精，知识面越广，观察的成效和收获就越大。

（三）观察的系统性

观察必须有系统、有计划地按照一定的顺序依次进行。

（四）充分调动各种感觉器官

犯罪现场有时不仅仅只有视觉方面的犯罪信息，往往还有听觉、嗅觉、温度等方面的犯罪信息。

（五）善于集中注意和调整、分配注意的范围

注意和观察是紧密相连、不可分割的，离开了注意也就无所谓观察了。注意是心理活动对一定对象的指向和集中，是贯穿于整个心理活动始终的一种心理现象，是保证各种心理活动有效进行的前提。

（六）认真仔细，防止主观因素尤其是知觉补充性的影响

在观察事物时，过去的经验经常会参与到人们的观察中来，这对进行观察活动有着一定的帮助，它能提高观察的效率。比如我们看书时可能会借助过去的知识经验，一目数行。但是，过去的知识经验也会在一定条件下，影响观察的客观性和正确性，将我们主观的东西补充到当前我们所观察的对象中来，从而造成观察的失误，使观察结果不完全符合观察对象的本来面目。例如，在我

们所做的课堂实验中,将李白的诗句"举头望明月,低头思故乡"错写为"举头思明月,低头望故乡",将其向学生很快地展示,结果绝大多数学生没有发现其中的问题,将其肯定地认作李白的原诗句。诸如此类的问题在侦查实践中很多。所以,在现场勘查中,一定要认真仔细,防止主观因素的影响使观察结果失真。

(七)善于利用各种技术手段弥补观察的不足

人的观察能力是有限的,往往受各种因素条件的限制,因而常常难以使观察全面、到位。同时,人会随着认识的深入,不断提出新的观察内容和要求,而现场又不可能长时间保存。因此,为了避免当时观察的不足,在原始现场消失后,仍能在分析案情时直观地再现现场,这就需要借助摄像等相关技术手段,根据勘查的要求,对现场全貌进行全面充分的技术录制和保留,为以后继续观察和分析案情提供客观信息。

需要强调的是,现代技术手段的运用,必须遵循现场勘查的相关要求,按步骤进行,并符合人观察的特点和规律,客观准确地反映现场情况及各种现象之间的关系。这样,才能起到客观真实地继续观察的作用,有助于案情后续分析。

三、观察能力的培养

侦查人员观察能力的培养要从以下三方面做起。

(一)有目的地训练培养

事业心和求知欲是能力发展的重要基础,心理学知识则是能力发展的理论基础。培养观察能力,必须在自觉的基础上借助心理学理论,有目的地进行训练培养。这种训练培养需要积极的心理活动,要对观察对象观察的结果不断地提出新的问题,对比新发现的现象与过去发现的现象之间的异同,思考产生某种现象的原因。例如,现场上的痕迹究竟是什么客体留下的,这一尸体的锐器伤和另一尸体的锐器伤有什么不同,以及几个人之间的观察结果有时为什么不一致,等等。

(二)要锻炼观察细枝末节的能力

侦查人员必须具备能观察出容易被一般人忽略的细枝末节的能力,才能得出比较正确的结论。例如，一把雨伞，几滴水珠，一根毛发，两种烟头，以及戏票、车船票、邮戳、纸条等，对细小的痕迹、物证，都要纳入侦查人员的视线。训练培养这种观察能力，可以采用经常观察两个相似物的对照办法，相似物的差别是微小的，一般不易发现。例如，观察对比两个相似的指纹、两种相似的器械、两种相貌相似的人物面部，等等。经常有目的地观察相似的事物，找出它们的差别特征，有助于锻炼和增强观察能力。

（三）与他人一同观察，进行观察的练习

与他人一同观察，特别是同具有较强观察能力的人一同观察，观察后，互相描述所观察到的同一现象，并进行分析比较，找出自己的不足。这样对观察能力的提高是很有帮助的。

四、现场勘查失误的心理分析

现场勘查失误的心理分析，是指参加现场勘查的人员由于心理方面的原因而造成勘查失误的分析。这些原因有以下几点。

（一）认知障碍造成的勘查失误

1. 感知障碍造成的勘查失误

人是通过认识过程才对客观事物产生认知，并将有关现象和因素予以联系，从而认识客观事物的本质及其规律。现场勘查中的感知障碍，是指参加勘查的人员由于感知能力差或因其他因素的影响而使感知出现问题。由于感知障碍，使勘查获得的现场信息不客观准确，这就造成了勘查失误。如：对现场的观察受习惯或经验的影响，用主观的认知代替对客观事物的观察，得出了错误结论；或观察缺少敏锐性，反应迟钝，不能从隐蔽和掩盖着的犯罪心理活动显露出来的蛛丝马迹发现问题；或观察的目的性不强，不能长时间反复观察，发现不了犯罪痕迹、物证等。这些都是造成勘查失误的心理原因。

2. 记忆障碍造成的勘查失误

现场勘查中的记忆障碍，是指参加勘查的人员不能快速准确地记忆与勘查有关的情况，对勘查案件具体任务和要求记忆模糊或记忆障碍。在实地勘查中不能灵活地运用所学的勘查知识和经验进行操作而造成勘查失误。如勘查人员缺少记忆的敏捷性，不能根据勘查需要在一定的时间内记住或回忆起有关事物，

甚至记错、回忆错，这就容易造成勘查失误。

3. 思维障碍造成的勘查失误

现场勘查中的思维障碍，是指参加勘查的人员在大量有关勘查情况面前，不能用多种思维方式辨别真假、推论未知，并得出结论。由于思维的消极性、狭窄性、浮浅性、呆滞性和混乱性的影响，阻碍着正确的思维活动，难以发现和正确认识现场上的痕迹、物证，即使发现了，也分辨不清真实或虚假、暴露或隐蔽，不能全面认识现场中的各种现象及其形成原因和本质属性，这就容易造成勘查失误。

（二）注意品质不良造成的勘查失误

注意品质不良主要包括注意缺乏集中和稳定、注意缺乏广阔性、注意的分配能力差、不善于调整和转移注意力四个方面。侦查人员注意品质不良造成的勘查失误，是其在现场勘查中注意力分散，不能把注意力集中到要勘查的目标上并保持紧张和稳定状态，不能根据勘查需要合理地分配自己的注意力，并随着勘查进展不断地调整和转移注意力，致使勘查要获得的痕迹、物证被遗漏，或获取的痕迹不全、印迹不清，无侦查使用价值或使用价值不高，从而造成勘查失误。

（三）消极情绪、情感的影响造成的勘查失误

情绪、情感是人对客观事物的态度体验。参加勘查的人员对勘查事物的态度体验好坏，直接影响着勘察效果。积极的态度体验对完成勘查工作有着促进作用，它是获得勘查成功的重要条件之一；消极的态度体验则是降低工作效率、造成勘查失误的重要原因之一。

1. 缺少责任感造成的勘查失误

这是指参加勘查的人员对勘查工作缺少认真负责、一丝不苟的精神，没有意识到自己所进行的勘查工作的重要意义，以敷衍塞责和掉以轻心的态度对待勘查工作，结果造成了勘查失误。如：勘查指挥人员对所要勘查的现场不问细情，不做充分的准备，盲目地投入勘查现场，既缺乏统一指挥，又无严格的分工，勘查混乱，各行其是，互相干扰，甚至人为地破坏了现场原状，使原有的痕迹、物证降低或丧失了使用价值；遇有两地相交处发生的案件，互相推诿，贻误勘查；平时不注意勘查业务的学习和训练，发生案件临时应付；现场保护人员缺乏责任心，不能有力地防止无关人员或畜禽出入现场，不注意避免各种

气候条件对现场痕迹、物证的破坏影响，使其失去勘查价值；侦查人员接到勘查指令后，拖拉疲沓，勘查中马虎行事，对细微的痕迹、物证漫不经心，缺乏耐心，急于返回，匆匆结束等。这些都是缺少责任感的表现，它是造成勘查失误的重要心理原因之一。

2. 情绪紧张、急躁造成的勘查失误

这里讲的情绪紧张，是指参加勘查的人员不适应或不完全适应现场环境，勘查中情绪过于紧张，由此引起认知能力减弱、反应迟钝、动作缓慢，勘察能力无法得到正常发挥，应该发现的痕迹、物证没有发现，应该处理好的情况没能处理好，或顾此失彼等，从而造成勘查失误。情绪急躁则是缺乏耐心、急于求成，结果欲速则不达，造成勘查失误。

（四）意志薄弱造成的勘查失误

意志薄弱造成的勘查失误，是指参加勘查的人员意志薄弱，怕苦、怕累、怕危险而造成的勘查失误。如：遇到危险的犯罪现场，贪生怕死、畏缩不前，不敢认真勘查；遇到肮脏的犯罪现场，勘查困难，就躲躲闪闪，草率从事；遇到复杂的犯罪现场，就有畏难情绪，行动迟缓，失去勘查良机等。侦查人员意志薄弱是造成勘查失误的重要心理原因之一。

（五）能力差造成的勘查失误

能力差造成的勘查失误，是指参加勘查的人员不具备或不完全具备搞好勘查的能力而造成勘查失误。如：勘查领导者缺少指挥才能，接到报案后，不能及时组织强有力的勘查人员班子并调动可以利用的勘查器械和交通工具迅速赶赴现场，失掉勘查时机；勘查人员缺少必备的知识技能，面对犯罪痕迹、物证发现不了，或发现了又提取不下来；现场保护人员虽主观愿望是要保护好现场，但方法不当，却破坏了现场等。这些都是造成勘查失误的心理原因。

💡 拓展知识

犯罪心理画像技术

犯罪心理画像技术起始于美国，又称犯罪人画像技术、犯罪人特征描绘技术、犯罪人格画像技术、心理犯罪画像技术等。这项技术在国外有比较深入的研究和较长的应用历史，相关的研究和实践的部门与专家也较多，形成了一些不同的学派，不同的学派之间存在差异，也存在一些相同之处。概括来看，美国的FBI（美国联邦调查局）的犯罪现场分析法和布伦特·E.特维的行为证据分析法是国外应用和影响比较广泛的犯罪心理画像技术。

1978年，FBI成立了BSU（行为科学部），聚集了一批在犯罪学、社会学、心理学和统计学等领域有影响力的专家，通过收集各种案件资料，对犯罪人进行犯罪心理画像，从而为缩小侦查范围、侦破罪案提供参考。FBI应用犯罪心理画像技术主要有六个阶段：第一个阶段是画像资料整理录入阶段，主要是将犯罪现场的所有证据和线索资料，包括犯罪现场的相关证据资料，如犯罪现场环境、位置、现场照片、痕迹物证检验鉴定报告等，还包括被害人方面的相关资料，如被害人生理和心理状况、家庭状况、社会关系、职业状况以及有无犯罪经历等；第二阶段是决策分析阶段，通过将先前收集的相关证据和线索资料按一定的标准进行分类，主要包括作案手法类型、犯罪目的、危险程度及时间地点等，划分成各种可能的问题类型，并分析各个案件的被害人是否具有共同特征，判断是否可以进行串并案；第三阶段是犯罪过程评估阶段，主要是将收集的证据串联起来，重建犯罪现场和还原犯罪过程，推测犯罪人对被害人侵害的犯罪动机、可能过程及犯罪人实施犯罪的行为顺序；第四阶段是描绘画像阶段，主要对犯罪人的身体特征、心理特征、行为特征及其他社会属性进行描绘和画像，为侦查机关确定、抓捕和讯问犯罪嫌疑人提供参考和建议；第五阶段是侦查抓捕阶段，主要是将描绘画像的相关结论反馈给负责办案的侦查机关和侦查人员，由他们对与描绘画像结果相符的嫌疑人进行深入调查，作为搜查和抓捕犯罪嫌疑人的重要依据，如果侦查抓捕的行动不顺利，就需要及时反馈，以便分析问题，重新描绘画像；第六阶段是抓捕阶段，一旦按照描绘画像的结果将犯罪嫌疑人抓获，就必须将犯罪嫌疑人所具有的特征与描绘画像结果进行认真核对，后续的讯问取证阶段，需要认真查证犯罪嫌疑人涉案的证据，必要时会邀请犯罪心理画像技术人员等专家介入检验整个描绘画像的准确性。

布伦特·E.特维是美国加利福尼亚州的一位著名犯罪心理画像技术专家，他创立了行为证据分析法来进行犯罪心理画像。布伦特·E.特维的行为证据分析法属于演绎性犯罪心理画像法，主要是依据一个或一系列案件中相关物质证据和行为证据推理而来的，主要包括犯罪人的行为痕迹、被害人的特征和犯罪现场特征，将这些特征用于支持画像的结论。进行行为证据分析的演绎性犯罪心理画像主要包括法庭与行为证据、被害人研究和犯罪现场特征三个要素。法庭与行为证据，主要是指在犯罪心理画像之间必须提供全部可靠的物质证据，这样才能保证所分析的犯罪人行为及犯罪现场特征的完整性；被害人研究是对被害人特征的全面研究和分析，根据被害人的特点推断犯罪人的动机、惯技，以及确定犯罪人的幻想行为等，还包括对被害人在日常生活遭遇袭击的风险系数，以及犯罪人对被害人袭击时所冒的风险等的风险评估；犯罪现场特征包括犯罪的接近方式、攻击方式、控制方式、场所类型、原始场所、性行为的顺序、器械的使用、言语活动及案件的预谋方式等。犯罪现场特征取决于刑事证据和被害人研究，一个犯罪人的犯罪现场特征能帮助画像人辨别出犯罪人的惯技行为和标记行为，进而推断出犯罪人的精神状态、行为计划、幻想和动机等。

FBI的高级探员、犯罪心理画像的代表人物道格拉斯认为，犯罪心理画像技术是"建立在犯罪分析基础之上的个体主要人格和行为特点分析"；布伦特·E.特维认为犯罪心理画像技术是"根据物证和行为证据得出的关于犯罪人特质的推论"；我国犯罪心理学家李玫瑾教授认为，犯罪心理画像技术是"侦查阶段根据已掌握的情况对未知名的犯罪嫌疑人进行相关的行为、动机、心理过程以及人员心理特点等分析，进而通过文字形成对犯罪嫌疑人的人物形象及心理特征群的描述"。通过上述研究者对犯罪心理画像技术的界定，我们认为，犯罪心理画像技术，是指侦查人员或相关业务专家根据已掌握的相关线索和证据资料，对犯罪嫌疑人的身份属性、心理特征和行为习惯进行描述，从而为侦查人员开展现场勘查、缉捕和讯问等提供指导和参考。因此，现场勘查心理分析和犯罪心理画像技术存在内在联系，可以将现场勘查心理分析作为犯罪心理画像技术应用的一个重要方面和组成部分，但二者在具体内涵、应用价值和操作方法上又存在很多的区别，犯罪心理画像技术有助于侦查人员将现场勘查收集到的孤立的证据要素串联起来，以连续的过程看待现场遗留的痕迹、物证，从而实现犯罪还原或者现场重建。由此可见，现场勘查工作和犯罪心理画像技术是一个相互促进的关系，现场勘查支撑犯罪心理画像技术的应用，而犯罪心理画像技术的应用有助于推动现场勘查工作从更全面、更准确和更深入的角度进行，从而收集到更多证明犯罪嫌疑人作案的客观证据、主观证据和行为证据。

本章小结

犯罪人在现场上除了遗留有形的物质痕迹，还会不自觉地遗留无形的心理痕迹。现场勘查心理分析在侦查工作中的运用，是侦查心理学研究的成果，既给侦查工作带来了新鲜的活力，也实现了一些传统侦查方法所不能达到的效果。尤其是在犯罪人的作案水平不断提高的情况下，呈现出智能化、复杂化的特点，且犯罪人的反侦查意识不断增强，给侦查人员的侦查工作提出了更高的要求。侦查人员可以通过现场勘查中发现提取物质痕迹来分析心理痕迹，将提取的物质痕迹与其所反映的心理痕迹相结合,刻画出犯罪嫌疑人,发挥侦查工作的整体效应,更好地揭露、证实犯罪,从而发现、查明并缉捕犯罪嫌疑人,提高侦查破案的效率。

 思考题

1. 什么是现场勘查心理分析?
2. 开展现场勘查心理分析的理论依据是什么?
3. 现场勘查心理分析的内容包括哪些方面?
4. 现场勘查心理分析的作用有哪些?
5. 如何正确开展现场勘查心理分析?
6. 现场勘查心理分析应注意哪些问题?

第五章

调 查 心 理

◆ **本章引例**

某小区外的林荫小道上，一男青年步伐急促地往前走，时不时回头张望。在他身后不远处，一个身着黑色上衣、黑色长裤的人利用电线杆和沿途的法国梧桐树掩护着自己的身体不被发现，两人之间始终保持一定的距离。前面的男青年走进了小区的2号楼，随后三楼左边的灯亮了。

◆ **本章学习目标**

让学生了解调查人员开展调查工作的方向、方法，理解调查工作中调查主客体间的心理差异，明确并掌握调查访问中人们心理活动的规律。运用调查访问中主客体之间心理活动交往的规律，采取灵活多样的方法和对策，及时对调查访问对象进行心理疏导，帮助其消除心理障碍，不断改善主客体之间的心理环境，顺利推进调查工作，为及时采取相应的侦查措施、破获案件、抓获真凶提供依据。

第一节　调查工作的开展

调查工作是在查明犯罪情况及查找犯罪人时的关键工作。调查访问是调查工作中基础的调查措施之一，是调查工作的重要措施和环节，是发现案件线索、获取有关信息的重要途径，体现了最基本的警民沟通措施。调查访问为调查工作奠定扎实的基础，在案件侦破的过程中起到至关重要的作用。

在调查活动中，调查人员需要与形形色色的人打交道，发生在调查访问过程中的心理活动相比其他侦查阶段的心理活动更加复杂。从心理学角度研究调查访问对象的区别，运用更加细致的访问技术，实施新型调查访问技巧，调整调查访问模式，对调查访问程序进行一定的完善，达到加快案件侦破速度，以及达到警民合作大环境的目标。

根据调查工作的基本特点，侦查人员在受理刑事案件后，先从一般的排查摸底开始，再到重大嫌疑对象的调查认定，运用调查访问中主客体之间心理活动交往的规律，随时调节自己的心理活动，采取灵活多样的方法和对策，及时对调查访问对象进行心理疏导，帮助其消除心理障碍，不断改善主客体之间的心理环境，从调查访问中发现案件线索和证据，多方印证和补充已获得的侦查材料。

一、调查范围和方向的确定

调查范围和方向的确定，有利于制订切实可行的调查计划，也有利于选择准确有效的调查方法，同时还有利于节省司法资源，提高调查效益，对调查活动的有效开展有着重大意义。调查活动是以报案信息或现场勘查的基础上得出的各种推论为前提，现场推论的正确性将在调查过程中进一步得到核查。确定调查方向的依据有案件性质、犯罪条件、犯罪人的个人特点、犯罪人的行踪动向等因素，如犯罪人是否知晓现场情况、现场地理环境和当时当地的治安状况、犯罪现场的空间构型、犯罪人的人身形象特征、现场痕迹、作案工具、现场遗留物、作案手段方法、赃款赃物可能的去向，以及对作案过程的分析研究等。

调查范围和方向确定的准确性，很大程度上依赖于收集证据是否全面、分析案情是否客观。现场勘查工作做得越细，对发生在现场的行为活动分析就越准确，相应地就会收集到更多的物证材料，掌握的线索自然就会更多，就更容易划定后续展开调查工作的范围和方向。反之,则会越难划定。确定侦查范围,要求调查范围尽可能准确。但在调查的初始阶段,由于诸多因素的制约,调查范围不可能划得十分准确。因而在开始调查时,为了不漏掉犯罪人,最好将调查范围划得更大一些。随着调查工作的不断深入,新线索不断被发现,可逐渐缩小调查范围。对调查范围和方向不断地进行调整和修正,不仅有利于节约人力、物力、财力,也有利于及时查获犯罪人。

二、调查的方法

由于调查访问对象和调查情况的差异性,调查人员应合理采用不同的方法,尽可能从所获得的材料中发现有价值的线索。常用的方法主要有访问式调查、座谈式调查、汇集式调查和查档式调查。

(一) 访问式调查

访问式调查有两种形式:一是在现场就地对相关人员进行访问;二是查访,即在案件侦查过程中,对相关人员的一种调查访问。两种调查方式都是调查主体在执法活动中向当事人或证人进行询问工作,其区别在于以下五点。第一,阶段不同。现场访问是发生在现场勘查阶段,而查访是一项广泛进行的调查工作,是在对案件开展全面侦查的过程中发生的。第二,范围不同。现场访问的范围一般是针对现场周围的地域,相对固定,而查访的范围会相对广一些。第三,时间性不同。现场访问的时间性很强,要求尽快获取线索,便于采取紧急侦查措施,而查访的时间性相对松缓。第四,方式不同。现场访问只能采取公开询问的方式进行,而查访则依据情况时常采取秘密的方式进行。第五,对象不同。现场访问的对象没有针对性,范围广泛,而查访的对象则是在现场访问之后,有了比较明确、集中的指向性,范围比较局限。

(二) 座谈式调查

有时候为了收集某些线索,可以通过在适当范围内召开会议的方式完成。调查主体选择性地公布案件情况,通过座谈的方式对人们的普遍反应进行观察、收集。因为参加座谈的人们与案件关系的具体情况不同,那么其各自的心理状态就会表现不同。他们或轻松自如、或紧张不安、或热情关注、或消极敷衍。调查主体对出现的可疑现象应严加观察,对其产生的原因及时进一步调查,分辨他们与本案是否具有联系,以便采取相应的措施。

（三）汇集式调查

这种调查方法可以由基层部门或群众骨干来实施，一定要注意保密范围，不能让外界掌握侦查活动的具体情况及动向。汇集式调查法的使用一般是在遇到案情复杂且牵涉面较广的疑难案件时，有针对性地在一定范围内收集人们的议论，经过整理和筛选，向上级机关反映有价值的线索。这种方法不仅可以节省侦查人员的精力和时间，还可以迅速广泛地采集有关情况，为确定侦查重点提供依据。

（四）查档式调查

查档式调查指调查人员沿着侦查的方向，针对被调查访问对象秘密地查阅其档案材料。

上述四种方法在调查访问过程中的灵活运用，能及时发现调查范围内的对象及社会情况，捕捉有价值的线索，是展开调查工作的重要环节。

三、调查范围的缩小

当调查工作逐步深入，线索的指向性逐渐明显，此时可以重新搭配调整调查力量，即缩小调查范围。当证明材料充分可靠时，调查主体可以根据具体情况缩小调查范围。

调查范围的缩小，就是进一步加强追究主要线索，对其他方面减少注意，保证主要方向配置了充分的调查力量。与此同时，因过大的调查范围会导致调查力量不足，此时可以采取分片分段的调查方式，先重后轻，先主后次，逐步缩小调查范围。

调查范围能缩小到什么程度，取决于调查材料的数量和质量。假如犯罪分子的踪迹或去向已从调查材料中充分显示，就可以很大程度上缩小调查范围；相反，如果现有证据不足，未达到一定的质和量，仅仅只是具有一些排除价值，那就只能适当缩小调查范围。

四、对重点嫌疑对象的调查

随着调查范围的逐步缩小，通过对大量嫌疑线索的研究和整理，调查目标一般会集中指向若干犯罪嫌疑对象，这时调查主体的工作重心应放在加强对重点嫌疑对象的调查上。对重点嫌疑对象的调查对策，除了继续使用常规的调查方法，还可以使用一些特殊的调查方法。

（一）跟踪

这是一种隐蔽的调查方法。针对重点嫌疑对象，为了实时了解和掌握其去向及活动情况，可以派出专门的调查人员，在尽可能减少暴露风险的情况下，通过跟踪调查对象，为判定调查对象的可疑性质、证实调查对象的真实身份收集一定的证据。

当调查对象的嫌疑比较突出，但因证据不充分，无法做出最后判定时可以采用跟踪的方法。有时，通过跟踪这一方法还可以利用已经暴露的犯罪分子挖出与之相关的更多的犯罪分子。

在执行跟踪任务时，现场环境经常被调查人员拿来做掩护，从而避免暴露自身。比如，在人群稀少的地方，调查人员可以利用身旁的电线杆、树或屋角等做掩护。另外，在跟踪过程中，调查对象的行为习惯也需要特别注意，比如有些调查对象喜欢在走路的过程中回头，那么调查对象喜欢从哪边回头看向后方，通常在什么时候、什么情况下往后看，这些是调查人员在跟踪过程中需要注意的。掌握了行为习惯的特点，才能寻找调查对象的视线死角，或者说错开调查对象回头的时机，以达到掩护自己或减少自己暴露次数的目的。又如，在夜深人静的时候执行跟踪任务，调查人员的脚步声很容易引起调查对象的注意。这时应该充分利用周围环境的声音，如汽车行驶的声音、喇叭声或者小孩的哭声、猫叫声等，将自己的脚步声混入其中，给调查对象造成错觉，使其辨别不出身后跟踪的脚步声，或减少对间断的脚步声的疑心。此外，调查人员还可以通过刻意地改变声响规律或声响路线等，从而达到掩护自己的作用。

（二）定点监视

如果确定某一调查对象为重点嫌疑对象，那么在其居住地、工作地点等主要活动场所就需要布置合适的力量，定点监视与其接触的一切有关人员。这种方式可以对重点嫌疑对象的活动情况及社会关系进行全面深入的调查，是发现新线索和扩大侦查战果的一种有效方法。

执行定点监视任务时，对调查人员的心理素质要求很高，一方面需要隐蔽地进行调查任务，另一方面调查人员须自始至终地保持冷静的态度。如因主观因素影响观察活动，可能会漏掉一些有价值的可疑线索。

（三）内部调查

在一些特殊案件里，调查主体可以是受到调查对象信赖的、比较容易接近调查对象的人。利用他们的日常关系，在正确的指挥下对重点嫌疑对象进行内部调查。这种方式可以进一步从内部收集材料，彻底了解在某些现象的背后是否还有更深的社会关系或更隐蔽的罪行。

执行这一任务时，无论是调查人员还是其他人员，其心理活动都会因主观或客观条件等因素而处于不同程度的紧张状态。比如调查人员的经验不足或者调查对象有防备之心时，调查环境可能存在危险。在这种情况下，保持镇静的情绪和冷静的思维是保证调查人员顺利进行调查任务的首要条件。

所以，调查工作的顺利进行必须要求调查人员有一个良好的心理状态，如遇到特殊情况，调查人员应及时地进行自我调节，排除消极的心理因素。所谓自我调节，是个体认知发展从不平衡转变为平衡状态的一种动力机制，是调节主体用自己能够控制的方式来加强、维护或改变自己行为的过程。可以通过自己跟自己打气，或配合一定的外部动作如锻炼身体，对自身心理中的消极成分进行疏导和整理。

第二节　调查访问对象的心理特点分析

调查对象是指接受调查的社会现象的总体，我们这里的调查对象是指与案件有关的或了解案件情况的自然人。一般情况下，调查访问对象有报案人、发现人、事主、被害人及其家属，以及对案件或犯罪分子有所了解的知情群众等。从法律角度可以把调查对象分为被害人和证人。由于两者年龄不同、性别不同、职业不同、生活环境不同，有着不同的思想境界、社会态度、认知能力和个性特点，在调查的案件中所处的地位及利害关系不同，因此，两者表现出来的心理特点也是不同的。只有对他们进行正确的心理分析，在调查访问中根据不同情况采取不同的心理对策，才能更好地实现调查访问的目的。

实践证明，不同调查访问对象的心理表现呈现两种倾向：积极的配合和消极的对抗。一般来说觉悟高、法治观念强的调查访问对象，对犯罪行为及其所造成的社会危害有深恶痛绝的情感体验，能正确理解和对待调查访问工作，能积极主动地介绍情况、提供线索，不回避询问，敢于正面回答问题，并提出自己的见解。相反，觉悟低、法治观念淡薄、调查访问事件与其无关的调查访问对象，容易漠不关心，对调查访问缺少正确的认识，没有支持配合的内心动力，认为"多一事，不如少一事"，不愿提供情况。有的调查访问对象虽提供一些情况，但过于谨小慎微，在重要的关键问题上沉默寡言，不愿配合。调查访问中与案件有牵连、有利害关系的调查访问对象，由于怕自己的问题败露，内心有负担和精神压力，容易出现拒不提供情况或提供假情况，蓄意扰乱视线，制造障碍，企图把调查访问引向歧途，使自己蒙混过关。

一、主动配合型调查访问对象心理分析

（一）报案人的正义心理

报案人和最早发现案件的人都是犯罪现场的目击者，比较了解现场的最初情况，知道现场有无变化，一般情况下首先要考虑访问他们。如果他们同案件没有关系，突出的心理特点表现为没有心理负担和精神压力。在正义感、责任感和法治观念的心理作用下，大多能积极主动地向公安机关报告他们所见到的犯罪行为及现场情况。这些人多数法治观念强，有社会责任感，能正确认识自己与社会的关系，正确对待刑事案件的调查访问工作，能为公安机关的调查活动提供各种方便条件。这些人不但对犯罪分子及其犯罪行为深恶痛绝，而且把积极提供情况、出面作证看作是自己维护社会治安、维护法律尊严应尽的义务。在访问这些人时，可以直截了当地提出问题，问明情况和原因，如发现案件的时间、地点，详细经过，现场原始状况及有无变化，犯罪分子的体貌特征、逃跑的方向和路线等，一般他们都可以如实回答。但须注意这些人的感知能力和条件与实际情况的误差，注意他们言语表达的准确性，防止以其错觉代替犯罪客观事实。

（二）当事人的复杂心理

刑事犯罪案件侵害的事主、被害人及其家属是直接受害者，其中有的在受害过程中接触过犯罪分子，对犯罪现场的各种痕迹，犯罪分子的体貌特征、行为特点，犯罪活动的时间和空间都有着较深的印象。因此，他们提供的情况十分重要。但由于当事人突然受到袭击和侵害，其心理活动较为复杂，有的情绪激动，有的紧张不安，有的记忆模糊、思维混乱，有的会产生极度羞愤甚至含恨自杀的念头，但大部分当事人的态度是积极的。访问时应先稳定其情绪，做好心理疏导，对他们的不幸遭遇表示同情，对犯罪分子所造成的危害表示愤恨，使其感到公安机关正在积极追查犯罪事实真相，犯罪分子将要受到严厉的惩处，从而使其极度愤恨的心理得到缓和，在其精神状态基本恢复正常后，再进行调查访问。遇到当事人对事件的前后顺序记忆不清，或什么都想不起来，甚至出现错觉和幻觉的情况，应缓和其高度紧张的情绪，再提出问题，唤起回忆。

（三）事不关己的怕负责任心理

娱乐场所和饭店的经营或管理者、房屋出租者等人员对于发生在自己场所内的打架、非法拘禁、黄赌毒等与自身无关的违法犯罪案件，出于洗脱自身嫌疑、避免受到牵连的保护心理，往往能够主动配合公安机关的调查访问工作。另外，一些在他人胁迫下实施违法犯罪行为的，以及不知情的共同违法犯罪人员，出于证明自己的无辜以免受处罚的心理，也会积极配合调查工作。以上人员有可能隐瞒涉及自身的案件情况，如果出现这种情况，要以中心途径为重点，使用偏理性的说服方法，采取偏严肃的态度，讲清楚法律相关规定，出示有关证据等，打消调查访问对象的侥幸念头。

（四）夸大化的极端心理

少数访问对象，虽积极提供情况主动配合，但他们动机不纯。对于与犯罪分子有私人恩怨的人员，以及同行业的竞争人员等，在面对调查访问时，出于报复私仇、栽赃陷害等心理，他们往往会表现得比较积极主动，甚至特别热情。但是这种心理状态下有可能出现夸大其词、故意诬陷等情况，对于这些人提供的线索和证据，要注意鉴别真假。

也有一些被害人及家属受到侵害后，由于精神、肉体或财物损失严重，愤恨心理十分强烈，接受调查访问时带有明显的情绪色彩，甚至夸大被害的事实，添枝加叶。这既不利于侦查工作的进展，也不利于对犯罪分子的心理征服和处理。调查人员应及时向这些人宣传有关的政策法律，消除主观感情色彩，使其如实反映被害经过。

有的知情群众与被害人有深厚友谊，对被害人的不幸遭遇感到痛心、难过，或对被害人及家属表示忠心而积极提供情况，主动作证；还有的知情群众为了各种私利，企图借机立功彰显自己，而积极提供情况、主动作证。由于这些知情群众动机不纯，从私利出发，感情用事，这就容易夸大或歪曲事实真相，甚至无中生有，编造某些情节以自圆其说。因此，调查访问时，要特别注意分析判断，多方查证，去伪存真。对这些知情群众，既要肯定他们的积极性，又要及时端正他们的动机，因势利导，纠正其不良心理倾向，增强他们对所提供情况的法律责任感，实事求是地反映自己对与案件有关的事实真相的所见所闻。

还有个别事主报假案，接受调查访问时态度也非常积极，调查人员应先耐心地听其陈述案件发生经过，找出矛盾所在，然后再提出问题，弄清事实，对其进行教育，纠正其不良心理倾向。不要过早地揭开矛盾，暴露意图，影响对其报假案的动机和目的分析，也削减了对其进行教育的效果。

二、反感排斥型调查访问对象心理分析

刑事案件调查访问中往往会遇到调查访问对象对调查访问持反感、抵触及对抗情绪，引起反感、抵触及对抗情绪的原因是多方面的，既有知情群众自身的原因，也有调查访问方法不当的问题，情况比较复杂。

（一）偏见心理

近几年来，由于社会上一些不良媒体恶意炒作及公安机关自身个别不良案例的影响，公安机关的形象、权威在一定程度上被破坏，使一些民众对公安机关及警察怀有一定的偏见，这一小部分人错误地认为所有警察会有"走后门""打招呼"，甚至是收受贿赂、欺软怕硬等不良行为，这种心理状态使他们在面对公安机关的调查访问时常常冷眼相对，默不作声。更有甚者不但不配合工作，还会故意制造事端，对警察的着装、语言、礼仪、执法程序的规范性进行"挑刺"，存心阻挠警察调查访问工作。

（二）隐匿心理

这种心理大部分出现在犯罪分子的家属、亲戚、好友中法治观念不强，与犯罪分子划不清界限，或案件与自身有牵连但尚未被发现的人。他们出于逃避罪行或者想帮助犯罪分子减轻惩罚的心理动机，有意隐瞒和遮盖犯罪事实真相，也有的是通过庇护犯罪分子来保护自己。在这种心理作用下，这些人多对调查访问持消极态度，一般不会与警察进行过多交流和接触，甚至直接拒绝警察的调查访问要求，或警察上门走访的时候借口不在家等，故意设置障碍，使访问难以进行。

（三）恐惧害怕心理

这种心理状态在调查访问活动中比较常见，怀有这种心理状态的一般是案件的知情人、目击者等。这部分知情群众，虽对刑事案件的调查访问态度消极，但他们与案件、与犯罪分子并没有牵连，只是不能正确认识自己与社会的关系，缺少热情，法治观念淡薄。他们把打击刑事犯罪、维护社会治安看成是与自己无关的事，对犯罪分子及其危害性缺少痛恨心，对被害人缺少同情感，只顾自己，不管他人。这些人认为介绍情况、出面作证，既容易得罪人，结下积怨，也容易招惹麻烦，遭到报复，不如"事不关己，高高挂起"。在这种心

理作用下，对调查访问持消极态度，能推则推，敷衍搪塞，答非所问，不置可否。

也有的人胆小怕事，顾虑重重，由于害怕自身被卷入案件中，或者畏惧案件相关人员及其亲属的报复，甚至对公安机关存有疑惧心理。访问时，表面可能热情诚恳，但内心冷漠，能躲就躲，借故回避，不敢向公安机关讲述自己所知道的事实，不愿出面作证。此时，我们要为他们撑腰，鼓励他们大胆地同犯罪分子进行斗争，访问时要注意观察他们的心理反应，适时采取相应的对策，以达到调查访问的目的。

（四）谨慎防骗心理

随着诈骗手法的多样化，冒充警察进行诈骗的案件也偶有发生，许多曾经被骗的受害人因此而对"警察"怀有戒心，特别是在警察需要着便衣进行调查访问的特殊情况下，就更不易取得他们的信任。他们对上门走访的警察一般不愿会面，也不会轻易相信相关的证件、文书。这种心理在办案实践中比较少见，但确实存在。

（五）羞耻心理

这种心理主要出现在侮辱、猥亵、强奸案件的女性被害人身上。她们往往出于面子、名誉、羞耻心等心理不愿意陈述、不能有条理地陈述、不能如实陈述、言语常常出现反复等。调查人员要善于观察她们的心理变化，了解她们不愿讲真实情况的心理障碍，帮她们进行心理疏导，消除心理障碍，为她们保守秘密。这样，她们才愿意讲出真实的情况。

调查人员要善于运用恰当的访问方法。如果调查访问时简单急躁，用自己的认知水平去要求调查访问对象，急于求成，不善于引导和等待，以特权施加压力伤害了调查访问对象的自尊心，会引起调查访问对象的反感对立情绪，甚至拒绝访问，使调查访问陷入僵局。调查人员需要通过心理接触，耐心细致地对调查访问对象进行心理疏导，融洽关系，建立互相信任的情感，进而增强他们的社会责任感、道德感和法治观念，引起情感共鸣，转变他们的消极态度，使他们认识到犯罪行为给国家和人民造成的危害，这种危害也关系到他们自己的切身利益，激发他们对犯罪分子产生憎恨感，对被害人产生同情心，使其在正义感的作用下，积极与调查人员配合，认真回忆和联想自己所感知的有关案件或事件的情况，并如实反映，主动作证，尽到自己的责任。

第三节　调查访问工作中心理对策的运用

调查访问是一项思想性、策略性很强的工作。调查人员是否善于以积极有效的心理战影响作用于调查访问对象的心理活动过程，营造出良好的谈话氛围，是调查访问顺利、成功的先决条件。调查访问中，调查人员首先要稳定对方情绪，要善于做宣传、鼓动、启发、引导的工作，唤起对方的正义感、道德感和同情心，充分使用社交技能和艺术，取得对方的理解、信任和帮助，引导对方开口说话。积极有效地实施心理战的方法主要有以下六种。

一、积极心态影响法

这种方法要求调查人员在调查访问工作中，要以饱满的精神状态、健康愉悦的心理积极影响调查访问对象，使其按案件发生、发展的客观情况，积极、认真、客观地思考和回答问题，配合完成调查访问工作。这是调查访问工作中心理策略运用的首要环节。

调查人员是调查访问中的主导因素，其精神面貌、言谈举止、心理状态都将影响着整个调查访问工作过程。人的精神具有很强的感染力和渗透力，如果调查人员面容憔悴、精神萎靡、内心抑郁、烦躁不安、牢骚满腹、怪话连篇，就很难取信于人，必将影响调查访问对象配合好调查访问工作。因此，在开展调查访问工作前，调查人员一定要调整自己的心态及状态，这不仅关系到调查活动本身，也影响着警察在人民群众心目中的形象。

二、适宜环境法

人在客观环境的影响作用下，心理会发生相应的变化。因此，不同的调查访问地点及其周围环境，对调查访问对象有着不同的心理影响作用。这就要求调查人员要根据调查访问的具体问题和调查访问对象的心理状态、生活习惯，仔细分析选择那些对调查访问对象心理活动起积极影响作用的谈话场所，有助于访问工作顺利进行。

这种方法要求结合调查访问对象的具体情况，选择确定调查访问地点。人们在自己熟悉的场所活动会无拘无束，言谈举止自由、随意，个性心理特征也会以自然的形态表现出来。选择调查访问对象的工作单位、本人办公室，或家庭住宅等这些他们熟悉方便的谈话场所，可以减少其内心的陌生感和心理顾虑，还可让其感受到登门拜访是对他的信任和尊重，使调查访问中双方的心理接触更加融洽和谐。陌生的场所则容易让人产生拘束感，情绪紧张，言谈举止谨慎，比如公安机关、单位领导办公室、保卫部门或专案侦查临时办公地点等，加之严肃的谈话氛围，会使调查访问对象产生心理压力，处于紧张被动的局面；甚至使有的调查访问对象认知活动能力降低，不但说话拘束、言语表达不当，而且容易对一些事件的情节记忆不清或全部遗忘，这就达不到访问的预期效果。所以，除特殊情况需要外，比如调查访问对象出于安全和保密的心理需要，或是调查访问对象与调查访问事件或犯罪分子有牵连，在熟悉的场所谈话，既怕丢了面子，又有侥幸心理，不肯吐露真情，一般不选择在陌生的谈话场所沟通交流。因此，在调查访问前，要充分考虑到并很好地利用环境作用，往往是有效实施心理策略的辅助条件。

三、化解障碍法

能否有效化解调查访问对象的思想顾虑，直接关系到调查访问工作能否顺利进行。调查人员首先要做好调查访问对象的思想化解工作，保证双方彼此之间的语言、思想、情感沟通不存在障碍。不同的调查访问对象存在的思想顾虑不尽相同，化解工作要根据具体情况对症下药：一方面要提前掌握调查访问对象的基本情况，制订调查访问计划；另一方面要细心地观察调查访问对象的言行举止变化，根据调查访问过程中出现的情况随机应变。只有排除顾虑，化解问题方有实效，调查访问工作也就成功了一半。

四、语言艺术法

心理沟通的关键——语言，是贯穿于调查访问中的重要工具。调查访问中彼此心理上情感相融的桥梁与纽带之一就是语言艺术。调查人员的语言表达艺术，是指其运用语言同调查访问对象传递信息、沟通思想、表达意愿、促进访问顺利进行的技能技巧。良好的语言表达技巧具有很强的吸引力、感染力和说服力，它能营造出有利于调查访问顺利进行的协调氛围，对调查访问对象心理活动有着直接积极的影响作用，使其注意保持情绪处于最佳状态，对调查访问的内容容易理解、乐于接受，并保持与调查人员互相配合的心理状态。这是调查访问取得成功的重要条件之一。

若调查人员语言表达能力差、笨嘴拙舌，言语冗长累赘、含混难懂，许多问题讲得模棱两可，这就容易造成调查访问对象理解上的困难、思维上的混乱、判断上的错误，直接影响到调查访问效果，甚至贻误侦查良机，搞错侦查方向，使侦查进展陷入困境。因此，每个调查人员都应注意在调查访问中运用语言表达艺术，增强对调查访问对象的心理影响作用，使其积极主动地回答调查人员提出的有关问题。

（一）仪表神态语言

调查人员仪表装束要整洁利落，行为举止要自然文明、落落大方，神态表现要礼貌友善且不失严谨认真，不要漫不经心。在调查访问时，调查人员要选择恰当的言语，以生动活泼、丰富多样的表达形式，准确地指出要解决的关键问题。每句话都要有一定的分量和分寸，使调查访问对象听了能够迅速引起心理反应，进而做出回答。良好的仪表神态语言是调查访问迅速得以进展并取得成效的重要条件之一。

（二）询问言语语言

调查询问是以双方平等为情感基础的，调查人员在询问言语的运用上应注意语言的艺术性与策略性。言语简单明确，每句话都应讲得恰当，每个字、词都要说得清晰、准确。调查询问的言语应既符合法律规定，又合乎道德规范；既不含糊，又不言过其实或词不达意。不仅要充分体现出礼貌、尊重，而且还要表现出真诚和蔼。

（三）语言适时适度

要把语言的运用与调查访问的活动过程有机地结合起来，成为调查人员有效地引导调查访问对象顺利进行询问的桥梁与纽带。因此，要把握好运用不同询问语言的阶段，避免语言上的过分、过格、过重现象，通过真诚亲切的口吻、富有政策性的哲理说教、情深理透的言语表达，以激发调查访问对象的正义感，从而增强其法治观念和维护法律尊严的愿望，全面客观地陈述调查访问中提出的各种问题，并主动作证。此外，还要注意调查访问工作中的政策预警，注意保守秘密。

五、引导回忆法

调查访问的问题通常都是发生在过去的事，都是调查访问对象曾经感知过、体验过甚至思考过的案件发生过程的具体行为现象、情绪状态和实际问题。调查人员要了解并获取案情信息，必须运用一定的心理方法帮助调查访问对象追忆曾感知过的案件情况，并回忆再现出来。由于多方面因素的影响，调查访问对象也有可能对案件中的某些细节产生混淆。

调查访问对象根据目的明确与否和意志努力的不同，可分为有意回忆和无意回忆。前者多为案件的事主、被害人及其亲属、朋友、同事等，后者多为其他知情人。

调查访问对象的回忆，根据条件和方式的不同，可分为直接回忆和间接回忆。前者是对曾经感知体验较深的案件情况，在无须中介性联想参与作用下就能够随时直接回忆起来的回忆过程；后者则是必须借助于中介性联想所进行的回忆过程。中介性联想，就是从事物各方面的联系中去寻找一定的回忆线索。调查访问对象回忆案情，既可以是追踪案情的外部联系，也可以是运用推理、判断把握案情的本质联系。

引导调查访问对象，借助于中介性联想进行回忆的方法主要有以下四种。

（一）接近联想回忆

接近联想回忆是以空间或时间上接近事物或观念为回忆线索，引导调查访问对象进行的联想回忆。例如，有某一地点建筑场所，在此时或彼时引起另一个有关案情的具体联想回忆。

（二）类似联想回忆

类似联想回忆是通过彼此相似的事物或观念作为回忆线索，引导调查访问对象进行的联想回忆。例如犯罪嫌疑人的面貌、身形、衣着、言谈举止，跟某一个人或者某一类人比较相像的联想回忆。

（三）对比联想回忆

对比联想回忆是利用性质相同而特点相反的事物或观念作为回忆线索，引导调查访问对象进行的联想回忆。例如被害人或犯罪嫌疑人的性别、年龄、高矮胖瘦、肤色黑白等属性特征，及其步伐移动快慢等活动状态等。

（四）关系联想回忆

关系联想回忆是根据事物或观念之间一定的逻辑关系作为回忆线索，引导调查访问对象进行的联想回忆。例如，通过事件前后的时间顺序及其因果关系的逻辑推理判断的联想回忆。

将调查访问对象提供的信息进行有效整理是在调查工作中利用引导回忆法的关键要素。有时调查材料中会出现不真实的成分，是因为调查访问对象本身与案件有牵连，为逃避自己的责任而故意制造的，还是因为调查访问对象存在着心理或生理的障碍，在病理性因素的影响下出现背离事实，如记忆模糊混乱、时间颠倒等错误的感知和回应。这是调查人员一定要查清楚的。

六、隐聊法

瞒天过海是一种示假隐真的疑兵战术谋略。调查访问中的隐聊法就是调查人员在公开身份或通过化妆后秘密进行查访时隐蔽调查意图，从而在看似漫无边际地闲谈中伺机了解有关案件情况的方法。该方法所针对的调查访问对象主要是犯罪嫌疑人以及与犯罪嫌疑人关系亲近的知情人。案发后，犯罪嫌疑人及其关系亲近的知情人在心理上是非常敏感多疑的，为了确保案件调查工作的顺利进行，有必要采用瞒天过海的隐聊法战术谋略。

（一）因人而异法

因人而异法是一种结合人物的特点进行谈话的方法。把握调查访问对象的个性特征、兴趣爱好，投其所好，引导调查访问对象进行交谈，交谈过程中调查访问对象越兴奋，其心理越放松，越降低戒备心理，也就有机会结合其他方法尽快达到调查访问目的。如果调查访问对象缄默不语，或者闲聊的积极性不高，意味着秘密查访行动的不成功。

（二）迂回法

迂回法即与案情有关的敏感问题需要巧妙地避开，迂回接近目标，并达到有目的的谈话。闲聊中不能单刀直入地谈及案情，要巧妙地隐蔽调查意图，在看似漫无边际随意地闲谈中，曲径通幽地迂回触及案情，做到温和而婉转、自然而随意，使得调查访问对象在不知不觉、不经意的情况下说明有关案情情况。

（三）借题发挥法

借题发挥法是借助某个话题深入展开发挥，以达到既定目的的谈话。该方法的关键在于"借题"闲聊的内容往往是闲杂凌乱的，"借题发挥"是在闲聊中尽快达到调查访问目的的主要方法，"借题"要以"引题"为前提，引导话题的过程既要适时、合情，又要巧妙、艺术，充分体现调查人员谈话智谋的能力水平。同时，"借题发挥"的程度与水平如何，也影响着闲聊过程的目的性，这种方法要求调查人员的发挥要适度、到位、合理，尽量引导调查访问对象高谈阔论、发泄情绪，只有如此，才能在不暴露调查意图的情况下巧妙获取案情信息。比如，可以根据调查访问对象的香烟品牌、手机型号等物品作为话题切入点，根据调查人员已掌握的一些相关信息，加上准备阶段的丰富素材，与调查访问对象开展"拉家常"式的闲谈，慢慢引入需要调查的信息。

（四）智激法

智激法是运用计谋激发调查访问对象情绪、情感变化的一种谈话方法。调查访问中，隐聊谈话运用智激法是有条件的，调查人员要在调查访问对象不知晓调查意图的前提下接近他们，并了解掌握调查访问对象的基本情况。此外，要把握好"智激"的时机与分寸。"智激"的目的在于激发调查访问对象的情绪情感，使其情绪勃发与高亢，调查访问对象的情感反应越强烈，越容易扰乱其谈话思维，降低其戒备心理，从而使其不经意间流露出有关案情信息，从而达到秘密查访的目的。

第四节　调查人员的主体调节

调查人员作为调查活动的主体，对客观事物的感知程度，对客观问题处理和解决的能力，适应客观情境的能力都将影响调查工作的顺利开展。

一、调查人员对不同信息的调节

在调查过程中会出现各种各样的信息，但它们并非都具有实际价值。我们根据信息所反映的调查访问对象的心理实质，将信息分为以下四种。从表现形式上看，这些信息并没有明显差异，但体现着调查访问对象不同程度的心理状态。

（一）全真信息

调查人员对全真信息无须做特别处理，因为它们基本上能完全如实地反映出调查访问对象的心理。调查人员可以利用这一类信息直接分析调查访问对象的心理活动。

（二）可靠信息

这类信息尚有小部分不真实的成分，仅能部分如实地反映调查访问对象的心理内容。对于可靠信息的分析，需要正确评价其可信度和价值高低。

（三）一般信息

这类信息不论是真实成分还是真实程度都不能完全确定。调查人员必须对这类信息做特别处理，既不能笼统地肯定，也不能随意地否定。

（四）逆变信息

这类信息是在实际工作中经常出现的一种类型，它们不能反映调查访问对象的心理实质。调查人员应准确识别这类信息，避免产生错误的判断。

二、调查人员情绪的自我调节

调查人员情绪的自我调节，能自觉克服不良情绪，调动积极情绪，对推动调查工作持续有效地进行，具有十分重要的意义。

（一）稳定情绪的重要性

情绪，是一种伴随着认知和意识过程产生的对外界事物态度的体验，是人脑对客观外界事物与主体需求之间关系的反映，是以个体需要为中介的一种心理活动。

调查人员情绪稳定，是指其在调查工作中保持良好的心态，根据调查工作的需要，注意及时排除环境影响，消除种种自我心理障碍，使调查工作对各种信息的感知处于最佳状态。

调查人员所处的工作环境非常复杂，其工作态度和工作方法经常会受到复杂的外界事物表现出的各种反应的影响。实践表明，不论调查工作是处于有利局面还是不利局面，调查人员的情绪状态都会影响到调查工作的进一步推进。

因此，调查人员要特别注意消除在调查工作中产生的各种情绪障碍，确保调查工作不受自我情绪状态的干扰。

（二）情绪对调查工作的影响

积极情绪，是具有高度政治责任感和工作热情的体现，是对调查工作认真负责的态度。调动积极情绪是提高调查工作效率的重要方法。一般在有利的局面下，人的情绪会比较高涨，对调查工作充满信心，但是如果产生盲目自信、满足现状的情绪，则会导致错误的分析判断，妨碍对调查结果做进一步的探索与核实。如果调查工作受挫，常常引起消极的心理状态，因失利带来的情绪变化表现为：情绪低落，主要表现为对工作不热心、缺乏主动性；情绪动摇，主要表现为信心不足；情绪沮丧，此时可能出现斗争意志松懈，缺乏进取精神等。这样的负面情绪不仅会影响调查工作的正常进行，甚至会挫伤斗争意志，使整个侦查工作停滞不前。正确对待工作过程中所产生的负面情绪，是调查人员必须具备的心理自我调节能力。

一个人的情绪保持绝对稳定是不可能的，随着外界刺激的变化，情绪也在发生着变化。在调查工作中，调查人员要善于对自己的情绪进行调节，及时克服消极情绪，调动积极情绪，自我激发工作热情，加强责任感，使调查工作不受外界干扰，在稳定积极的情绪状态中顺利地进行调查工作。

（三）调查访问工作应耐心细致

调查人员在调查访问中遇到各种情况时，应保持情绪不急躁，耐心细致，对问题考虑得尽量全面、系统、周到。其具体表现为以下四点。一是对调查访问过程中可能发生的曲折、反复有心理准备。遇有调查访问对象不愿提供情况，甚至持有对立情绪时，不急躁，善于等待，积极耐心地对调查访问对象进行心理疏导。允许调查访问对象对所提供的材料发生反复，并在反复中借机使访问不断深入。二是善于细心观察调查访问对象的心理变化，抓住其心理矛盾的有利时机，因势利导，把调查访问引向深入。三是能全面听取调查访问对象的陈述内容，不轻易打断对方的陈述，以免影响其情绪，乃至影响对问题陈述的完整性。四是对访问内容、访问方法、访问主客体的心理接触中可能出现的问题尽量考虑得周到，准备充分，遇事沉着、冷静，有相应的对策，对问题挖掘得深入透彻。

三、调查人员其他能力要求

（一）生理素质

具备强健的体魄是调查人员的必要条件。为了适应复杂多变的调查环境，良好的生理素质是调查人员保证调查工作顺利进行的必备条件。

（二）心理品质

善于从复杂的局面中理出主要和次要线索，善于窥探各种隐藏得很深的幕后秘密，善于处理主客体之间的交往关系及自身情绪，这是对调查人员心理品质方面提出的几个要求。

（三）工作能力

调查人员应经过系统训练，熟悉并掌握各种心理对策，应有扎实的生活基础和丰富的社会经验。只有这样才能使调查人员在开展调查工作时顺利地与各种调查访问对象进行交流，正确处理各种反映信息，认识事物的本质。

拓展知识

接近性联想，是记忆联想的一种类型，指由对某一事物的经验联想到在时间和空间上与之接近的另一种事物的经验的认识过程。调查人员善用接近性联想，对调查工作有着重要作用。

1992年9月18日，河南省开封博物馆发生了一起特大文物盗窃案。调查人员了解到，案发前曾有一个自称为武汉大学教授的年轻人多次来展厅观察文物。此人入住开封东京大酒店，登记的住址是武汉铁路分局。经对遗留在犯罪现场的玻璃刀的调查发现，此玻璃刀是由武汉某百货大楼售出。调查人员通过对武汉大学、武汉铁路分局、百货大楼这三个与破案线索有关的空间位置进行分析发现：三个地方相互之间的位置关系在一平方千米以内。由此，调查人员联想到案犯应该非常熟悉这一带，并且很有可能还会在这一带活动，于是调查人员在这一带进一步展开调查工作。几天后，调查人员终于发现了作案时使用的挂有K43-1008车牌的白色桑塔纳轿车，由此掌握了重大破案线索。

本章小结

调查心理是侦查人员在调查访问过程中，调查主体及调查客体所表现出来的心理特征。根据调查客体的心理特征，调查主体须结合具体案件情况需要，在调查过程中尽量获取更多的案情信息。同时，调查主体也应对自身心理状态有清晰的认识，做好自我调节，以便调查工作顺利推进和开展。

思考题

1. 调查工作开展的方法有哪些？
2. 调查工作中常用的心理对策有哪些？
3. 调查主体为什么需要对自我情绪进行调节？

第六章

逃犯心理与查缉对策

◆ **本章引例**

1998年，河南安阳青年李某辉与被害人常某发生争执并将其杀害。李某辉作案后立即潜逃，其女友杨某也随之失踪。直至2011年，安阳警方开展"清网行动"，李某辉作为公安部挂牌督办的命案逃犯，是安阳警方的重点抓捕目标。

警方认为李某辉很可能已经和其女友杨某更换身份，结婚定居，可以从李某辉的亲友入手调查其行踪。调查发现，李某辉的堂弟李某波长期在广东打工，他不会开车，但他却有很多条发生在包头市的交通违章记录。专案组赶到包头市后发现，李某波曾在当地租房，房东是一名叫作杨某涛的河南籍女子，名下有两家化妆品公司，警方怀疑杨某涛很可能就是13年前失踪的李某辉的女朋友杨某。经过对杨某涛化妆品公司的排查，警方有了重大发现。在该公司网站首页的一张合影中，民警一眼就认出该公司总经理李某牟就是逃犯李某辉。随后查明，杨某涛正是李某辉失踪的女朋友。

原来在当年案发后,李某辉先逃到了云南,并在一家化妆品店打工,但由于口音与当地差别太大,他害怕被发现,就再次潜逃至内蒙古自治区包头市,选择了一个人员混杂的地方落脚,并更名李某军。更名后的李某辉,凭借之前的打工经验,于2000年成立公司专门做化妆品生意。李某辉从不用自己的身份参与公司的注册和运营,和客户打交道时,为了尽量避免惹人注意,他总是非常小心客气,也就是这种谦逊忍让,让他的生意越做越火。然而对于杀人犯李某辉来说,罪孽感却在不断加深。据李某辉交代,自己在逃亡那段时间,每天都在惊恐中度过,并患上了抑郁症。在包头市稳定下来后,他就把所有精力都放在了生意上,希望能通过工作来分散自己内心的恐惧。为消减罪孽感,李某辉拿出巨额资金捐建希望小学,时常给当地部队送去大量生活物资,希望通过做慈善事业来解脱内心的罪孽感。据周围人回忆,李某辉表现低调,对人客气,给人一种稳重踏实的感觉,所以谁都无法想象到他竟然是一名逃犯。

◆ **本章学习目标**

通过本章的学习和研究,了解犯罪分子作案后潜逃时的心理特点及行为表现,以此制定缉捕对策。重点掌握影响逃犯心理变化的主客观因素、不同类型逃犯的心理特点及行为表现,熟练运用缉捕活动中的心理对策。

第一节 影响逃犯心理的因素分析

所谓逃犯即潜逃的犯罪人,是指公安、司法机关已经查明但未抓获归案的犯罪嫌疑人,或实施犯罪行为后畏罪潜逃的犯罪人,也包括从看守所、监狱等场所逃跑的犯罪嫌疑人、被告人、犯罪人。缉捕即查缉搜捕,是一项常用的紧急侦查措施,是侦查人员根据已掌握的犯罪嫌疑人的体貌特征、现场痕迹物证、携带物品、视频监控、手机网络信息等,对犯罪嫌疑人进行搜寻、抓捕的过程。

作为缉捕对象的逃犯在整个缉捕过程中与侦查人员处于完全对立的两方,会想尽一切办法扫除障碍,逃避侦查人员的缉捕,以期逃避法律的制裁。缉捕行动成功的关键就在于提前预判逃犯的行为活动,而行为又是人心理活动的外在表现,因此在缉捕工作中对逃犯心理活动的分析是至关重要的。然而在实际工作中可以发现,逃犯的心理活动是复杂多变的,会受到犯罪形态、自身性格、所处环境、经验能力、社会关系等方面的影响,这就要求侦查人员要在实施缉捕前对逃犯进行详细的分析,才能够保障缉捕工作的顺利进行。

一、逃犯犯罪的完成程度

完成犯罪是每一个逃犯在实施犯罪时的根本性目标,而犯罪的完成程度会对其潜逃时的心理活动和行为产生很大的影响。这里所谓的犯罪完成程度是指逃犯是否已经实施了违法犯罪行为,或是否已经达到了自己预期的犯罪目标并造成一定的社会危害后果,即刑法当中的故意犯罪停止形态。

此部分讨论的是犯罪的完成程度对逃犯心理活动的影响,因此,要从逃犯的角度出发,以逃犯在主观层面是否认为自己的犯罪已经完成为划分标准来进行讨论。

(一)主观层面认为犯罪未遂

犯罪未遂即犯罪分子已经着手实行犯罪,但由于犯罪分子意志以外的原因而未得逞的犯罪停止形态。处于这种主观认知当中的逃犯,犯罪意向是十分强烈的,只是由于外界因素的影响暂时无法完成犯罪,其犯罪意向尚未完全减退消失。在隐匿一段时间后,其会完善作案计划,寻找时机,再次作案。因此,针对此类犯罪分子要及时抓捕归案，防止其再次犯罪。当然也有一部分犯罪分子，在第一次犯罪未得逞后，经过激烈的思想斗争，道德法律意识占据了思想主导地位，主动放弃再次犯罪的机会。

（二）主观层面认为犯罪中止

犯罪中止即犯罪分子在犯罪过程中，自动放弃犯罪或者自动有效地防止犯罪结果发生。犯罪中止与犯罪未遂最大的区别在于犯罪分子是主动停止了犯罪行为，而不是因外界因素干扰而被迫停止。此类逃犯的犯罪动机多是冲动、激情引起的，主观恶性不大，能够及时意识到行为的危害性。此类逃犯后悔、恐慌心理突出，心理负担重。如能及时进行心理引导，或在缉捕过程中加强心理攻势，便可迅速瓦解此类逃犯的抵抗心理和敌对情绪。

（三）主观层面认为犯罪既遂

从刑法的角度出发，将犯罪既遂分为了行为犯、结果犯、举动犯和危险犯四种形式。但无论是哪一种形式，对于犯罪分子而言都是已经完成了犯罪，其犯罪心理得到了充分的满足。此类逃犯的心理表现和行为特点是十分复杂的，须结合逃犯自身特点、周边环境、案件性质等进行具体分析，此类逃犯有的恐惧紧张，有的淡然侥幸，有的选择投案自首，有的选择迅速逃离。如果没有及时抓捕归案，此类逃犯的犯罪心理会不断强化，侥幸心理也会逐渐突出，很有可能会选择连续作案或继续远逃。

（四）主观上不清楚犯罪完成程度

主观上不清楚犯罪完成程度是逃犯出现的一种特殊心理表现。一些犯罪分子在实施犯罪行为后迅速逃离现场，虽然能够意识到自己实施了违法犯罪行为，但对是否真正完成了犯罪是一无所知的，此时便出现了这种心理状态。此类逃犯多以初犯、偶犯、激情犯罪、冲动犯罪为主，犯罪后极度惊慌，行为举止慌乱，缺少预谋过程，对下一步反侦查行为尚未规划，在现场容易遗留相关痕迹、物证。逃离现场后多会寻求亲友帮助，积极打探案件情况，留意警方动态，稍有风吹草动便会选择远逃。

二、逃犯的性格类型

性格是指一个人对现实的态度和习惯化的行为方式而表现出来的比较稳定

且具有核心意义的个性心理特征。性格表现为个体对现实的比较稳定的态度，而不同的性格特点又会产生对现实不同的态度，不同的态度都会有与之相对应的习惯化的行为方式。逃犯自身的性格特点也会对其心理及行为特征的演化产生制约。在缉捕过程中可以通过对逃犯性格类型的分析，推断其现在可能出现的心理特点及行为表现，提前制订措施应对。按照人的情感、意志、智力在个体身上所占有优势程度的不同，可将性格分为三种类型：情绪型、意志型、理智型。

情绪型性格的人情绪体验深刻，言谈举止容易受到情绪的影响。在情绪情感丰富体验的影响下，逃犯情绪容易冲动，自控能力差。此类逃犯的心理演化和行为演化发生的周期较为短暂，其演化方向的转移频率较高，在缉捕过程中危险较大。此类逃犯往往会沉浸在犯罪后的懊悔与焦虑当中，或因犯罪得逞而洋洋得意，无法静下心来规划如何继续逃避侦查机关的打击。有些犯罪未得逞的犯罪分子甚至会一时冲动，再次选择时机返回案发地对犯罪目标进行侵害。此类逃犯在潜逃时慌不择路，经常随意变动潜逃路线，外在行为上难以掩饰自己内心的不安，易被察觉，一旦感知自身安全受到威胁很容易走极端、激烈反抗，如劫持人质、袭警、报复社会、自杀等。

意志型性格的逃犯意志占优势，行动目标非常明确，行为具有主动性，犯罪意志坚定，执着冷静，不达目的不罢休。犯罪未得逞的犯罪分子多数会在意志力的支配下再次犯罪，直至被抓获或完成犯罪目标。而选择潜逃的犯罪分子则会对自己的潜逃路线有着明确的规划，为逃避侦查机关的打击可以说是不择手段。

理智型性格的逃犯智力占优势，能理智地看待所有问题，并以理智支配自己的行动。此类逃犯通常会在犯罪前就制订好如何躲避侦查的周密计划，多数是预谋型逃犯，有较强的应变能力，遇事反应速度快，能够很好地伪装、隐藏自己，十分狡猾。

后两种性格类型的逃犯，心理特点及行为表现较为稳定，在作案后心理演化及行为演化发生的周期较长，演化的频率也比较低，在行为速度、应变能力等方面反应较差，比较容易把握。

三、逃犯所处环境的分析

除性格特点以外，逃犯在作案前后所处的环境也会对其自身的心理特点及行为表现产生一定的影响，这里的环境包括地理环境、社会监管环境和社会交往环境。然而这种影响是因人而异的，不同类型的逃犯在面临相同的外在环境时可能会呈现出不同的心理特点及行为表现。

（一）所处地理环境对逃犯的影响

地理环境指的是犯罪分子在作案后，个体客观上所处的物理空间位置，即逃犯在逃离现场后所处的地点。所处物理空间位置的变化对依赖性强、思亲思乡心理观念重的逃犯影响是很大的。这类犯罪分子对熟悉的生活环境过于依赖，缺乏独自生活的能力，全新的环境会使其焦躁不安，加之犯罪后法律后果对其心理的影响，未来的未知性，居无定所、漂泊不定的生活状态，都会加剧其恐惧紧张的心理。这种心理在行为上则体现为自我的封闭，缺乏心理安全感，对危险稍有察觉就惊慌失措。而对于那些生活能力强、不依赖家庭朋友的逃犯来说则恰恰相反，距离原生活地点、工作地点环境越远，其心理上的安全感就越强，并善于利用陌生的环境隐藏自己的身份。

（二）所处社会监管环境对逃犯的影响

社会监管环境指的是逃犯所处社会环境中，警方及其他公民对犯罪的预防和打击力度。所处的社会环境中对犯罪的预防和打击力度越大，对于逃犯来说，其身份暴露、被抓获的风险就越大。处在这种环境中的逃犯通常会选择尽快逃离或藏匿，犯罪未得逞的犯罪分子也会隐藏一段时间，不会贸然继续犯罪。

（三）所处社会交往环境对逃犯的影响

社会交往环境是指个体之间相互往来，进行物质、精神交流的社会活动。社交环境对逃犯心理特点与行为表现的影响主要从以下两个方面体现。

一方面，逃犯为躲避侦查可能会选择潜逃，其潜逃行为导致其所处的地理环境发生了变化，也导致其所处的社会交往环境发生了根本的改变，从一个熟悉的社会交往环境迅速过渡到一个全新的、陌生的社会交往环境，很可能在短时期内无法建立自己全新的社交网络，正常的社交需求无法得到满足，会加剧内心的紧张恐惧，表现出无所适从的状态。

另一方面则是逃犯日常的社会交往环境中所体现出来的整体文化素养对其的影响。处于文化素养高的社会交往环境中的逃犯会出现两种情况：一类逃犯遇事时智力占据优势，能理智、冷静地思考问题，对潜逃有明确的规划；另一类逃犯可能由于从未接触过违法犯罪，犯罪后极度慌乱，身边的亲友也会对其进行规劝或向警方提供线索。而处于文化素养低的社会交往环境中的逃犯，由于长期受到较为负面的影响，对犯罪是有一定了解的，身边不乏一些有犯罪经历的人为其出谋划策，其亲属可能也会对其行踪进行包庇，加剧其潜逃及逃避侦查打击的决心。然而这种分析并不是绝对的，主要还是受逃犯个体的性格特点的影响。

四、逃犯的犯罪经验和个人能力的分析

由于各自生活经历、犯罪类型、个体犯罪心理结构的不同，逃犯的犯罪经验和个人能力也会出现显著差异，使其在作案中的行为方式和作案后的逃窜活动都受到自身犯罪经验和个人能力的制约。

犯罪经验丰富意味着逃犯曾经有过多次的犯罪经历，随着犯罪次数不断增多，会逐渐形成犯罪恶习，甚至产生犯罪合理化的观念。每一次的犯罪经历都是犯罪分子自身犯罪心理及犯罪手段得到延伸与发展的过程，其个人能力会不断得到强化。个人能力包括犯罪能力，如作案能力、潜逃能力、反侦查能力等；同时也包括自身所具备的生活能力，如独自生活能力、社会交往能力等。

可以说逃犯的犯罪经验和个人能力对其作案后的心理特点及行为表现的影响是很大的。在心理特点层面，逃犯的犯罪经验丰富意味着其在作案时愈发心安理得，对侦查工作也有所了解，过去的作案经验使其犯罪心理逐渐趋于稳定，侥幸心理严重。个人能力强，意味着逃犯已经掌握了一定的犯罪技巧，容易得手，甚至具备某些特殊犯罪技能，在处于陌生环境时出现的紧张焦虑情绪就会减弱，能迅速融入新的社会交往环境，善于隐藏自己的身份及行踪。在行为表现层面，逃犯如果犯罪经验丰富、个人能力强，那么其对反侦查行为的策划也会十分细致，对潜逃的路线、方向、藏身之处的选择更是复杂巧妙；反之，那些犯罪经验缺乏、个人能力弱的逃犯，由于缺乏犯罪经验，内心慌张，对反侦查行为的策划则会呈现简单粗糙的特点。

五、逃犯社会关系的分析

每一个参与社会生活的个体都会以自身为中心点形成一个有一定范围的社会关系网络，任何人在生活中都离不开社会关系的支持，完全脱离社会关系的个体是不存在的。思亲思乡心理观念的不同以及独自生活能力的不同，会影响逃犯在社会生活中对于家庭、亲人、朋友的社会联结程度。在传统的家庭观念的影响下，一类逃犯即便是在作案后潜逃时还是会倾向于投靠亲友，以期望获得帮助。而另一类逃犯由于警惕性较高，作案后除非有特殊情况，一般不会选择与较为亲密的、引人注意的社会关系联系，而多是与那些处于外延关系层或较为隐蔽的特殊社会关系联系，但在其进入隐匿期、平稳期之后还是会秘密地

与亲友进行联系。因此在缉捕过程中要尽快排查出逃犯可能联系的社会关系，从而判断出逃犯可能的潜逃方向和藏身之处，从中获取到关于逃犯的重要线索。

同时，逃犯的社会关系是否愿意积极配合缉捕工作，也是能否成功将逃犯缉捕归案的一个重要的影响因素。

（一）积极型社会关系

积极型社会关系会积极配合侦查人员的缉捕工作。此类社会关系法律意识强，有较高的文化道德素养，明辨是非，能积极配合侦查人员工作，愿意为侦查人员提供逃犯的相关线索，同时也会规劝逃犯尽快向侦查机关自首。

（二）消极型社会关系

消极型社会关系会帮助逃犯抵抗侦查人员的缉捕工作。这类社会关系道德法律意识较差，更加看重个人利益，与逃犯的感情联系十分密切，会对逃犯的罪行及其行踪进行包庇和掩护，毫无原则地为逃犯提供各种便利条件，甚至会与逃犯联手共同对抗侦查人员的缉捕工作。

（三）积极与消极并存型社会关系

这类社会关系属于态度动摇不定的社会关系，既不愿受到案件的牵连，也不愿得罪逃犯，多数处于犹豫的状态，对逃犯的求助多持逃避的态度，对侦查人员的工作也不愿过多配合，认为多一事不如少一事。

第二节　逃犯的一般心理特点及行为表现

一、紧张恐惧心理

无论犯罪完成与否，犯罪分子在实施犯罪行为冷静下来后，都会清醒地意识到自己的行为与后果之间的联系，加之犯罪后对现场犯罪后果的强烈感受，就会引起犯罪分子对犯罪结果及犯罪结果所造成的社会影响的评估，从而导致犯罪分子重新衡量自己的犯罪行为同社会规范和伦理道德之间的对立关系。在这种背景下，犯罪分子极易产生罪责感，尤其是那些与被害人有正面接触的、严重暴力犯罪的、属于初犯偶犯的犯罪分子，会出现强烈的畏罪恐惧感，害怕被害人、知情人的告发，害怕公安、司法机关破获案件。

在恐惧紧张、缺乏安全感、未来不确定性带来的多重压力下，逃犯在犯罪完成初期往往会惊恐不定，对周围环境时刻保持高度警惕，对警务人员、治安盘查、检查卡点十分敏感，害怕与警务人员正面接触。也正是由于这种恐惧紧张的心理，使得逃犯在潜逃过程中惊慌失措，无法思虑周全，从而露出破绽。

二、趋利避害心理

趋利避害是自然界各类生物自我保护的本能，同时也是人类行为的基本原则。人类会对自己所需求的东西或有利的因素不断追求、向往，并且通过一定的行为来实现；而对那些自己厌恶的东西或不利因素则会出于本能的逃避或反抗。犯罪分子在实施犯罪后往往会处于逃避侦查的"利"与接受法律制裁的"弊"的矛盾之中，出于趋利避害的本能，多数犯罪分子会选择积极打探、藏匿、潜逃等自认为行之有效的方式逃避侦查，以确保自己的安全。

其一，积极打探。由于作案后的紧张恐惧心理，多数逃犯会在逃离犯罪现场后第一时间打探案件情况，如罪行是否被发现、警方的破案进展、警方下一步侦查工作部署、警方是否已经掌握线索证据、自己造成的社会危害后果的严重性等，并据此推测警方侦查工作动态，有针对性地提前制定反侦查策略。

打探行为分为直接打探和间接打探。直接打探，一般是逃犯返回作案地频繁出现在案件现场附近，直接去观察侦查人员的勘验、检查进度，或是和周围的群众积极打探消息。这种逃犯多数抱有"最危险的地方就是最安全的地方"的想法。间接打探就是逃犯自己不敢到案发现场附近，怕被发现，而通过各种人际关系，委托自己的亲属、朋友去打探情况，甚至如果在公安机关内部有相识人员，也会去打探。这时就需要侦查人员在调查访问过程中，多留意可疑人员。

其二，隐藏真实身份。身份的唯一性是缉捕的重要依据，因此，隐藏真实身份成为逃犯在逃避侦查过程中最普遍的行为。例如，使用假姓名、假地址，利用假身份证件或冒用他人身份信息进行掩盖，编造虚假经历，谎称无亲无友，企图割裂自身社会关系，频繁更换联系方式，利用衣物饰品遮盖自身体貌特征，学习非成长地的方言土语等。

其三，对生活、工作方式选择的特殊性。逃犯在犯罪结束后，会在隐匿一段时间后才开始试探着参与社会生活。在对生活方式的选择上，逃犯为避免泄露自己的真实身份，通常不愿抛头露面，不愿和不熟悉的人交谈、接触，也不愿与来自案发地的人员联系。同样在对工作方式的选择上，对自身安全的考虑要多于对工作舒适度和薪资回报的考虑，会优先选择对身份审查不严格、少与人交往、不会引起他人关注的工作。

其四，对藏匿地点及逃跑路线的选择。在对藏匿地点的选择上，有的逃犯会选择人员成分比较复杂、流动人口较多、监管环境较差的地点就地隐藏；有的逃犯会远离熟悉的环境，选择一个陌生的、全新的环境开始生活，且会尽可能地选择避免身份信息检查的地点。而在对逃跑路线的选择上，逃犯则会尽可能地避开熟悉自己的人或亲友所在的地点，或是选择人少的路段甚至野外进行潜逃，并且在潜逃过程中也会尽量回避有设卡堵截、身份检查核验、人脸识别等的地点。而具体的出行方式，逃犯同样会尽可能地选择不需要实名认证的出行方式，如徒步、自驾车、出租车、摩的、扒车等。

三、思亲思乡心理

思亲思乡心理是逃犯在潜逃过程中长期不敢归家、缺乏安全感而产生的一种对家庭及家庭成员思念、渴望的心理。在这种心理的驱使下，有的逃犯会选择返回居住地以求得精神或物质的援助。根据马斯洛提出的需求层次理论，社交需求是仅次于生理需求、安全需求的一种精神需求。一旦逃犯自认为能够确保自身安全不被公安、司法机关发现时，便会尝试与亲友联系，以满足自身的社交需求。产生思亲思乡心理的原因主要有两种。

其一，出于对经济物质的需求。经济物质条件是每一个个体社会生存的基础保障，逃犯为逃避侦查人员的追踪可能会远离亲友，离开亲友的帮助就意味着缺少经济物质的支持，特别是毫无准备仓皇出逃的逃犯，可能会返回家中向亲友寻求经济物质上的帮助。

其二，出于精神的需求。逃犯潜逃后由于恐惧紧张的心理，长期不敢和他人交流，终日惶恐不安，使自身处于社交情感匮乏当中，强烈的孤独感使逃犯对社交需求的追求愈加强烈，个别逃犯就会冒险归家，缓解思亲思乡之情。

然而尚未抓捕归案的逃犯，如果选择回家，一般在家中停留时间较为短暂，不会和家属、亲友过多谈论自己的经历，但多数逃犯在离家前会留给亲属自己逃离的方向、地点，以及自己较为固定的联络方式。如果逃犯是出于对经济物质的需求而归家的，在其未得到经济物质援助前一般不会立即远逃，甚至有的逃犯会借归家的机会四处打探案件进展，以确定自己目前是否安全。一旦逃犯满足了自身对家庭的思念或是某些经济物质需求后，就会再次远离家庭。

四、社交亲缘心理

社交亲缘是指人们在社会交往结构中形成的亲疏关系在人们心理上的反映。人们的社会交往结构，根据与自身亲疏程度的不同，具有不同层次的区分，一般存在四个层次，分别是亲属层、旁系亲属层、朋友层、亲属朋友或朋友的朋友层。其中亲属层是亲和力最强的核心层次，从亲属层开始，亲和力逐渐递减，最外延则是亲和力最弱的亲属朋友或朋友的朋友层。在人们的社会交往过程中，亲和力越强，所产生的互相之间的信任感就越强，知情程度也就越高，因此人们都会不自觉地将和自己亲和力强的人作为自己优先交往的对象。犯罪分子在作案后，会遵循社交亲缘心理规律，按照亲缘层次理论来确定潜逃方向和隐藏地点。

犯罪分子的直系亲属、具有血缘关系的人，通常处于社会交往结构的亲属层，亲和力和信任感都是最强的，是犯罪分子选择的首要联系人。而其他亲属，以及和自己关系要好的朋友、同事、狱友、同伙、情人等，则会成为犯罪分子选择的次要交往对象。由于逃犯警惕性高，缺乏安全感，一般不会与外延层自己不熟知的人员交往联系。根据社交亲缘心理规律，侦查人员可以从中分析出逃犯的社会关系网络，逐步排查逃犯可能的落脚点，并从中找到逃犯最可能投奔的社会关系，这对缉捕工作有着重大的帮助。

第三节 几类典型逃犯的心理特点及行为表现

一、预谋型逃犯和无预谋型逃犯的心理特点及行为表现

（一）预谋型逃犯的心理特点及行为表现

预谋型逃犯在实施犯罪前通常会确定犯罪目标，找到适合犯罪的时间、地点，准备犯罪工具，规划作案后逃避侦查的方案，可以说其对整个犯罪过程以及犯罪后如何逃避侦查机关打击都有着周密的计划及充分的物质、心理准备。预谋型逃犯的心理特点及行为表现主要表现为以下几个特点。

其一，逃避侦查计划周密。预谋型逃犯可能会在作案前就已经设计出多种反侦查方案：逃离现场的方向、路线、目的地都十分明确；销赃毁证，隐蔽性

强，速度快，会提前安排好家庭、工作等事务，精心选择藏匿点；有的逃犯还会事先准备好假证件、交通工具、伪装衣物以及充足的财物等，以便应对潜逃过程中遇到的突发状况。

其二，准备充分，应变能力强。此类逃犯在犯罪前对自己的犯罪行为所造成的法律后果及危害后果是早有预知的，已经做好了充足的物质、心理准备，对各种可能出现的突发情况都有预期，并且制定好了应对策略，心理状态较为稳定，恐惧紧张心理较弱，案件发生后不慌不忙，应变能力强。

其三，戒备心理强烈，谨慎多疑。正是由于此类逃犯充分的物质、心理准备，导致其戒备心理表现得极为强烈，谨慎多疑，警惕性高，十分敏感，一般不会将自己的行踪透露给别人，很少与家人、朋友联系。也不会透露自己的真实身份信息，尽量避免与陌生人接触，行动极为隐秘。

（二）无预谋型逃犯的心理特点及行为表现

无预谋型逃犯在犯罪前并无准备，其犯罪原因为突发的、偶然的。由于事发突然，来不及制订逃避侦查的计划，此类逃犯内心极度恐惧紧张，惊慌失措，心理压力大，沉默寡言或暴躁激动，情绪低落，行为反常，在对落脚点、潜逃目的地的选择上也具有随机性和盲目性，犹豫不决，不如预谋型逃犯隐蔽性强。

此类逃犯在作案后往往会和家人取得联系，并且会告知家人自己逃跑的方向，与家人保持一定的联络。这样做一方面能够以此缓解自身内心的紧张恐惧，另一方面也可从家人处获取经济、物质的援助，获取警方侦办案件的进展及侦查方向，甚至会请求家人包庇其罪行，为其逃避侦查出谋划策。此类逃犯的潜逃距离一般不会太远，多数会选择在亲属或关系密切的朋友处作为临时落脚点。值得注意的是，虽然此类逃犯在作案或潜逃前并无预谋，但如果公安、司法机关没有及时将其抓捕归案，随着时间的推移，其便有了充足的时间对将来做出规划，逐渐从无预谋型逃犯转变成预谋型逃犯。

二、使用暴力作案手段和使用温和作案手段的逃犯的心理特点及行为表现

不同的逃犯在作案时选择的手段是不同的，逃犯自身的性格特点会影响作案手段的选择，同时作案手段的不同选择也会影响逃犯作案后的心理状态。

（一）使用暴力作案手段的逃犯的心理特点及行为表现

以暴力作案手段实施犯罪的逃犯，犯罪后果严重，社会危害性大，面临严

重的法律制裁，因此，此类逃犯趋利避害心理是非常突出的。使用暴力作案手段犯罪的逃犯大致有两类。

一类以累犯、惯犯为主。此类逃犯作案经验丰富，暴力行为已成习惯；气焰嚣张，情感冷漠，对犯罪后果毫不关心；社交范围广，行动能力强，能够很快适应新环境；作案后会主动地采取反侦查措施，刺探消息，警惕性强，表现出积极的防卫心理。另一类则以突发性的激情犯罪为主。此类犯罪发生突然，无预谋过程。逃犯作案时情绪占据优势，做事冲动武断，缺乏理智，不考虑后果，自制力差；作案后极度惶恐紧张，难以抑制情绪的表露，过于警惕，疑神疑鬼，反常行为明显。

缉捕风险大是这两类逃犯表现出的共同特点。这两类逃犯在作案后会不择手段地逃避法律制裁，四处逃窜，继续作案的可能性极大，甚至会随身携带凶器，一旦发现自身处境危险，便会使用武器暴力抗拒抓捕；遇到突发状况时易走极端，如采取报复社会、袭警、劫持人质、自杀等行为。

（二）使用温和作案手段的逃犯的心理特点及行为表现

此类逃犯实施的多是预谋型犯罪，犯罪手段平和，不易被察觉，这就在一定程度上削弱了公安、司法机关对其的威慑力，增强了逃犯自身的侥幸心理。此类逃犯多数会再次作案，且作案手段、作案方式是较为固定的，作案规律特点突出。

使用温和作案手段的逃犯在案发后能迅速隐藏，善于隐蔽，不易被发现。此类逃犯性格较为沉稳，心思缜密，思维敏捷，智力、意志占据优势，控制力强，行动谨慎小心，一般不会轻举妄动，在做事前喜欢详细计划，不敢冒险；在隐藏一段时间并确定安全后，才会出来活动，多时刻保持警惕心理，情绪不外露，反常行为不明显，反侦查能力强，难以被周边人察觉；很少与周边人提起自己的过往，往往会营造一个善良、沉稳的形象，打消周围人的疑虑；习惯用平和的方式解决问题，无暴力行为习惯，因此在面对突发状况时反应不会过于激烈，反侦查行为也比较保守温和，危险性较前者稍低。

三、安全感强的逃犯与安全感弱的逃犯的心理特点及行为表现

安全感是逃犯对可能出现的对身体或心理的危险或风险的预感，以及个体在反侦查时的有力感，主要表现为对未来的确定感和可控感。

（一）安全感强的逃犯的心理特点及行为表现

对安全感较强的逃犯来说，周边环境的变化及事态的进展都是可控的，因此在犯罪后一般不会产生惊慌恐惧的畏罪心理。此类逃犯心态放松，非常自信，自认为能够逃避惩罚，对警方行动毫不关心，侥幸心理突出；警惕性差，不刻意隐藏，依旧保持原有的生活习惯，沉浸在成功作案的快感当中，甚至会将自己的犯罪事实向亲朋好友吹嘘夸耀。这种特殊心态的产生主要有以下四种原因。

其一，准备充分。此类逃犯在犯罪前就精心预谋、合理布局如何实施犯罪，犯罪过程中谨慎小心，多伴有破坏现场、销赃毁证的行为；自认为作案手段高明，犯罪行为天衣无缝，怀疑侦查机关的侦查破案能力，认为侦查人员无法获得其犯罪的有效证据，无法找到案件的突破口，自己可以逍遥法外。

其二，此类逃犯在作案后已经对被害人、证人进行了威胁、利诱，致使很多被害人、证人或因恐惧打击报复而不报案、不作证，或因收受了钱财而不报案、不作证；自认为案件无人告发，警方就不会发现自己的犯罪行为。

其三，完成犯罪是逃犯唯一的目标。这类逃犯能明确意识到自己将要承担的法律后果，但依旧将完成犯罪作为唯一的目标，只要达成目标，愿意付出任何代价，对后果不管不顾；作案后沉浸在自我实现的满足感当中，如释重负，已做好接受法律制裁的准备，不做任何主动的反侦查措施，不主动躲避；犯罪后马上回归正常生活，等待警方缉捕。

其四，有关系网包庇。由于关系网、保护伞的存在，此类逃犯在作案后侥幸心理极强，充满自信，继续胡作非为，得意忘形，盲目乐观，四处炫耀，认为无论自己犯下怎样的罪行，关系网都可以包庇自己。这类案件多是涉黑涉恶型犯罪。

（二）安全感弱的逃犯的心理特点及行为表现

安全感弱的逃犯缺乏对可能出现的危险或风险的预判，性格敏感多疑，很难与他人建立信任，喜欢独来独往，不善于交流；不会轻易远离熟悉的生活环境，也不会轻易和他人谈论自己的过往；一般对家庭较为依赖，就算远逃也会偷偷与家庭联络；反侦查意识差，行为慌张，四处流窜，没有固定的落脚点。对此类逃犯的缉捕关键在于建立社交信任，以其亲缘关系、社交关系为纽带，获取线索，运用心理谋略，将其抓捕归案。

四、区域型逃犯和流窜型逃犯的心理特点及行为表现

有一部分逃犯在作案后会以潜逃的方式远离案发现场,逃避侦查。根据逃犯的流动性,可以将逃犯分为区域型逃犯和流窜型逃犯。

(一)区域型逃犯的心理特点及行为表现

区域型逃犯指的是逃犯的流动性差,在作案后不会选择外出远逃或频繁更换落脚点,通常会选择其自身社交比较集中或偏僻的地区藏匿,多以偶犯、初犯为主。此类逃犯一般生活范围较为固定,自身的认知观念、生活能力、社会关系都受到活动区域的限制,社会交往相对比较集中,社会关系的分布较为狭小,导致其不敢探索自己不了解的区域,也难以融入全新的社会关系网。由于受到浓厚的家庭观念的影响,区域型逃犯在日常生活中对家庭有着很强的依赖性,在精神上和物质上都离不开家庭的支撑,这就导致了区域型逃犯并没有远逃所必需的物质、心理基础,同时也没有可以作为依托的、较为可靠的外地社会关系网络,如果远逃就意味着要脱离家庭独自漂泊,这与其原有的生活观念、生活习惯是严重不符的。因此他们如果选择潜逃,就会围绕着长期居住生活的地点附近,以亲属、朋友等社会关系为依托,藏身处较为固定且与原日常生活区域保持较近的距离。同时对家庭的依赖也会导致此类逃犯思亲思乡心理观念较重,且容易与家人、亲密的朋友保持暗中联系,以获得亲友经济物质资助或向亲友打探侦查工作进展。

对于此类逃犯的缉捕,要准确把握其心理特点,缉捕范围以其日常活动区域为中心,逐渐向外延展,以社交亲缘层次为基础,排查其主要社会关系网。可在其生活区域附近张网以待,或做好其亲友的思想工作,争取亲友配合,获知其藏身之处。

(二)流窜型逃犯的心理特点及行为表现

流窜型逃犯与区域型逃犯恰恰相反,其选择的潜逃方式往往是跨区域、远距离的,主体主要是累犯、惯犯、刑满释放人员。此类逃犯家庭观念较为淡薄,经常各地游走,有丰富的独立生活的经验,警惕性高,流窜地域广阔,交际范围广泛,适应能力和社会交往能力强,能很快融入并适应新的生活环境。

此类逃犯如果选择潜逃,在对潜逃目的地进行选择时,能明确意识到与原日常生活区域关联越紧密,被捕的风险就越高,因此大多会根据自己的生活成长经历、犯罪经验、社会关系网络,制订周密的计划,选择合适的潜逃方向及

落脚点。此类逃犯选择的潜逃目的地多是其他城市，远近不一。有的会选择临近居住的城市，有的则认为距离越远安全性越高，但都不会在原日常生活区域长期停留；或是选择城乡接合部、不同行政区域结合处。此类逃犯在潜逃方式的选择上，多会选择交通枢纽相互交叉的复杂路线，或是少有人来往的偏僻路线，也可能选择野外徒步；一般不会选择直接到达目的地，而是多次辗转，甚至不惜绕远路来逃避侦查机关的追缉；同时能够以自己的社交关系网络为制订脱逃路线的依托，途中会选择亲属、朋友处作为临时落脚点。此类逃犯在到达潜逃目的地后，也会在强烈的反侦查意识的影响之下，频繁更换落脚点，呈现出流窜的特点。

受到淡薄的家庭观念及潜逃距离的影响，此类逃犯潜逃时与家庭、亲友多缺乏联系，缺少相应经济物质援助，因此，其再次犯罪的可能性是较大的。长期的逃窜、犯罪的生活，使得其犯罪心理不断巩固强化，犯罪意志顽固，往往认为在外流窜时没有家庭拖累，无牵无挂，实施犯罪时心理压力小，安全感强，心理状态稳定，罪责感觉弱；作案时不计后果，犯罪后继续向其他地点流窜，存在较强的侥幸心理。在极强的社会交往能力和社会适应能力的作用之下，这类逃犯能够迅速在新的环境中发展社交关系网络，并以此为基础形成临时性的犯罪团伙实施犯罪，作案后很快会在短时间内解散，流动性极大，给缉捕工作带来一定的困难。

五、受过打击的逃犯与未受过打击的逃犯的心理特点及行为表现

根据逃犯曾经是否接受过公安、司法机关的打击，可将逃犯分为受过打击的与未受过打击的。

（一）受过打击的逃犯的心理特点及行为表现

受过打击的逃犯，曾经不止一次实施过犯罪行为，几乎都是累犯、惯犯。一方面，曾经的反复犯罪，使犯罪心理得到了强化，犯罪手段和技能也得到了延展，犯罪经验十分丰富；另一方面，部分受过打击的逃犯会对公安、司法机关心怀不满，从而产生强烈的报复心理与反社会心理。因此受过打击的逃犯再次犯罪的可能性是很大的，可能出现连续作案、流窜作案，甚至会以反复犯罪的方式报复社会，发泄自身不满的情绪。曾经的服刑改造经历使此类逃犯脱离了原有的正常的社会生活环境，缺乏正常的情感体验，情感冷漠，再次犯罪时手段残忍，行为随意，不计后果。

此类逃犯在一定程度上了解侦查机关的侦查手段和缉捕手段，潜逃期间心理状态相对稳定，不会惊慌失措，恐惧和紧张心理较弱；对潜逃的方向、路线、落脚点都有明确的规划；潜逃时疑心重，对他人缺乏信任，不会轻易吐露自己的真实情况，因此多数会向着自己可靠的外延关系方向逃跑，这类关系人对逃犯的真实情况了解不多，便于其隐藏身份，较为安全；反侦查意识强，善于伪装，多会使用假身份证或冒用他人身份信息，能够有效地掩盖自己的行为和行踪，逃避侦查和缉捕。此类逃犯危险系数高，为保证自身安全常随身携带凶器，在遭受阻碍时很可能行凶伤人，暴力反抗。

（二）未受过打击的逃犯的心理特点及行为表现

未受过打击的逃犯多数是初犯，对法律惩处的畏罪心理较为强烈，恐惧紧张的心理贯穿整个犯罪过程当中，并且会长时间保持这种心理状态。此类逃犯在作案前通常会处于想要采取非法手段满足自身需求的动机与泯灭道德、良知谴责的矛盾当中，作案时也会由于缺乏犯罪经验而对外界干扰异常敏感，行动慌乱。作案后，多数会选择立即逃离。

此类逃犯在逃离过程中心理矛盾冲突激烈，自觉愧对于家人，在恐惧心理、后悔心理的双重作用下，产生巨大的心理压力，情绪沉闷低落，心理脆弱，承受能力差，表现出明显的心理行为反常，注意力不集中，犹豫不定，心事重重；对逃离的路线及方向没有明确的规划，行动极为慌乱，不知所措，落脚点不固定，警惕性高，戒备心重，为隐藏自己短时间内不会再次犯罪；行为上具有一定的盲目性，不敢回家也不敢远逃，只能漫无目的地游荡；思亲思乡心理、社交亲缘心理观念浓厚，慌张焦虑的心理状态急需精神上的抚慰与寄托，急切地想要寻求帮助，常躲藏于距离自己原日常生活区域较近的亲属、朋友家中，并与他们保持联系，容易对他们透露案情以期获得帮助；不愿轻易更换躲藏点，但一旦感觉自己的安全受到威胁时，便会立即逃窜；缺乏对长期潜逃的物质、心理准备，对潜逃生活适应性差，在潜逃过程中，很难寻求支持和援助，生存处境常会受到威胁，容易出现后悔心理和投案自首的心理。

六、不同侦查阶段逃犯的心理特点及行为表现

随着侦查工作的进行，不同的侦查阶段，逃犯的心理特点及行为表现也会出现不同的变化。

（一）现场勘验、检查阶段

现场勘验、检查是侦查人员对与犯罪有关的场所、物品、人身、尸体进行勘查、检验或检查，以发现和收集犯罪活动所遗漏的各种痕迹和物品的侦查活动。在面对这一系列的侦查活动时，逃犯最怕侦查人员发现与自己犯罪相关的证据，为了不暴露，通常会出现以下两种心理特点。

其一，积极打探心理。这是逃犯趋利避害心理的一种具体表现，前文已做论述，此处不再赘述。

其二，急于毁证心理。犯罪实际上是一个物质交换的过程，犯罪行为的实施势必会在现场留下一些对逃犯有指向性的痕迹、物证。急于毁证心理常见于缺少预谋的冲动型犯罪，就算在犯罪后清理了现场，也会由于事先考虑不周，遗留大量痕迹、物证。而那些经过精心谋划的犯罪，逃犯也会在事后不断反思犯罪过程有无疏漏。一旦发现遗留有痕迹、物证，就急于毁灭这些证据。有的逃犯会再次返回犯罪现场进行清理；有的逃犯会伪装成周围群众试图去破坏现场；有的逃犯贼喊捉贼，第一个进入现场破坏痕迹、物证，并以报案人的身份隐藏自己。

（二）调查访问阶段

调查访问是侦查人员为查明案情，收集侦查线索和证据，就案件的发生、发现等情况，依法对有关人员进行查访、询问的一项专门调查活动。调查访问的对象包括被害人、证人、周围群众等，但也不排除把尚未暴露身份的逃犯当作一般群众进行询问的情况。在这个过程中，逃犯的心理主要表现为以下特点。

其一，矢口否认。在面对侦查人员的询问时，逃犯多会刻意回避或否认自己与案件的关联，甚至编造伪证。这种情况下只要对细节多加询问分析，掌握询问的技巧，便会识破逃犯的谎言，将其抓捕归案。

其二，刻意阻挠调查访问的进行，比如对被害人、证人等进行诱骗、收买、威胁。有的逃犯会对被害人、证人承诺一些"利益""好处"；有的逃犯想尽办法满足被害人、证人的需求；有的逃犯则通过威胁、恐吓，强迫被害人、证人做出伪证。

其三，有恃无恐心理。个别逃犯认为当前群防群治工作意识弱化，多数人存在"多一事不如少一事"的心理，不会协助警方的缉捕工作。也有的逃犯自认为作案手段高明，以侦查人员的破案能力是不会追查到自己的。由此，就产生了这种有恃无恐的心理。

（三）搜查阶段

搜查是侦查机关为了收集犯罪证据、查获犯罪嫌疑人，依法对犯罪嫌疑人及可能隐藏罪犯或犯罪证据的人身、物品、住所或其他有关地方进行搜寻、检查的一种侦查措施。搜查工作是以侦查人员已获得的线索和证据为基础而开展的，因此逃犯此时的心理特点和现场勘验、检查阶段是不同的。

其一，外表佯装镇静。一类情况是逃犯想通过镇静的外表麻痹侦查人员，使侦查人员放松警惕，但在这个过程中，有的逃犯会表现出急切的心理，催促或误导侦查人员；另一类情况是逃犯早已转移赃证，或是自认为隐藏得安全可靠，有恃无恐，侥幸心理占主导地位。

其二，惊慌失措。常见于初犯、偶犯、冲动型犯罪人员。这类逃犯犯罪经验不足，对侦查人员的搜查毫无准备，害怕自己藏匿的赃证被发现，心理素质较差，行为惊慌失措，坐立不安，回避侦查人员的询问，对于侦查人员的搜查过程过分关注，当侦查人员搜到藏匿地方的时候，会想方设法地阻止。

其三，极度沮丧。有的逃犯对侦查人员可能搜出证据而感到焦虑不安，对自己和家庭未来生活感到无望，对可能到来的服刑生活感到恐惧，会故意掩饰紧张情绪，但极不自然。

其四，言行上百般抵赖。有的逃犯在面对侦查人员的搜查盘问，胡搅蛮缠、无理取闹，表面镇静，内心恐慌；对侦查人员的言行极为留意，企图揣测侦查人员对赃证的掌握程度；刻意制造事端，分散侦查人员的注意力。即便搜查出赃证，有的逃犯也会百般抵赖，否认犯罪事实。

在不同的侦查阶段、不同的心理特点的驱使之下，逃犯就会产生一些反常行为，主要表现为言语反常、衣着反常、经济反常和行为反常。言语方面，有的逃犯表现为在谈话内容上对案件情况的回避，交谈时常因为思考如何逃避侦查而心不在焉，说话语无伦次，答非所问。也有的逃犯积极打探案件信息，谈话内容多围绕案件展开，对案件、现场的细节了如指掌，能够说出一些不为人知的案件细节。衣着方面，有的逃犯则会选择特征不明显、颜色朴素的衣物，以及能遮掩自己体态、样貌的装束，比如一些宽松的衣服，戴帽子、墨镜、假发等，还会出现为遮挡身上的特殊特征而在夏天穿着长衣、长裤的反常行为，同时也会尽量避免与作案时穿着相似。经济方面，主要是一些侵财型的案件，有的逃犯在得手之后出手阔绰，一反常态；或是在严重犯罪之后，知道自己逍遥自在的时间不多了，肆意挥霍金钱。行动方面，毫无征兆地突然从社交网络中消失；积极打探案件消息；原本家庭关系冷漠的人突然间对家人十分热情，甚至为自己之前的行为反思悔过；罪行严重，伺机寻仇报复。可以说反常行为是多种多样的，不同的人、不同的经历、不同的犯罪类型都会导致不同的反常行为，这就需要侦查人员在日常工作中多积累，及时发现反常行为，抓获犯罪嫌疑人。

七、狱内脱逃罪犯的心理特点及行为表现

狱内脱逃的罪犯是一类特殊的逃犯，所谓脱逃是依法被逮捕、关押的犯罪分子，为逃避羁押或刑罚处罚逃离监禁处所的行为。这类逃犯原本已经处于公安、司法机关的控制之下，正在接受强制措施或正在服刑，在严格监管的重压之下，产生了逃离监管的思想。这种行为的危害性极大，一方面严重威胁了监禁处所的监管安全，另一方面此类逃犯脱逃后还会对社会治安秩序造成危害。在"预防为主，防破结合，及时发现，迅速破案"方针的指导之下，确定了狱内侦查的基本任务，并且把犯罪的预防放在工作的首位，只有明确脱逃罪犯的脱逃心理，才能有针对性地开展防逃工作。

（一）促使脱逃行为产生的心理因素

促使罪犯产生脱逃动机的心理因素主要有以下几种。

1. 对剥夺自由的抵抗心理

罪犯在服刑过程中被监禁于一定的场所，失去了人身自由，几乎所有的罪犯都存在着对自由的向往。对人身自由的需求心理是导致罪犯脱逃最主要的原因，一旦罪犯渴望自由的强烈程度已经超出对即将付出代价的顾虑时，加之缺乏法律意识、不愿认罪伏法的抵触情绪的影响，就很有可能铤而走险，选择越狱脱逃这种非法形式来满足自身渴望自由的需求。特别是一些重刑犯，可能会出现对未来毫无希望、不如奋力一搏的思想。

2. 思亲思乡心理

在陌生、封闭环境的刺激下，多数罪犯会产生迫切的情感需求，希望在精神上得到亲友的慰藉，特别是服刑时间长、长久未与亲人会面通话的罪犯，思亲思乡心理尤为强烈。同时家庭变故也会对罪犯的情绪产生强烈的冲击，如婚姻感情问题、父母赡养问题、子女抚育问题等。在这种心理的影响下，部分罪犯就会产生想回家看看的冲动，导致脱逃行为的发生。监狱干警要在日常管理工作中积极留意罪犯的情感状态，以及罪犯与家庭的来往频率，了解罪犯的家庭情况，便可提前预知其思想波动，及时进行干预调节，防止过激行为发生。

例如，2005 年某监狱罪犯陈某就因父母重病，女儿意外受伤生活不能自理，对家中变故十分惦念，便利用外出就诊机会强行脱逃。

3. 报复心理

服刑罪犯中有一部分罪犯认为自己曾经实施的违法犯罪行为并不是自己有意识主动实施的，而是因为他人栽赃陷害才导致自己入狱服刑；或是在审判、侦查时遭受了不公正的对待。这一类罪犯在被捕入狱那一刻内心深处就埋下了仇恨的种子，不认罪悔罪，对服刑改造存在严重的抵触心理，将自身的过错全部归咎于他人。此类罪犯往往情感体验深刻，敏感多疑，一点小事就会耿耿于怀，偏执顽固，意志力强，想法简单直接，行动粗暴。他们认为通过正当的申诉途径无法解决自己的问题，对公安、司法机关严重不信任，一心想对曾经伤害过自己的人进行回击，最终导致脱逃行为的发生。例如，2017 年，云南某监狱服刑罪犯张某驾车冲撞监狱大门脱逃，缉捕归案后张某称自己当年运输毒品是被人所害，此次脱逃一是为了复仇，二是为了回家看望女儿。

4. 贪图享乐心理

对于服刑罪犯来说，监狱内的改造生活与入狱前社会上的生活相比，是非常枯燥乏味的。一些思想意志不坚定的罪犯很容易产生对狱外生活的向往与留恋，产生对吃喝玩乐的向往。存在这种思想的罪犯轻则私藏违禁品供自己享乐，重则在向往自由的思想影响下发生脱逃。

（二）脱逃预谋心理

促使脱逃行为产生的心理因素是罪犯脱逃行为的内心起因，从主观层面推动罪犯完成脱逃行为。而想从监狱严格的监管环境中逃离还需要客观条件的支持，一些罪犯就会自己主动创造客观条件，为自己的脱逃提供便利，即所说的预谋行为。

1. 强化自身犯罪能力

在罪犯看来个体的力量是薄弱的，无法和监狱监管力量抗衡，此时就需要借助外力进行弥补，强化自身的犯罪能力，才能确保脱逃行为万无一失。主要有以下几种强化犯罪能力的方式：其一，借助犯罪工具，即罪犯想要通过借助外力完成脱逃，如自制绳索攀爬围墙、私藏劳动工具破坏门锁等；其二，积极获取新的能力，这是一种积极学习的心态，一些罪犯会在与其他罪犯交往过程中刻意学习一些有助于脱逃的特殊技能，如技术开锁等；其三，纠集同伙，企图通过团伙之间的互相配合增强个人的犯罪能力。

2. 选择合适的犯罪时机

犯罪时机对于犯罪能否顺利完成是至关重要的。罪犯在脱逃前都会选择一个合适的时机，挖掘监管漏洞，提高成功脱逃的可能性。在这种心理的支配下，罪犯一般来说会有以下的反常行为：其一，刻意打探干警的值班规律，企图在交接班或警备松懈时脱逃；其二，注意留意当地气候环境，如在大雾天气等能见度较低的时机进行脱逃，或选择气温适宜的季节脱逃等；其三，日常服刑中经常走神，若有所思，东张西望，可能是在对周围环境进行观察，或对脱逃行为做出规划。

3. 骗取狱警信任

骗取狱警信任也是一种罪犯脱逃的预谋行为，这种行为是难以察觉的。罪犯平时表现良好，积极改造，主动承担监区劳动工作，实质上却是在故意和狱警拉近关系，骗取信任，导致狱警对其放松警惕，思想麻痹大意，最终所产生的脱逃行为也多数伴随着袭警、行凶伤人等暴力行为。例如，湖南省某监狱罪犯张某，入狱后因"表现好"成了服刑人员早晚集合的点名人员，协助狱警管理其他服刑人员，就是这样一位"老实人"在劳作时，趁带押警察不备，翻墙逃离监管场所。

（三）脱逃后心理

脱逃后心理是指罪犯在逃离监禁处所后表现出的心理特点，是脱逃前心理的延伸，罪犯在脱逃后可能出现以下几种心理。

1. 对基本生活物资的迫切需要

除个别私藏现金等有价物品的罪犯以外，多数罪犯在脱逃过程中都是没有任何经济储备和经济来源的，而经济又是生存的支撑，因此多数脱逃的罪犯都会面临生存的问题，对基本生活物资产生了迫切的需要。生活物资包括了食物、饮用水、衣物等。罪犯一般会通过讨要、偷盗、抢劫或就地取材的方式获取生活物资，维持基本生存条件。有的罪犯通过偷抢财物购买生活物资，或是通过联系亲友进行资助。而在需求极度迫切又难以满足时，多数脱逃罪犯为了生存会主动降低对生活物资品质的要求，不加选择。例如，云南某监狱罪犯张某在脱逃过程中曾生吃活鸡，并搜集麦穗充饥。

2. 急切归乡心理

脱逃后迅速返乡，是大多数脱逃罪犯的选择，也是罪犯缺乏安全感的体现。罪犯脱逃后长期处于惊恐的状态，急需一个安全的地方进行躲避。尤其是异地服刑的罪犯，缺少社交关系网络，对任何人都难以产生信任，但又急需他人帮助，这就导致一部分罪犯选择向家庭求助，主动和家人联系。这也为警方的缉捕工作提供了线索。也有一部分罪犯归家的原因是对家庭成员的思念或家庭变故的刺激。

3. 敏感多疑，惊慌失措

脱逃的罪犯与其他类型犯罪的逃犯不同，普通逃犯所犯罪行不一定会马上被公安、司法机关察觉，给其潜逃留有缓冲时间。而脱逃行为一旦发生，在短时间内就会被发现，且对于脱逃罪犯的身份信息、体貌特征等，公安、司法机关是完全掌握的，因此留给脱逃罪犯逃离的时间极为紧迫。在短暂的时间内，罪犯完成逃离、伪装、隐藏踪迹，是对其心理素质的极大考验。此时一部分脱逃罪犯就会表现出敏感多疑、惶恐不安的心理，精神上会高度紧张，小心谨慎，外界任何风吹草动都能引起其内心的不安，犹如惊弓之鸟；他人稍加询问，便会神色慌张，慌乱逃窜，冲动不计后果，易产生过激行为。

4. 反缉捕意识强

脱逃的罪犯反缉捕意识也强于普通逃犯，警惕性强。为逃避缉捕，逃脱罪犯会尽量避免与他人接触，刻意回避无关的交谈；不走大路，也不会通过正规的交通方式逃离，多会选择步行，在逃离路线及藏匿地点的选择上，也以偏僻的荒地、山区、田地、洞穴为主，昼伏夜出。同时，由于监狱对便服的管控，多数脱逃罪犯在逃离时仍穿着囚服，衣着特征极为特殊，为避免被认出，逃脱罪犯会选择偷抢他人便服进行伪装，但经常出现衣着不合体、破旧不堪的情况。

5. 其他特殊心理

除上述四种普遍存在的心理外，一些由于特殊原因脱逃的罪犯，在逃离监禁处所后所表现出来的心理特点及行为表现也是极具特殊性的，虽然少见，但能够为缉捕特定对象提供有针对性的依据，也是值得研究的。

其一，报复心理。产生这种心理的罪犯脱逃的目的就是复仇。其特殊性在于该类脱逃罪犯在逃离过程中心理重心不在反缉捕，而是在于复仇，目的性强，有明确的目的地和侵害对象，行动迅速果断，计划周密，危害性大。有的选择报复特定人员，有的选择随机作案报复社会。如果复仇目的达成，会出现释然心理，或等待警方缉捕或继续远逃。

其二，反向逃离心理。这是一种极强的反侦查能力的体现。个别罪犯会在脱逃时预料到警方可能的追捕方向，故意向相反方向逃离，如多数罪犯脱逃后会选择回家，但此类罪犯偏向回家的反方向逃离，避开警方的追捕，甚至会在脱逃前故意向其他服刑人员传递虚假信息，迷惑警方，如服刑过程中时常向狱友提出自己想回家，脱逃时却向其他方向逃离。

其三，享乐心理。这类罪犯脱逃的原因多是厌倦枯燥乏味的服刑生活，追求享乐。逃离后充满自信，粗心大意，盲目追求享乐。同样由于资金匮乏，这类逃脱罪犯常会伴随偷盗、抢劫的行为。

第四节　缉捕行动的心理对策

一、逃犯的识别

（一）通过眼神识别

人的眼神是复杂心理过程的反映。要观察一个人，了解他的内心世界，最直接的办法就是观察他的眼神。逃犯虽然混迹于人群当中，但其内心紧张、害怕、焦虑的情绪依旧无法彻底隐藏。如一个人能正视警方，则表示坦诚，内心无邪；若低眉窥视，目光躲闪，则表示内心困窘心虚；眼神呆滞，是心情紧张、思想矛盾造成的；眼睛快速转动，则表明对方内心的猜疑；瞳孔扩大，表明内心兴奋，某种事态正好迎合自己内心的需求；瞳孔缩小，则是心理压力大，存在敌对情绪的表现。警方可以在摸排、盘查犯罪嫌疑人时进行细致观察，通过眼神洞悉对方的内心世界。

（二）通过言谈举止识别

行为是心理活动的外部表现，人的心理活动是无法进行客观观察的，但行为却能将心理活动外化为客观状态。个体的身份不同，其相应的与个体的社会地位、职业、身份、当前状态相符的行为特征也不同，一旦其行为与自身特征不符就是一种反常行为。通过注意并发现反常的行为举止，有助于发现在逃的逃犯。例如，普通人面对身份核验时都能从容面对，而逃犯则会掉头逃窜或绕路而行；普通人在住宿方面都倾向于正规旅馆、酒店，而逃犯为隐藏身份经常出入无须身份核验的小旅店；普通人在车站或地铁站都是来去匆匆，而逃犯却对发车状况毫不关心。在语言表达上，人的语速、声调也能反映出当前的心理状态。语速过慢，可能当事人有所隐瞒，正在进行思考；情绪激动的时候，声调往往会提高；恐惧或烦躁不安时，语速往往会突然加快；在面对无法掩盖的犯罪事实时，声调则会越来越低。

（三）通过面部表情识别

面部表情是一种传递心理活动的媒介，是内心情绪的真实流露，也是人生理上的自然反应。逃犯异于常人的心理特点也会不自觉地通过面部表情流露出来。例如，人在害怕、恐慌、担忧自己的事情败露时，眉毛会不自觉地向上扬；盘查时如果对方不断地在舔嘴唇，表明其内心的恐惧、紧张；脸色煞白或面如血色则表明存在恐惧、害怕等心理。然而还有一类面部表情是个体通过有意控制而表现出来的虚假的、刻意的表情。刻意出现的面部表情与真实感受之间是难以调和的，仔细观察就会发现隐瞒的痕迹。例如，在恐惧时装出愤怒的样子，即便刻意伪装，内心的真实情绪也不会消失，两种表情会使面部肌肉出现冲突，恐惧时眉毛会向上扬起，但伪装愤怒时却要将眉毛刻意向下压，就会出现极不自然的表情。

二、缉捕过程中侦查人员的心理调适

缉捕工作是侦查人员与逃犯之间心理上的一场较量，侦查人员除自身过硬的业务素质、工作能力以外，良好的心理状态也是影响缉捕效果的重要方面。这就要求侦查人员在缉捕行动中，不仅要准确把握逃犯的心理特点，还要积极调适自己在追捕行动中产生的一些消极的心理，从而使自己在与逃犯的较量中占据心理上的优势。

（一）缓解缉捕工作的紧张心理

侦查人员过度紧张的心理会导致缉捕工作的慌乱，无法冷静思考，决定武断草率，甚至会不顾缉捕计划，贸然行动，导致缉捕工作的失败。在开始缉捕工作之前，侦查人员就要积极调节这种紧张心理状态，在保证对逃犯动态的密切监控之下，缉捕工作要进行明确分工，合理安排工作和休息时间，舒缓侦查人员的心理压力，使缉捕工作能够有条不紊地进行。但侦查人员在缉捕过程中也要适当保持紧张心理，这样才能及时捕捉缉捕工作中不断发生的变化，杜绝侥幸麻痹心理，集中注意力，时刻留意逃犯的动态。

（二）杜绝缉捕工作中的侥幸心理

侦查人员的侥幸心理指的是侦查人员对于逃犯的缉捕过于依赖事件的偶然性，或是高估了自己的实力，很少考虑逃犯的反侦查能力。侥幸心理会使侦查人员在缉捕逃犯时容易忽视基础工作，盲目乐观，过于自信，将捕获逃犯的希望寄托在一些偶发情况上，缺乏对整体缉捕工作的掌控，总是幻想能够出其不意地迅速抓获逃犯。在缉捕过程中，侦查人员要摒弃侥幸心理，踏踏实实从基础工作做起，不骄傲自大，确保缉捕工作及时有效地开展。

（三）避免缉捕工作中的焦躁心理

缉捕工作不是一蹴而就的，逃犯一旦远逃，警方的缉捕工作无异于大海捞针。面对狡猾的逃犯，侦查人员往往需要对与逃犯相关的线索进行细致的摸排，这是极其考验侦查人员耐心的。加之时间紧张，又受到迫切抓获逃犯迅速破案的心理的影响，多数侦查人员都想要在短时间内实现案件的重大突破，然而实际的情况多数却是已经做了大量工作却没有任何价值，缉捕工作也没有进展。在这种情况下，就容易出现焦躁的心理，表现为火气大、爱发牢骚，甚至互相指责抱怨，十分不利于侦查团体的团结。同时在焦躁心理的影响之下，侦查人员难以静心，焦急的情绪难以缓解，会大大影响下一步工作策略的制订与开展。

（四）调节缉捕工作中的挫折心理

由于缉捕工作难度大，工作环境艰苦，侦查人员所承受的心理压力也是巨大的。尤其是长时间的高强度工作又毫无进展时，或是已经做了大量工作后却发现获取的线索信息依旧很少且缺乏利用价值时，侦查人员就会感受到极大的挫败感。在挫折心理的影响之下，侦查人员的工作情绪会逐渐低落，丧失捕获逃犯的信心，主观能动性下降，出现抱怨情绪，易焦躁，严重影响追捕工作的顺利进行。

三、缉捕心理策略

（一）心理疏导宣传策略

在缉捕工作过程中，逃犯很可能早已藏匿起来，在暗处窥探警方的一举一动,随时准备转变潜逃策略,而警方如果没有获取到可靠线索,是很难发现逃犯的藏身之处的。敌暗我明,因此,在对逃犯全力追捕的同时,特别是对那些负隅顽抗、极度侥幸的罪犯,要注意心理战术的应用。在案发后,多数逃犯还是会找机会与亲友进行联络的,可以依托于逃犯的思亲思乡心理,政策攻心,将没有头绪的追捕转变为对逃犯亲友的说服教育,以其亲友为突破口,转变其亲友的包庇思想,积极引导他们主动提供逃犯线索,这是疏导工作。而宣传工作则是通过亲友与逃犯联络,借亲友名义向其讲明法律政策,规劝其投案自首。

首先,从逃犯的社交亲缘层次入手,找到逃犯最可能联系的亲友,表明需要其配合追捕工作的态度,讲明包庇罪犯所要承担的法律后果,对现实情况进行利弊分析,提高其协助说服逃犯归案的积极性。其次,从逃犯的角度出发,向其表明畏罪潜逃的严重后果,讲政策、讲法律,说明主动投案自首、如实交代罪行可以依法从轻从宽处理。再次,利用情感催化,向逃犯亲友指出逃犯现在漂泊不定、缺衣少食的生活状况,以及逃犯心理上要承受的巨大恐惧和压力。虽然互相牵挂,但又不敢见面,整日东躲西藏,家庭名誉、子女前途都会受到影响,使亲友对逃犯的现状及未来感到不忍心,激发亲友之间的情感羁绊。最后,可以通过亲友或其他途径向逃犯讲明法律政策,指出其亲友知情不报所要承担的法律后果,并证明其相关亲友已得知线索而隐瞒不报,使逃犯不忍牵连亲友,主动投案自首。

(二)意志摧毁瓦解策略

意志摧毁瓦解策略是以强有力的作战行动和营造高压心理氛围为手段的一种心理战术,对逃犯不断施加心理压力,使其在精神上受到强烈的震慑。同时在行动上,加大排查力度,增加盘查卡口,对逃犯可能出现的地点进行守候监视,时刻关注逃犯亲友的动态,让逃犯时刻能够感受到侦查机关的行动;并且可以通过通缉令、协查通报、新闻媒体等形式不断进行宣传,一方面可以发动群众力量协助排查,另一方面以此来对逃犯施压,使其意识到侦查机关抓捕他们的决心,彻底瓦解逃犯顽固的脱逃意志。

在这种心理威慑之下,一类逃犯会承受不住心理压力而投案自首,另一类逃犯虽未主动投案,但在强大的震慑压力之下会愈加慌乱,此时就更加容易暴露自己的身份。但在使用意志摧毁瓦解策略时,要先了解逃犯的心理承受能力,注意施压力度,否则就可能适得其反,逃犯压力过大可能会出现行凶伤人、劫持人质、袭警等极端行为。

（三）心理欺诈策略

在合法的范围内，侦查机关是可以对逃犯进行心理欺诈诱惑的。其目的在于隐蔽自己真正的行为企图，采取恰当的措施，通过用某种心理欺诈的手段给逃犯制造错觉，为缉捕工作奠定基础和提供可能。这种方法的本质就是与逃犯进行心理较量，关键在于找准逃犯的心理弱点。

常用的心理欺诈策略主要有两种：一种是无中生有式欺诈，另一种是移花接木式欺诈。所谓无中生有式欺诈，是侦查人员故意虚构逃犯所关注的情形，散播或通过其亲友传递虚假消息，利用逃犯焦急的心理将其骗回。虚构情形主要包括家庭变故、同伙落网、同伙或包庇者背叛、夸大案情严重性、潜逃踪迹已经暴露等。而所谓移花接木式欺诈，则是侦查人员将与逃犯无关的案情转嫁到该逃犯身上，通常转嫁的是比逃犯所犯罪行更严重的罪行，可能是其他同伙所犯罪行，也可能是其他不相关案件的案情，甚至可能是虚构的罪行。目的就在于让逃犯误以为警方侦查错误，自己没有做过却要平白无故承担法律责任、加重刑罚，因而不断增加逃犯的心理压力。在这种情形下，一些逃犯为开脱罪责，与和自己无关的罪行撇清关系，可能就会投案自首，争取从轻处理。

拓展知识

马斯洛需求层次理论

需求是个体社会生活中必需的事物在头脑中的反映，来源于客观事实，是个体内心某种缺乏或不平衡的心理状态。这种不平衡的心理状态会引导个体去寻找能够满足需求的对象，如果此时出现了外在诱因，需求就会转化成动机，进而维持并推动个体进行某项活动，以此来满足内心的需求。因此可以说个体之所以会产生某种行为，其根本原因在于内心的需求。需求有以下三点内涵。

第一，需求是有机体内部的一种不平衡状态，可以从生理和心理两个层面表现出来。

第二，需求是人类对某种客观要求的反映，人类为了身体生存和社会发展，必定会要求获得一定的事物。

第三，需求是人类活动的基本动力，人类在身体生存和社会发展中缺少某种事物时就会产生需求，需求推动着人们以一定的行为方式获得这些生存发展所需要的事物。

马斯洛将人的需求分为了五个层次,如图6-1所示。这些层次由低向高发展。当基本的需求满足后就会产生上一个层次的需求,直到达到最高需求层次。

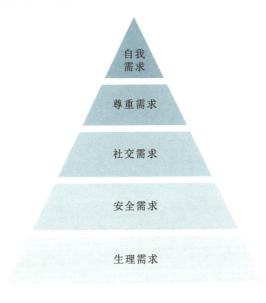

图6-1 马斯洛需求层次理论

第一层次:生理需求。人们在社会生活中,只有首先保障生存才能够进一步发展,因此人最基本的需求就是能够保障其生存的必不可少的生理需求。生理需求的影响力最强,产生的心理影响也最强烈,是其他高层次需求产生的基础。例如,人们对食物、水、睡眠、性的需求。

第二层次:安全需求。表现为人们要求稳定、安全、受到保护、有秩序、能免除恐惧和焦虑等,包括人身安全、健康保障、资源所有性、工作保障等。安全需求和生理需求同为低层次需求,只有满足这两个基本的需求之后,人才有精力、有能力去满足另外三种较为高级的需求。

第三层次:社交需求,也称感情和归属需求。当个体的生理需求、安全需求得到满足后,就会开始渴求与别人接触,并和别人发生亲密的关系。表现为人希望得到相互的关系和照顾,渴望与他人建立感情上的联系,包括友情、爱情、亲情等。

第四层次:尊重需求。表现为内部的自尊和外部的受到他人尊重两个方面。内部自尊是指一个人希望在各种不同情境中有实力、能胜任、充满信心、能独立自主。外部尊重是指一个人希望有地位、有威信,受到别人的尊重、信赖和高度评价。马斯洛认为,尊重需求若得到满足,能使人对自己充满信心,对社会满腔热情,体验到自己活着的用处和价值。

第五层次:自我需求。自我需求是最高层次的需求,是个体希望能够实现个人理想、抱负,最大限度发挥个人的能力,并达到自我实现境界。表现为人追求实现自己的能力和潜能。

五种需求之间，需求的层次越低，力量越强，潜力越大。随着需求层次的上升，需求对个体行为的影响力会不断减弱。高级需求出现之前必须先满足低级的需求，在高级需求满足之后，低级需求是依旧存在的，只是对行为的影响力在逐渐降低。

本章小结

缉捕是一项常用的紧急侦查措施，是侦查人员与逃犯斗智斗勇的过程。因此，甄别逃犯的性格类别和社会关系，正确分析和把握逃犯的心理特点及行为表现，及时调整侦查人员的心理状态，科学运用心理对策，对于准确发现逃犯的行动踪迹，科学制订、执行缉捕计划和方案，提高缉捕精准率和效率具有重要作用。

思考题

1. 逃犯的犯罪经验和个人能力会对其心理造成怎样的影响？
2. 区域型逃犯与流窜型逃犯在潜逃路线的选择上有什么区别？
3. 如何利用逃犯社交亲缘关系进行缉捕？
4. 缉捕过程中侦查人员如何克服和避免自身的心理障碍？
5. 不同作案手段的逃犯在心理表现上有何区别？

第七章

侦查讯问心理

◆ **本章引例**

某犯罪嫌疑人 A 在一次入室盗窃时被当场抓获，当对 A 进行讯问时，A 对本次入室盗窃行为予以供认，并要求侦查讯问人员尽快处理。根据 A 作案的性质、作案的手段，以及 A 在讯问中催促侦查讯问人员尽快结案的反常反应，侦查讯问人员推测 A 可能还有其他犯罪行为，于是再次对他进行讯问，并要求他交代其他犯罪行为。A 不仅不承认，还言语冲撞侦查讯问人员。双方产生了激烈的争执，最终讯问形成僵局。

思考：本案中的犯罪嫌疑人是基于什么样的心理拒绝供述自身其他的犯罪行为？请对犯罪嫌疑人在接受讯问时的基本心理特点进行分析。

◆ **本章学习目标**

通过学习，了解侦查讯问人员在侦查讯问中的心理表现，以及犯罪嫌疑人在侦查讯问中的心理特点和心理变化过程，了解犯罪心理测试。学会分析犯罪嫌疑人在审讯中的心理状态，能够运用犯罪心理测试技术服务于讯问工作。

第一节 侦查讯问人员应具备的良好心理素质及其养成

侦查讯问活动是具有强烈对抗性的面对面的心理对峙活动,要想在侦查讯问活动中取得成功,就要求侦查讯问人员是经过严格训练、具备良好的心理素质的专业人士。

一、侦查讯问人员应具备的良好心理素质

(一)敏锐的观察能力

观察能力是一个人通过事物表面现象,全面、深入、正确地发现事物本质和特性的能力。讯问活动中,侦查讯问人员应具备敏锐的观察能力,也就是一开始进行讯问时,就能够认真观察犯罪嫌疑人的面部表情、面部微表情、行为动作、语言形态及语音声调。注意观察在问哪些问题时这些表情动作发生了细微变化,思考这些变化所反映出的犯罪嫌疑人内心的微妙变化,敏锐地感受到讯问对象在思考什么、犹豫什么,想表达什么、掩饰什么,及时发现犯罪嫌疑人的心理动态,进而发现谎言、揭露谎言。并根据观察到的情况,采取相对应的讯问策略和讯问技巧,击溃犯罪嫌疑人的内心防线,最终获取准确真实可靠的供述。

(二)非凡的记忆能力

非凡的记忆能力是指记忆者能够迅速识记、持久牢固保持记忆材料,并且能够轻松、准确地再认或再现记忆材料的能力。面对侦查讯问人员的讯问,为了逃避刑事追诉,犯罪嫌疑人往往会采取编造一个完整的谎言的做法,把责任推给其他人,编造某些虚假的情节,逃避重大责任,承担轻微责任;或是采取编造谎言以承认较小的罪行、隐瞒较大的罪行的方式,来转移侦查讯问人员的视线。犯罪嫌疑人故意提供给侦查讯问人员错误的信息,或者把真实的信息与错误的信息交织在一起传递给侦查讯问人员,导致他们的供述真真假假、真假参半,难以辨认。但无论哪一种情况,真实发生的事情只要经过加工或改变,那么在加工的过程中,就会留下破绽,就会出现前后矛盾或与其他证据相互冲

突的地方。侦查讯问人员应该牢牢记住本案中已查明的事实、已核实的证据，与犯罪嫌疑人供述的每一个细节、每一句话、每一个多余的动作、每一个异常的表情进行对照，及时发现问题，以最快的速度发现问题，指出矛盾，让犯罪嫌疑人来不及做出防御，从而实现讯问工作的进展和突破。

（三）坚强的意志能力

坚强的意志能力是指在侦查讯问活动中，侦查讯问人员能够根据侦查讯问活动的需要，主动调节自己的心理状态，排除各种干扰，始终把注意力集中到讯问对象、讯问主体及相关的事物上，不屈不挠地完成讯问任务的能力。讯问中，有时可能会面对一些实际困难和障碍：① 因外线侦查不力而无法获取相关的证据与信息；② 上级领导强行催办案件；③ 自身长时间办案，身体疲惫；④ 犯罪分子反侦查能力强、善于表演，为逃避责任竭尽全力对抗讯问；⑤ 犯罪分子社会关系复杂；⑥ 对自己所办案件的情形不知情、不认可等。各方面难以克服的困难导致侦查人员的内心几近崩溃，情绪也变得不安。但此时侦查讯问人员更是要坚定信念，相信邪不压正，重新梳理讯问的条理与头绪，重新布局新的讯问策略与方法，和犯罪分子奋战到底，不屈不挠。侦查讯问人员只要坚定信念，至少在心理上已经占了上风。

（四）良好的情绪调控能力

良好的情绪调控能力，是指侦查讯问人员在面对讯问中出现的各种正面冲突、情感影响及各种现实困难时，如何主动控制情绪，不产生或少产生急躁、对立、畏难的负面情绪，以积极的心态去面对讯问中的消极因素。如果侦查讯问人员不能及时发现并有效调整这些负面情绪，那么就会在这些不良情绪状态的影响下，失去对案件的正确判断，错误制定讯问方向与策略，甚至会灰心丧气、失去信心，导致讯问目的无法实现。

二、侦查讯问人员良好心理素质的养成

（一）敏锐的观察能力的养成

侦查讯问人员要养成敏锐的观察能力，可以从以下两个方面进行。第一，明确观察的重点和任务。要保证侦查讯问活动的顺利进行，侦查讯问人员需要事先熟悉案情，围绕案情进行讯问，观察的重点应在涉及案件重要环节的内容上，比如可以重点观察犯罪嫌疑人的面部表情、面部微表情、动作、微动作的

反映与变化，找到犯罪嫌疑人拒供、谎供的症结点，还可以选择那些与追查犯罪、证明犯罪有关的言语、表情、事物和现象进行观察，提高观察的效果。第二，观察要掌握正确的程序和方法，有计划、有步骤地进行。侦查讯问人员在侦查讯问开始之前要熟悉案情，了解与案件相关的问题，预测观察的主要任务，对观察程序要做到"心中有数"。除了重点观察的事项外，侦查讯问人员在对其他与案件相关的事项进行观察时，应做到有计划、按步骤进行，防止由于观察缺乏系统性、杂乱无章，因而不能获得较为完整的认识，最终贻误侦查时机。

（二）非凡的记忆能力的养成

作为侦查讯问人员，必须有意识地开发自己的记忆潜能，培养非凡的记忆能力。具体方法如下。第一，提高认识，增强记忆的主动性。侦查讯问人员必须明确认识到记忆讯问中的细节对案件讯问工作的意义，这样可以提高大脑皮层的兴奋度，促进在工作中有意识地、主动地记住所见、所听，增强记忆的效果。第二，要培养自信心。通过自我鼓励、自我暗示的方法，培养自信心。通过增强自信心，刺激大脑皮层，提高记忆能力。第三，扩大知识面，强化逻辑思维能力，培养理解记忆能力和联想记忆能力。侦查讯问工作中需要记忆的事物范围十分广泛，上至天文地理，下至风俗民情，侦查讯问人员如果具有广泛的知识基础，那么就能对接触到的各种事物有更好的理解能力，从而通过理解帮助记忆。同时，要想记牢更多无关的细节内容，还需要充分发挥想象力，展开联想记忆。

（三）坚强的意志能力的养成

侦查讯问活动的强烈对抗性，要求侦查讯问人员必须有坚强的意志能力才能与讯问对象抗战到底。坚强意志品质的养成，可以从以下两个方面进行：第一，在克服困难中磨炼自己的意志品质。犯罪嫌疑人为了逃避打击，总是绞尽脑汁、千方百计地对抗讯问，有的假以情、有的假以权、有的假以演技、有的假以完美的设计……这些都是对侦查讯问人员意志的严峻考验。侦查讯问人员应当以必胜的信心和旺盛的斗志勇于克服困难，在艰难困苦中磨炼自己的意志品质。第二，在集体中培养和锻炼意志。侦查讯问工作看似由两名侦查讯问人员完成，实际上，是由一个集体、一个团队共同完成的。在这个团队中，除了与犯罪嫌疑人面对面的侦查讯问人员以外，还有侦查讯问指挥人员，以及在外线随时为讯问收集固定证据、核实讯问信息的外线侦查人员。

在讯问中遇到困难与僵局时，侦查讯问人员可以通过以下两种方式提高意志力。一种是与外线侦查人员进行联系、商讨，获取下一步讯问打开僵局的启示与方法,与其他同志配合,互相依靠、互相帮助。在这种互动过程中,侦查讯问人员能够自觉地找出自己意志中的弱点并加以克服,从而增强战胜困难、制服犯罪嫌疑人的信心和力量。另一种是领导的激励。侦查讯问指挥人员要充分发挥自身人格及集体舆论的影响,对侦查讯问人员表现坚定之处给予肯定,并以不同的视角点给予直接参与讯问的侦查讯问人员一定的指导与帮助,提升他们的信心,鼓舞士气。

(四)良好的情绪调控能力的养成

侦查讯问中,面对有些犯罪嫌疑人的各种反讯问花招,故意装傻卖乖、抵赖硬抗,侦查讯问人员很容易出现急躁、愤怒、焦虑、灰心丧气等情绪,更有些犯罪嫌疑人还会企图故意"激怒"侦查讯问人员,诱导其发生一些违反政策的不当行为。此时,要求侦查讯问人员必须冷静下来,克服内心消极情绪的影响,理智地控制自己的行为。良好的情绪调控能力的养成,可以从以下几个方面进行:第一,培养对侦查讯问工作的浓厚兴趣。热爱工作的状态可以使思维活动加速,刺激侦查讯问人员智力潜能的发挥,减少心理疲惫感。第二,不过于计较个人得失。侦查讯问人员要看淡名利,不过于计较个人的得失。当侦查讯问工作没完成好,被领导批评时,要能正确看待这种批评,认识到这种批评可以促进自己更好地完成侦查讯问工作。在重大疑难案件中,通过自己的不懈努力而在侦查讯问中取得了突破,但功劳被他人抢去时,无须感觉极不公平而情绪低落,因为案件的突破就是对自己能力最好的肯定。第三,掌握合适的情绪调节方法。比如,当两名侦查讯问人员其中一位出现不良情绪时,其可以暂停向犯罪嫌疑人发问,而由另外一名侦查讯问人员接替其进行发问。侦查讯问人员可以通过做深呼吸等先平复心情,然后回忆案情,梳理案情,整理案件重点,重新调整情绪。如果两名侦查讯问人员都出现不良情绪,可以先暂停讯问工作,不管犯罪嫌疑人怎样故意挑衅,都不必理会他,侦查讯问人员之间可以通过简单交流,相互提醒,及时调整情绪。

第二节 侦查讯问中犯罪嫌疑人的心理

侦查讯问活动在一定程度上就是侦查讯问人员与犯罪嫌疑人之间展开的心理较量,只不过这种较量是在掌握一定证据、了解一定事实线索的基础之上开展的。要想在这场心理较量中取得较好的效果,除了前期的侦查工作要认真细致外，侦查讯问人员还有必要了解犯罪嫌疑人的心理基础、心理特征，以及犯罪嫌疑人心理活动的基本规律，做到有的放矢。

一、犯罪嫌疑人在接受侦查讯问时的基本心理

面对侦查讯问，不同的犯罪嫌疑人会呈现出不同的外在行为表现，各种外在行为表现的背后，是犯罪嫌疑人激烈的内心变化，但无论其心理活动如何激烈变动，都可以概括为以下两种心理：拒供心理和供认心理。

（一）拒供心理

拒供心理是指犯罪嫌疑人抗拒侦查讯问，拒绝全面如实地供述案件事实真相的心理意向。犯罪嫌疑人是刑事诉讼中受追诉的对象，因为其认识到自己可能会受到法律处罚的各种不利后果，从而影响到其在侦查讯问中的心理和情绪，支配其拒绝如实全面地供述案件事实。从实践经验来看，拒供心理主要有以下几种：畏罪心理、侥幸心理、抵触心理、悲观心理。

1. 畏罪心理

畏罪心理是指犯罪嫌疑人因为担心罪行被揭露会受到社会和法律的制裁而害怕、恐惧的心理状态。

一般来说，犯罪嫌疑人在实施犯罪前，就已经明确或模糊地认识到即将实施的犯罪行为是为社会所不可容纳的，是可能会受到他人的唾弃和法律的制裁的，因此会产生不安与害怕的心理。但基于犯罪动机的斗争，最终犯罪嫌疑人还是选择实施犯罪行为，实施犯罪行为后，犯罪动机不再存在，犯罪行为为社会所不可容纳的内疚感与罪责感则会日益加剧，使其希望能够通过供认罪行来缓解内疚感与羞耻感。但是一旦真正面对侦查机关的讯问时，犯罪嫌疑人则更多地会考虑供认罪行的后果是接受严厉的法律刑罚，可能会坐牢甚至会被剥夺生命，同时自己的名誉、地位、事业、前途等也都会受到不利的影响。于是，在罪责感、内疚感，以及对承担法律后果的恐惧之中，恐惧感对犯罪嫌疑人的影响力更为强大，因而形成畏罪心理。

畏罪心理的实质是害怕承担罪责，而刑事诉讼活动正是要解决刑事责任问题，因此，要彻底消除畏罪心理是不可能的。但是，侦查讯问人员可以根据不同情况采取不同的措施，进行一定的矫治。对于那种因畏罪而期望以拒供、谎供来对抗讯问，混淆视听，从而达到蒙混过关的犯罪嫌疑人，要通过揭示谎言、揭露犯罪行径等方式适当增加其心理压力，让其因无法承受压力，从而选择进

行供述；对于那种罪行不太严重但心理压力很大，无法承受犯罪行为被公布于众、个人被判刑的后果而拒供的犯罪嫌疑人，则要减轻其压力，让其认识到只有如实交代罪行，才是唯一的出路，拒不供认只会加重处罚结果；对于本来就是重罪而畏罪心理强烈的犯罪嫌疑人，则可以采取"置之死地而后生"的方式，继续加大其心理压力，到一定的心理极限点时，给其指出一条出路，让其供述罪行。

2. 侥幸心理

侥幸心理是犯罪嫌疑人自认为可以逃避罪责的一种盲目自信的心理。犯罪嫌疑人的侥幸心理，一般在计划实施犯罪时就已经存在了。彼时，犯罪嫌疑人因为各种原因，认为即使犯罪也有可能不被发现，不被刑事追诉，直到被讯问，这种侥幸心理仍然存在。此时犯罪嫌疑人心存侥幸的原因主要有以下几种：第一，自以为反侦查能力强，作案手段高，作案过程非常谨慎，没有留下罪证，或是作案后已完美处理相关赃款、赃物、作案工具等，认为只要自己不供认，侦查人员很难掌握其犯罪过程，即使怀疑其有犯罪行为，找不到证据，也无从查起；第二，作案之前进行了精密的布置安排和预算，一切作案过程都在自己的掌握之中，自己有完美的不在场证据，或是其作案后果可以完美地栽赃给第三人；第三，多人作案，作案之前订立了完整严密的攻守同盟，相信同伙之间不会相互供认和揭发；第四，少数犯罪嫌疑人迷信其在公安、司法机关的关系网，相信只要自己不供认，就不会有事。

几乎所有的犯罪嫌疑人在接受侦查讯问时都或多或少地存在一定的侥幸心理，只是有的犯罪嫌疑人侥幸心理更加严重，成为其拒供的主要因素。对于这些犯罪嫌疑人来说，他们在讯问中会想方设法地与侦查讯问人员套近乎，使用各种方法进行试探摸底，并根据自己试探到的信息，以守为攻，花言巧语，避重就轻，骗取侦查讯问人员的信任。对于存在侥幸心理的犯罪嫌疑人，最佳的应对方法是侦查讯问人员可使用证据对其进行提示、揭示、揭露、揭穿其犯罪行为，让犯罪嫌疑人感觉到罪行已完全被掌握，继续狡辩只会加重罪行，从而放弃狡辩。

3. 抵触心理

抵触心理是犯罪嫌疑人对公安、司法机关甚至社会的一种强烈不满和敌视的心理状态。抵触心理并不像侥幸心理和畏罪心理那样普遍存在，抵触心理虽然只存在于极少数刑事案件的犯罪嫌疑人当中，但是有抵触心理的犯罪嫌疑人在讯问中往往敌视公安、司法人员。面对讯问，他们或是缺乏理智、出言不逊、气焰嚣张，直接与侦查讯问人员进行顶撞；或是根本就不屑于侦查讯问人员的讯问，从而在讯问过程中始终保持沉默不语，讯问工作很难顺利开展，极易陷入僵局。为什么有些犯罪嫌疑人会出现抵触心理呢？因为有的犯罪嫌疑人的世界观、人生观、价值观不同于普通人，他们具有强烈的反社会意识，在接受讯问时，会表现出强烈的不配合；也有的犯罪嫌疑人具有反动的政治立场和政治观点，他们因为本身具有不同的政治立场或是因被洗脑而具有不同的政治观点，容易发生危害国家安全的犯罪行为，并且自身不认为是犯罪行为，这类犯罪嫌疑人在接受讯问时，自然也会出现强烈的抵触心理；也有的犯罪嫌疑人是因为曾经受到过不公正对待，对公安、司法人员抱有成见，不相信侦查讯问人员会公平公正地处理案件，因此不配合讯问。

面对因具有抵触心理的犯罪嫌疑人严重不配合而导致的侦查讯问僵局，侦查讯问人员必须保持清醒的头脑，不能以势压人，要查明本案犯罪嫌疑人产生抵触的原因，有针对性地缓解其抵触情绪，从而使侦查讯问工作能顺利地开展下去。

4. 悲观心理

悲观心理是指犯罪嫌疑人面对犯罪行为即将被揭露、被公布于众，自己即将受到法律的惩罚甚至可能被剥夺生命，从而对自己的名誉、事业、前途，以及未来生活丧失信心的心理状态。

在悲观心理的支配下，有些犯罪嫌疑人对前途不抱有希望，心灰意冷，因而在接受侦查讯问时，会表现出极端冷漠、不理睬侦查讯问人员，或极其暴躁、歇斯底里，不听任何劝告和警告，甚至有的还会自寻短见。悲观心理产生的原因主要三个：一是害怕犯罪行为曝光后，不光自己被人唾弃，还会连累家人，不如离开人世，还可以不再拖累家人；二是因为所犯罪行比较严重，害怕被判处重刑，以后将被长期关押在监狱中，害怕无法适应监狱的生活，对漫长的监狱生活的恐惧感让其心生绝望；三是本来就对生活的态度很悲观，犯罪被抓后，更是没有活下去的欲望。

对于具有悲观心理的犯罪嫌疑人，侦查人员要有极大的耐心，找到他们产生悲观心理的原因，唤起他们对人生的留恋；同时还要以极大的热情感染他们，鲜活的案例激发他们，让他们重新燃起对生命和前途的信心。

（二）供认心理

供认心理是指支配犯罪嫌疑人配合侦查讯问人员的讯问工作，如实供述案情的心理意向。犯罪嫌疑人虽然存在各种供述心理障碍，但在侦查讯问人员通过政策与法律的感召与引导下，在与侦查讯问人员长时间的对峙较量下，大多数犯罪嫌疑人都会克服供述心理障碍，形成供认心理。

具体而言，实践中常见的供认心理有如下几种。

1. 悔罪心理支配下的供认心理

大多数犯罪嫌疑人在犯罪后，会为他们的犯罪行为感到后悔和内疚，会因为他们的犯罪行为对被害人和社会造成了不良后果而在良心上受到谴责。在侦查讯问过程中，经过侦查讯问人员对他们进行道德、法律、世界观、人生观等方面的说服教育后，他们会对自己所犯罪行进行重新认识，从而真心悔过，希望能够痛改前非，重新作为，于是如实向侦查讯问人员供述案情，并向被害人及其家属进行忏悔，以表达个人悔罪的诚意，争取获得宽大处理。这种悔罪心理支配下的供认心理是讯问中犯罪嫌疑人最积极的供认心理，也是侦查讯问人员在讯问中最期望获取的犯罪嫌疑人的心理状态。

2. 趋利避害心理支配下的供认心理

趋利避害是人的本能，每一个犯罪嫌疑人在犯罪后，最初都希望能侥幸蒙混过关，不被发现。但讯问中一旦发现罪行无法隐瞒时，受趋利避害心理本能的支配，犯罪嫌疑人会产生一种供认动机而坦白罪行，但坦白到什么程度，供述多少，取决于侦查讯问人员掌握了多少证据，以及犯罪嫌疑人认知的侦查讯问人员了解多少案情。如果犯罪嫌疑人发现侦查人员掌握了足够多的证据，他们会选择如实供述，争取坦白从宽。相反，如果他们发现侦查讯问人员掌握的证据有限，则会选择少供或避重就轻地供述。

3. 释压心理支配下的供认心理

大多数犯罪嫌疑人犯罪后，内心就处于一种内疚、害怕被追诉的状态，直到被侦查机关发现，以致被羁押。法律强大的威慑力、个人强烈的罪责感以及所处生活环境的不适应，犯罪嫌疑人内心的焦虑，都会使其食不甘味、坐立不安、寝不安眠、身心俱疲。这种焦虑达到一定的程度后，为了摆脱这种局面，很多犯罪嫌疑人会选择供述犯罪行为，从而释放自身难以承受的压力。

4. 直来直去的心理支配下的供认心理

有些犯罪嫌疑人性格耿直率性，认为自己既然已经实施了犯罪行为，就应当承认自己的所作所为，承担相应的后果，不喜欢、不善于也没必要与侦查讯问人员死缠硬磨、拐弯抹角。

5. 替人顶罪或保护其他同案人不被追诉心理支配下的供认心理

有的犯罪嫌疑人因亲情关系、利益关系等原因替代他人承担罪行，自愿接受法律的惩处。在讯问中，这类犯罪嫌疑人往往表现出积极的供认行为。还有部分犯罪嫌疑人出于哥们义气或是之前订立的利益同盟，选择自己一个人承担全部罪行，以保护其他同案犯罪嫌疑人不被发现和追诉，主动供述全部罪行。

二、犯罪嫌疑人在讯问中从拒供到供认心理变化的一般过程

一般而言，犯罪嫌疑人实施犯罪行为后，被抓捕前，都会对自己被抓捕的场景、可能被追问的问题、可能面临的法律制裁、自己应如何应对等问题进行思考，并做一定的思想准备。但实际上，一旦犯罪事实被发现、被揭发时，犯罪嫌疑人还是会出现暂时的心理混乱。但这个时间很短，犯罪嫌疑人会迅速调整自己的状态，整理自己的情绪与思维，全面梳理案情，回忆作案经过，回顾作案前后的活动，预估可能会出现破绽的地方，回想之前做好的应对策略，快速建立起自我防御体系。

因此，在抓捕犯罪嫌疑人后，越早对其进行侦查讯问，其所建立的防御体系就越不完善。如果能够在犯罪嫌疑人还未来得及自我防御时，就开始对其进行有计划的针对性讯问，很有可能快速获取真实可靠的供述。当然，在大多数时候，侦查讯问开始时，犯罪嫌疑人已经在内心建立了自我防御体系。

要想打破这个防御体系，让犯罪嫌疑人由拒供到供认，有一个逐步变化的心理过程。这个过程大致经历试探摸底、对抗相持、动摇反复、供述认罪四个不同的心理变化阶段。

（一）试探摸底阶段

犯罪嫌疑人一开始面对侦查讯问人员的讯问时，内心会特别想知道自己是如何暴露的，侦查讯问人员是不是已经掌握了自己犯罪的事实和证据，以及掌握了多少证据，等等。因此，犯罪嫌疑人会进行试探摸底，希望通过与侦查讯问人员进行周旋、试探来弄清楚他们掌握的案件事实，以确定自己在讯问中如何应对，是否供述，供述多少，供述哪些内容等。

除这些以外，在侦查讯问的开始阶段，犯罪嫌疑人还想通过试探来了解侦查讯问人员的个性特点和办案能力，为此，他们会使用以下方法。

1. 索要证据

犯罪嫌疑人会假装无辜，向侦查讯问人员索要证据，并理直气壮地声称"你们凭什么抓我，你们有证据吗？""你们要是有证据，你们随便抓，要是没证据，你们抓错人了，我要告你们……"犯罪嫌疑人会通过观察侦查讯问人员的反应，感知侦查讯问人员的态度，从而判断侦查讯问人员是否已掌握相关证据，是否了解案情详细情况。

2. 谎供

在侦查讯问中，犯罪嫌疑人会向侦查讯问人员撒一个小谎，然后悄悄地观察侦查讯问人员的反应。如果侦查讯问人员连连点头，犯罪嫌疑人就会认为侦查讯问人员并未掌握案情；如果侦查讯问人员突然紧皱眉头，那就是发现其撒谎，也就说明侦查讯问人员是掌握了解这个案件事实的。当然有时犯罪嫌疑人还会将谎言掺杂在真实的供述中，以假乱真，并观察侦查讯问人员的反应，从而判断自身所犯罪行的暴露程度。

3. "装疯卖傻"，试探侦查人员的个性

犯罪嫌疑人在侦查讯问中会自然而然地把侦查讯问人员作为对立面，为了更好地进行对抗，有些犯罪嫌疑人会企图从侦查讯问人员的个性特点上寻找薄弱环节，然后与之对抗。他们或对侦查讯问人员的发问或不合理的动作突然发怒，借机发挥，大吵大闹；或竭尽所能地讨好侦查讯问人员；或软磨硬泡，装疯卖傻，搅乱侦查讯问人员的讯问节奏和计划。然后，悄悄地观察侦查讯问人员的表情、态度和做法，从中揣摩侦查讯问人员的个性特点，构建应对方法。

试探摸底的行为，在侦查讯问开始阶段表现得最为突出，根据犯罪嫌疑人的个人揣测，也会出现在侦查讯问的全阶段。

（二）对抗相持阶段

犯罪嫌疑人经过试探摸底阶段，对侦查讯问人员的个性及案情暴露情况有了一定的了解，恐惧、紧张心理会有一定的缓解，心理趋向稳固，防备体系更加坚固。接下来的阶段，犯罪嫌疑人除了在回答问话时，会更有针对性地进行拒供、谎供等，甚至会选择主动出击，通过一系列的回答全面构建伪案情、伪事实。讯问双方进入防守与进攻、狡辩与批驳、逃避与揭露的对抗相持阶段。这一阶段，犯罪嫌疑人常用的方法如下。

1. 拒供

试探摸底阶段后，犯罪嫌疑人如果认为侦查讯问人员并未掌握其犯罪事实和实质的证据，便会全面拒供，或拒绝回答一切问题，或大哭大叫，喊冤叫屈。更有甚者，与侦查讯问人员直接对抗，肆意顶撞。

2. 谎供

试探摸底阶段后，犯罪嫌疑人认为侦查讯问人员虽然了解一定的情况，但并不全面，虽然掌握了一定的证据，但并不充分，于是其便会根据自己了解到的侦查讯问人员掌握的证据情况，选择性地进行撒谎。对于侦查讯问人员并未掌握的情节，犯罪嫌疑人会采用编造谎言的方式，编造系统的谎言欺骗侦查讯问人员，以求蒙混过关。

（三）动摇反复阶段

经过长时间对抗相持的激烈斗争，犯罪嫌疑人的身体逐渐疲惫，心理防线也渐渐出现动摇，侦查讯问人员如果能够使用有效的侦查讯问策略与方法，那么就能使犯罪嫌疑人的侥幸心理、抵触心理渐趋缓和，供认心理得到激发、强化。这一阶段，犯罪嫌疑人思想斗争非常激烈，徘徊在供述与不供述之间，如同快要烧开的热水，需要加点火候，在这一阶段，犯罪嫌疑人常有以下外在表现。

1. 态度发生变化，由硬变软

当犯罪嫌疑人认识到自己的罪行可能已经为侦查讯问人员所掌握，继续对抗可能会带来更大的麻烦时，内心会产生放弃继续强烈对抗的想法，但考虑到供述罪行会受到的严厉处罚，还不甘心立刻供述罪行。犯罪嫌疑人的两种心理状态结合起来，其外在的突出表现就是态度由硬变软，原来还在叫嚣喊冤的，这时可能会低头不语，或是神色慌张。

2. 极力开脱，提出条件

犯罪嫌疑人内心产生供述动机时，并不会直接供述罪行，而是会先找一些客观理由为自己原来的对抗行为开脱，再自然而然地交代出自己的罪行。同时，犯罪嫌疑人之所以愿意供述罪行，也是希望通过主动供述的行为来减轻刑罚后果，因此，犯罪嫌疑人在主动交代罪行之前，往往会提出交换条件。

3. 惶恐不安，无所适从

当犯罪嫌疑人认识到自己的罪行已经为侦查讯问人员所掌握，无法隐瞒，自己又想不到好的对策和办法时，内心是恐惧和焦躁不安的。此时，他再也无法表现出之前的平静态势或强烈的对抗态势，取而代之的是惊慌恐惧和不知所措。这时，犯罪嫌疑人或是向侦查讯问人员要烟抽或要水喝，来减轻惶恐；或是手搓衣角、脚摩擦地面等下意识的动作增多；也有的会自言自语，唉声叹气。

（四）供述认罪阶段

当犯罪嫌疑人认识到自己的罪行已经为侦查讯问人员所掌握，继续对抗只会带来更大的麻烦时，会选择供述罪行。

1. 彻底醒悟，全盘供述

犯罪嫌疑人彻底醒悟，放弃与侦查讯问人员的对抗，对自己所犯罪行全盘如实地进行供述。

2. 问一句，答一句

犯罪嫌疑人虽然已经开始供述罪行，但还是不甘心一次性全部交代清楚，而是问一句，答一句，侦查讯问人员指出一个犯罪情节，其就承认一个犯罪事实，没有问到关键内容则不会选择主动供述，呈现"挤牙膏"式的供述状态。

3. 留有余地

有些犯罪嫌疑人虽然承认犯罪，但并不交代犯罪的具体情节与细节，或者隐瞒关键情节，为日后翻供留有余地；也有的尝试推卸罪责，只供述轻微犯罪行为，隐瞒重大罪行，为避免判重刑留有余地。

4. 推翻供述

犯罪嫌疑人供述罪行后，就会认真考虑可能受到的法律惩罚，或害怕受到法律的严厉惩罚，或受人教唆，有时候会选择推翻原来的真实供述。

以上情况表明，犯罪嫌疑人在供述罪行阶段仍会受到畏罪心理与残存的侥幸心理作祟，而表现为不彻底性和反复性。因此，对侦查讯问人员而言，应该追根问底，一旦犯罪嫌疑人供述，一定要追问细节，防止其日后翻供，尽可能地追问其可能隐瞒的其他犯罪行为，深挖余罪。

第三节 犯罪心理测试

一、犯罪心理测试的概述

犯罪心理测试，又称测谎，是通过测量一个人在回答编制的问题时，其呼吸、血压、脉搏跳动、皮肤电等的变化来检测此人是否撒谎的活动。

（一）犯罪心理测试的基本原理

测谎仪所测试的实质，是对被测者在紧张心理状态下的各种压力指标的测试。测谎仪测试的是心理刺激所触发的一种或几种生理反应。根据心理学研究成果，人的大脑面对外界刺激，总会留下记忆痕迹，犯罪嫌疑人在实施犯罪后，也会在大脑中留下记忆，而犯罪后，因为受到良心的谴责及法律威慑力的影响，心理上对犯罪事实的记忆会更加深刻，也会对犯罪相关问题相当敏感。犯罪心理测试技术，就是根据这一原理，设计与犯罪相关的问题，提起相关的犯罪情节，引起情绪中枢的心理生物反应，皮肤电、血压、肌肉等指标会发生相应变化。所以，被测者在面对相同测试题的言语刺激，无论是保持沉默，或是回答"是"或"不是"，犯罪嫌疑人和知情人的心理生物指标，比起无辜的人、不知情人都会非常显著地表现出特异反应。

（二）犯罪心理测试的一般程序

进行犯罪心理测试一般有以下四个步骤，其中测试前的准备工作尤为重要。
（1）测试前的准备工作。
① 明确测试目的。
② 熟悉案情。
③ 编制测谎计划。
④ 测试前的谈话。
其中测试前的谈话内容包括以下几点。
a. 介绍测试者和被测者相互认识。
b. 解释本测试的目的及配合的重要性。例如，"今天我们是针对××一案对你进行一次科学的测试，通过仪器检验，来发现××案的真相，希望你能够配合，你能够通过测试的条件是你本身是无辜的并且是配合的"。

  c. 解释测试者是犯罪心理测试技术的专业人员。

  d. 收集被测者的背景信息。

  e. 解释犯罪心理测试技术原理，动员被测者签写犯罪心理测试自愿书。

  f. 被测者陈述有关案情。

  g. 被测者休息，测试者编制或修改问题。

  h. 为被测者戴传感器，并和被测者预习已编制好的问题。

（2）开始测试，并收集心理数据。

（3）定量分析测试图谱，发现某些情况时，立即开始侦查讯问。

（4）写出测谎意见书。

（三）犯罪心理测试的一般方法

1. 准绳问题测试法（CQT）

  这种方法把所提问题按照与案件相关的程度分为三类：一是主题问题——涉及案件主要事实的问题。二是准绳问题——要求与主题问题无关，但与主题问题形式类似。准绳问题也会造成被测者一定的心理压力，但比主题问题造成的心理压力要轻。如果在准绳问题上的反应等于或少于主题问题上的反应，这说明被测者与案件无关。三是题外问题。这类问题也是属于有关违法、犯罪的问题，但不掌握证据，也不是本次测试的主题。题外问题的目的是用来测试被测者是否还有其他问题。每次测试时，把这三类问题混合搭配，形成整套问题，每套问题询问两遍至三遍。测试后，比较不同类型问题上被测者反应的强弱。例如，在一起李某在家中被人杀害的案件中，对犯罪嫌疑人进行犯罪心理测试时，编制以下问题：① 昨天晚上 11 点以后，你去过李某家吗？② 就李某被害一案，你愿意如实回答我们的问题吗？③ 除了本案以外，你还有过其他暴力伤害他人的事吗？其中①②③分别属于主体问题、准绳问题和题外问题。

2. 紧张峰测试法（POT）

  这种方法所设计的问题每一组都由内容形式相似的问题组成，但是其中只有一个问题是真正同案情相关的。如在涉及用什么工具杀人的问题上，可以设计一组问题：① 是用刀砍的吗？② 是用斧头砍的吗？③ 是用棍子打的吗？④ 是用枪杀的吗？⑤ 是用石头砸的吗？在这一组问题中只有问题②是真正的作案工具，其他问题都只是内容形式相似的问题。

如果被测者确实知道这个情节，当问他一连串问题的时候，他会对相关问题的反应出现一个紧张峰。

其他常用的测试方法还有犯罪情景知情测谎法等。

二、犯罪心理测试的意义

（一）犯罪心理测试技术会给犯罪嫌疑人造成心理压力

犯罪心理测试技术具有一定的科学性，一定程度上能够测试出犯罪嫌疑人是否撒谎。犯罪嫌疑人在侦查讯问中撒谎，最大的心理负担就是担心谎言被揭穿，因此，当侦查机关对犯罪嫌疑人使用犯罪心理测试技术时，会对犯罪嫌疑人心理造成很大的压力。并结合给犯罪嫌疑人介绍犯罪心理测试技术的科学性，犯罪嫌疑人在测谎时即使不撒谎也可以知道其在哪些情节上比较在意，再配合使用证据、说服教育、情感影响等策略方法，就能彻底打破犯罪嫌疑人的心理防御体系，促使犯罪嫌疑人交代问题，取得侦查讯问的胜利。

（二）根据犯罪心理测试结果，研究侦查讯问和调查方向

使用犯罪心理测试技术，合理编制测试问题，可以根据测试结果，研究犯罪嫌疑人最害怕、最担心的问题是什么，有目的地选择其心理防御体系中的弱点作为侦查讯问的突破口，为突破全案创造条件，也为下一步侦查方向提供线索，深入查证，展开讯问，从而扩大战果。有时候在实践中，还会出现侦查讯问人员掌握了一定的证据、材料，需要经过核实，在通过一般的侦查讯问环节来核实证据时不能确定时，可以利用犯罪心理测试技术这一辅助手段，编制相应的测试问题，协助侦查讯问人员核实已掌握的线索、证据，逐一进行分析和判断，真正了解案情，分清是非，排除无辜。

（三）犯罪心理测试技术是使用证据的辅助手段

使用证据是侦查讯问中重要的讯问方法，是打消犯罪嫌疑人侥幸心理的重要方法，犯罪心理测试也是打消犯罪嫌疑人侥幸心理的重要方法。在讯问中，如果将使用证据和犯罪心理测试技术结合起来，侦查讯问效果会更为明显。仅使用前者方法，对于部分犯罪嫌疑人而言，如果一次性打击其侥幸心理不到位，犯罪嫌疑人会迅速进行修复，一旦防御心理修复完成，再要攻破就会更难。仅使用后者方法，犯罪心理测试的问题必须明确、具体，提到的日期、地点、方

式、方法都必须很准确，否则，就无法用简单的"是"或"不是"来回答。但如果问题过于明确、具体，有时候又会让犯罪嫌疑人揣测到侦查讯问人员的意图，会给继续讯问带来较大的困难。如果在使用证据时配合使用犯罪心理测试技术，则可以有效避免这些问题的出现。

三、实践中使用犯罪心理测试技术应注意的问题

（一）不应过分夸大犯罪心理测试技术的作用

犯罪心理测试技术只能作为一种辅助手段，过分夸大它的技术作用也会误入歧途。这是因为在进行犯罪心理测试时，被测者面对测试题目，一般只需要回答"是"或"不是"，而不需要做过多的解释，这样并不能解决复杂的心理控制问题。

同时，犯罪心理测试的准确率并不高，更不能达到百分之百或是百分之九十九以上。但认定案件事实则要求必须准确，认定犯罪嫌疑人有罪的证据要求更是要达到证据确实、充分的程度，任何一丝半点的差错都有可能造成冤假错案，造成对无辜公民人权的侵害，甚至导致无可挽回的严重后果。因此，绝不能因为进行了犯罪心理测试，而减少其他侦查行为和讯问活动，犯罪心理测试只能是侦查行为和讯问活动的一种辅助工具。

（二）犯罪心理测试结果不能直接作为证据使用

在我国，法律并没有对犯罪心理测试的结论是否具在证据资格予以明确规定。只有最高人民检察院在1999年9月10日发布的《关于CPS多道心理测试鉴定结论能否作为诉讼证据使用问题的批复》中指出，CPS多道心理测试（俗称测谎）鉴定结论与刑事诉讼法规定的鉴定结论不同，不属于刑事诉讼法规定的证据种类，人民检察院办理案件，可以使用CPS多道心理测试鉴定结论帮助审查、判断证据，但不能将CPS多道心理测试鉴定结论作为证据使用。根据最高人民检察院的上述司法解释以及犯罪心理测试技术的特点，我们认为，在当前的技术水平和操作能力下，测谎结论还不具备科学证据的资格，不应该作为法庭证据使用。具体理由如下。

第一，最高人民检察院有明文的司法解释明确CPS多道心理测试不能作为证据使用。

第二，犯罪心理测试的结论虽然具有一定的准确度，但准确度未达到法庭科学证据的要求。实践中，即使是无罪的人在接受测试时，也有可能会出现因

为紧张而引起的生理参量的变化。而相反，一个受过特殊心理训练的人，或是狡猾老练的惯犯，在接受测试时也可能没有明显的生理参量变化。

第三，当前我国从事犯罪心理测试的工作人员专业性整体不高，业务素质参差不齐，犯罪心理测试技术有待进一步完善，与犯罪心理测试相关的法律规范也处于空缺状态，盲目使用犯罪心理测试结果作为定案根据，会影响刑事案件的正确裁判。综上所述，我们认为，可以使用犯罪心理测试结果为侦查工作指示线索与方向，可在侦查讯问中使用犯罪心理测试增加犯罪嫌疑人的心理压力，辅助侦查讯问活动，但当前还不宜采用犯罪心理测试结果作为判定犯罪嫌疑人是否有罪的证据。

拓展知识

面对警察的讯问，说谎的人为什么会耗费更多精力？

第一，说谎的人需要事先编造一个故事，认真思考故事的每一个细节，从而做到与已知事实相符。这个过程需要耗费大量精力。

第二，说谎的人需要努力记住编造的故事以及其中的全部细节，以免自相矛盾。这个比记住一件真正发生过的事情需要耗费更多精力。

第三，说谎的人会因为害怕谎言被揭穿而惴惴不安，这也会耗费大量的精力。

第四，说谎的人需要像演员一样进入角色，时刻注意观察侦查讯问人员的外部表现、动作表情，琢磨他是否会看穿自己的谎言，并需要随时调整自己的应对策略，调整过程中还不能把事实真相说漏嘴，这个更是极耗精力。

说谎需要提前策划，需要随时应对，需要意志力刻意为之，因此，说谎最终会让人筋疲力尽。

本章小结

通过本章的学习，我们掌握了侦查讯问人员在讯问中应具备的良好心理素质及其养成途径，知道了犯罪嫌疑人在讯问中的心理特点及心理变化过程，了解了犯罪心理测试技术的相关运用。这些心理学的相关知识都可以帮助我们更好地开展侦查讯问活动。

思考题

1. 侦查讯问人员应具备哪些良好的心理素质？
2. 犯罪嫌疑人常见的供述障碍有哪些？
3. 犯罪嫌疑人最终会选择供述的心理动机有哪些？
4. 在实践中运用犯罪心理测试技术应注意哪些问题？

第八章

证人心理和被害人心理

◆ 本章引例

《今日说法》2022年2月20日播出的一期节目《愤怒的苦果》，讲述了一个25年积案的侦破过程。1996年7月2日，山东省德州市某某村发生了一起刑事案件，当天晚上7点多钟，村民高强在自家门口被人持刀捅成重伤，他的妻子轻伤，父亲不治而亡。20多年过去，行凶的犯罪嫌疑人高平始终没有归案。2021年5月13日，德州市公安局陵城分局成立专案组，第六次启动这起命案的追逃侦查。2021年6月10日清晨，犯罪嫌疑人高平被抓获归案。经审讯，犯罪嫌疑人对所犯罪行供认不讳，25年前案发现场情况得以还原。

事情起因是案发前一个多月，犯罪嫌疑人高平的8岁儿子与被害人高强的7岁女儿在玩耍时产生矛盾，发生了厮打，高强的女儿吃了亏。女孩的奶奶不依不饶，和男孩的妈妈，即高平的妻子理论，后来升级为争吵、厮打。经村委会调解不成，后又提起民事诉讼。1996年7月2日傍晚，高平骑自行车载着妻女从农田回家，经过高强家门口时，被高强、高强妻子和高强父亲三人手持农具追打，高平及其妻女都被打倒在地，头破血流。高平愤怒不已，跑回家找到一把插在泥土围墙中的旧水果刀，返回案发现场进行还击。混战中，高平捅了高强和高强妻子各一刀。在被高强父亲追打的过程中，高平反击戳中高强父亲颈动脉，致其当场死亡。原本小孩之间的简单打闹演变成了凶杀案件，而高平，因为自己的愤怒反击，也由被害人转变成了罪犯。在遭受不法伤害的过程中，高平的心理发生了变化，产生了强烈的复仇心理，在这种心理作用下，不计后果地予以反击，导致案件性质发生改变，案件当事人的身份也随之改变。

而作为本案当事人之一的高强，对案情缘由和案发过程是非常清楚的，作为知情人，他本应向警方讲清楚案情原委，为公安机关查清案情提供支持。但他在凶手高平潜逃后，出于报复心理和自卫心理，向侦查人员陈述：他本人和其妻子、父亲在家门口被凶手高平用刀捅伤了，而对案件真实缘由避而不谈。显然，高强在其心理作用下，使其在接受侦查人员询问时的表述并不符合案情事实。

◆ 本章学习目标

通过本章学习，使学生了解记忆形成机制原理、证人作证的不同心理、被害人在案发时和案发后的心理特征等知识。掌握证人证言的特点及可靠性等影响因素、刑事案件被害人的心理特征，以及被害人心理反应的影响因素。结合具体情况，对证人和被害人的具体表现，分析主客观原因，采取有效对策，引导学生形成侦查思维，为侦查破案提供有力帮助。能够懂得运用询问和调查取证的方法技巧对案件证人和被害人进行询问，高效且有质量地收集有价值的涉案证据材料。引导学生养成严格依法办事、科学调查取证的习惯。尊重、理解证人和被害人，争取他们的支持，尽快破获案件，缉拿犯罪嫌疑人，维护公平正义。

第一节 证人心理

一、记忆形成机制

记忆的字面意思是指把印象保留在脑子里，它是人脑对经历过的场景、所接触事物的识记、保持、再认和回忆，是进行思维、推断等高级心理活动的基础。记忆作为一种基本的心理活动过程，与思维、情感和意志等其他心理活动有着密切联系，其联结着人的各种心理活动，是人类学习、工作和生活的基本机能。

（一）记忆形成

记忆的形成机制由识记、保持、再认和回忆三个环节组成。

1. 识记

识记是记忆过程的开端，是对事物的识别和记住，并形成一定印象的过程。人们对映入眼帘的任何事物不一定都会产生知觉，同样人们对于感知到的事物也不一定都会通过识记而进入长时间记忆。所以，对事物的识记有小部分可以通过一次感知后就能实现，而大部分内容则需要通过反复感知和刺激，使新的信息与人已有的知识结构形成联系，从而得以识记。

根据是否有目的地进行识记，可以把识记分为无意识记和有意识记。

无意识记是指人们没有预定识记的目的，也没有运用专门的方法，不需要做一定的意志努力，就能将某事件自然而然地记住了的识记。如看过的体育比赛、听其他人讲过的故事，人们在感知它们时并没有识记的意图，但这些内容一段时间后却能重新出现在人们的脑海里。无意识记带有极大的选择性质，对于接触过的东西、体验过的情绪是否被人们记住，要受周围事物关系的影响。无意识记的内容有两个特征：一个是作用于人们感觉器官的刺激具有重大意义或引人注意，人们通常会对新异的事物过目不忘；另一个是符合个体的需要、兴趣，以及能产生较为深刻的情绪体验的内容，如人们对于参加重大比赛时的情景、开展军训、实弹射击等情景的识记。

有意识记，是指有预定目的，在识记过程中要做出一定意志努力的识记。识记的目的性决定了识记过程是对识记内容进行积极主动的编码过程。这种编码包括识记什么和如何识记。前者确定识记的方向和内容，后者则确定采取什么方法去更好地记住识记内容。在学校里的大多数知识学习都是有意识记，学生所上的每节课都包含着一定的教学目的、教学任务。老师一般会先做阐述，激发学生的识记意图，以便学生以一种主动的心态去学习新知识。为了更好地掌握新知识，有些同学全神贯注地听老师讲授，即用心记的方法；而有的同学可能边听边做笔记，采取心记与笔记相结合的方法等。有意识记的效果明显优于无意识记。

但是，无论是有意识记还是无意识记，其识记效果都会受到事件的重要程度、个人兴趣关注、加工深度等因素的影响。在现实中，证人既可能进行有意识记，也可能进行无意识记，他们对信息的加工与编码是不同的，在收集证据时应当考虑这一因素。

2. 保持

保持是指人识记信息之后，通过一定的方式将信息编码并储存在大脑中的过程。记忆的质量与效果依靠保持，它是对识记内容的一种强化过程。保持是记忆的中介环节，它对于证人证言的精确性和完整性有着重要的作用，是其作为证据的证明力的决定因素。

保持的效果主要受到三个因素的影响。

一是保持时间。人们都有体会，间隔时间长比间隔时间短对事件回忆的精确性要低且不完整。曾经有心理学家做过一个实验：心理学家本人学习了一系列无意义音节，停止一段时间后再去学习这些无意义音节，并记录下重新学习所节省的时间以及重新学习时所减少的阅读次数。通过分析，他得出了一条反映实际情况的"遗忘曲线"：人们对刚刚经历过的事件忘得很快，随着时间的推移，遗忘速度却越来越慢。这一结论后来被许多人用不同的测试和不同的记忆材料进行的研究一再证实。当然，心理学家的研究结论是从机械记忆中总结得到的，而在现实生活中，证人的证言记忆材料是有意义的，两者并非完全一致。

二是后来的信息。毫无疑问，证人在较长时间间隔之后回忆信息比短时间间隔之后回忆信息，信息的完整性和精确性要低。人们自然而然会问：在保持的这段时间里究竟发生了什么，为什么信息的精确性会降低呢？是否在最初的编码或后来证人陈述的这段时间内插入了什么有影响的事件因素？有研究表明，在保持的这段时间里，识记之后发生的一些事件和信息是有可能改变初始事件的储存记忆的，新的识记信息进入已有的记忆结构中，会丰富与改变既有的记忆储存。

三是自我诱导。有研究指出，自我诱导会使证人记忆中的原始事件与诱导的目标事件产生混淆，造成记忆的保持与客观事实有出入。学界普遍认为，在记忆的保持阶段，人们已获得的信息，从数量上来说会变得越来越少，从内容上来说会趋于合理。当然也存在着一些情境记忆，其记忆的准确性很高，而且保持的时间也很长，不过这种保持的趋势还是符合上述变化的。总之，证人的记忆保持阶段并非仅仅将外界识记内容记录下来的静止储存，记忆保持的效果不是一成不变，而是一个动态过程，在这一过程中会发生一系列变化。

3. 再认和回忆

在心理学上，再认是指经历过的事物再度出现时人们能够确认，回忆则是指把过去曾经经历而当前并非作用于人们的事物，在某种有关信号的刺激下，引起头脑中形成暂时神经联系的兴奋，从而实现某种识记的恢复和提取的心理过程。比如，能认出多年不见的老熟人，能认出多年前使用过的物品，考试时作答选择题、判断题等，都是再认的表现。而背诵以前所学的古诗、课文，考试时作答填空题、问答题等，都是通过回忆来完成。

再认和回忆其实没有本质的区别，再认是回忆的初级表现形式，再认比回忆要容易，能再认的不一定能回忆，能回忆的一定能再认。当再认发生障碍时，就会马上转化为回忆，在头脑中追寻曾经的识记印象，这种现象被称为追忆，是有意回忆的一种特殊形式。所以再认和回忆是紧密相关的两个环节，两者的根本区别在于再认是针对感官之外的事物而言的，而回忆是针对头脑中所保留的事物的识记印象而言的。回忆是识记和保持的结果，但回忆并不只是所保持材料的机械简单地重现，而是通过联想，在许多旧知识经验甚至全部知识经验中加以筛选，并有思维参与的过程。虽然再认比较简单，但迅速、确定地再认还有赖于以下三个条件。一是识记的精确性和牢固程度。对事物的识记越牢固、精确、熟练，再认就越快、越准确。反之，再认便会缓慢且不准确，只有熟悉之感。二是当前呈现的事物及其环境条件与以前经历过的事物及其环境条件的类似程度。经历过的事物重新出现时，若变化太大，就难以再认。甚至环境条件（如时间、地点）发生变化，即使事物本身变化不大，再认也会发生困难。例如，多年不见的童年时的伙伴突然在他乡相遇，就很难再认出来。三是主体的身心状态。主体的身体状态、情绪状态、思维活动的积极性以及个性特征等均影响着再认的速度和准确性。人在身体疲劳、情绪紧张时，再认行为会较为困难，积极的思维活动则有助于提高再认效果；独立性强的人比依赖性强的人再认能力强；个体对事物的期待也影响着再认的速度和准确性。

根据是否有目的任务，可将回忆分为无意回忆和有意回忆。无意回忆是没有预定的目的任务，不自觉地想起某些旧经验，如"触景生情"就属于无意回忆。有意回忆是有预定的目的任务，自觉地去想起以往的某些经验，如考试时回忆曾学过的知识，就属于有意回忆。有意回忆有时比较容易，有时则较困难，需要较大的努力，思索再三才能回忆起来，这种情况就是追忆。

根据是否借助于一定的中介进行回忆，可将回忆分为直接回忆和间接回忆。直接回忆无须借助于任何中介，可由当前的事物直接唤起旧经验的回忆。间接回忆则需要借助于一定的中介，才能唤起旧经验的回忆。

识记、保持、再认和回忆是记忆的基本过程。记忆过程中的这三个环节是相互联系、相互制约的。识记是保持的前提，没有保持也就没有再认和回忆，而再认和回忆又是检验识记和保持效果好坏的指标。记忆形成机制的过程表明，证人的记忆保持阶段并非仅仅将外界知觉内容记录下来的静止阶段，而是一个动态的过程，在这一过程中会发生一系列的变化。

（二）记忆表达

1. 记忆提取

提取，从字面意义看，是指从负责保管的单位或机构中取出财物。记忆提取可以理解为在记忆编码和存储过程中形成的神经通路或者神经网络中获取相关识记信息，是一种重新激活的思维活动。这个重新激活的过程与原来记忆存储时激活的过程具有一定的相似性，但也有很大的差异。记忆提取并不能完全重现当初的识记体验，因为记忆保持的效果受到三方面因素的影响，其中新的信息因素对于回忆信息的完整性和精确性有较大的干扰，后来的识记信息进入已有的记忆结构中，会丰富与改变既有的记忆储存。

这就不难理解，为何证人确信自己记得十分清楚的事件还有可能出现错误。在实践中，侦查人员一般都坚信，只要证人不存在作伪证的动机与故意，那么其陈述的内容应当是可信的。这其实是误将记忆分为遗忘与准确记住的表现。这一观点忽略了在记忆提取过程中可能存在的重构现象，对记忆保持的动态变化没有正确认识，高估了证言的准确性。当然，主张记忆的提取存在重构现象，并非排除一切证言的可靠性。侦查人员对于记忆的提取要有一个正确的立场，证人证言的提取除了在特定的情形下出现错误外，一般还是值得相信的。目前的研究对于这种记忆的重构现象还难以在证人心理上区分当初的识记信息和后来吸纳的事件信息。这种识记信息干扰可能是造成证人证言出现错误的心理原因之一。

造成识记信息受到干扰混淆的原因主要有以下三个方面。一是提取被压抑的记忆。提取任何信息几乎都会受其所出现的背景的影响，而且储存编码与记忆提取之间的时间间隔越长，提取就越可能出现歪曲与错误。按照精神分析的观点，有些使人们非常痛苦以致不能处理的记忆内容往往会被放到意识所不能到达的地方，导致记忆提取也较困难，即使成功提取也容易被歪曲。二是错误的记忆。已有研究指出，想象某件事会导致"想象膨胀"，即使某件事没有发生过，但对其进行想象的人却坚信它曾经发生过。许多侦查人员都认为记忆的持久性可以表明其准确性，其实这是一种错误的认知。记忆的持久性不仅不能代表其准确性，反而很可能是对记忆失误的一种表达。三是环境的需求。提取的记忆可能和速度以及环境的需求有直接的关系，不经常用到的信息可能很难被提取，即使提取出来也需要花费较长的时间，而且以前对记忆的使用在很大程度上决定环境再次用到它的可能性，当反复用到某种记忆信息，记忆系统就会认为其再次用到的概率也大，因此对这些记忆信息的提取也会快很多。

提取作为证人陈述之前的一个心理机制，对陈述的影响也较为直接。现代认知心理学研究表明，人类的记忆提取存在重构现象，或者说记忆提取中存在"重建"现象比存在"对应反映"现象更切合实际。可是当前实践中，仍有许多侦查人员恪守"对应反映"观念，这一观念应当改变。

2. 证人陈述

证人要将自己的记忆内容传递出来，通常借助于陈述。证人的陈述离不开对语言的运用，离不开具体的言语表达活动。现代心理学认为，语言的功能在于提供了一套可供说话的、人用以达到目的的表达标准形式。这些表达标准形式的内容随着说话者的目的不同而变化，而且这些内容也从表达形式中得到独特的分析。此外，由于语言的作用，说话者也能保存聆听者已知的内容痕迹，并能用满足聆听者要求的方式把话说出来。现代心理学将语言的功能归纳为三个方面：一是讲话活动；二是主题内容；三是论题建造。其中主题内容体现了说话者试图通过说话活动而传递的深层主题，证人的陈述正是通过主题来反映自己知晓的事件以及事件的状态；而论题建造可以确保询问的有效进行，有助于侦查人员与证人的有效沟通。

在询问过程中，证人的语言一般都是思维的语言，证人证言作为法定证据之一，可能对犯罪嫌疑人的定罪量刑发挥重要作用，所以证人的陈述表达一般是经过思考的。当证人被询问时，证人要通过自我掌握的词汇进行思维活动，回忆提取所储存的识记信息，然后对提取的编码信息进行条理化加工，陈述出经过思考和言语组织的答案。这一过程既是口头陈述，也是证人运用内部语言词汇进行思维活动的过程。语言是概括性的表示事件信息的形式，它有可能使我们摆脱案件事实的具体形象。比如证人在陈述时，可能撇开当时看见的鲜血、凶器、尸体等具体事物，而是借助语言词汇所表示的概念来进行思考陈述，用红色、血迹等词加以概括描述，然后合乎逻辑地将这些事物联系起来，以反映揭示事物的规律和属性。

证人的陈述能力是侦查人员询问中甚至司法诉讼过程中都必须要考虑的问题，因为证人的陈述能力常常涉及是否具有证人资格的问题。年龄太小的儿童，不具有陈述能力。许多国家都明确规定一定年龄以下的儿童不具备作证的资格（各国对年龄的要求有一定差异）。我国《中华人民共和国刑事诉讼法》规定，生理上、精神上有缺陷或者年幼，不能辨别是非、不能正确表达的人，不能作证人。证人的陈述能力乃是证人参与刑事诉讼、顺利完成作证活动所应具备的基本条件，这对于询问的顺利进行具有重要意义。

二、证人记忆特点及影响因素

（一）证人记忆特点

1. 瞬时短暂

按照保持时间长短的不同，可以将个体的识记分为瞬时记忆、短时记忆和长时记忆。瞬时记忆又叫感觉记忆，是极为短暂的记忆，其特点是：记忆很快就会消失，保持时间在 0.25~2 秒，记忆痕迹容易衰退；若信息受到特别注意而得以加工，就会转入短时记忆，其余的信息则会消失；瞬时记忆的信息容量较大，形象鲜明。短时记忆又叫工作记忆，其特点是：记忆时间很短，不会超过 1 分钟，一般在 30 秒左右；容量有限，一般为（7±2）组块，平均值为 7；很容易受到干扰。长时记忆又叫永久性记忆，其特点是：记忆储存时间超过 1 分钟，直至几天、数年，甚至终身不忘；记忆容量无限；保存时间长久。

案件知情人对案情的识记是瞬时发生的识记，具有识记过程短、迅速的特点。知情人的这种识记以瞬时记忆为主，还包括部分短时记忆。虽然知情人在案发过程中所见到和听到的信息比较多，但由于时间短暂，所能识记留下的信息则比较少，能够为大脑所记忆的往往是那些形象特别、刺激新奇和个人比较感兴趣的内容。

2. 无意识性

上文所说，根据是否有目的地进行识记，可以将个体的识记分为有意识记和无意识记。知情人对案情的识记一般为无意识记。由于案发的突然性，知情人缺乏识记案件情况的心理准备，因而知情人并无明确的识记目的，其识记行为的发生是偶然促成、自然而然的。知情人对案情无意识记的效果，与案件对自身的重要性及影响程度、案件的新奇性、案件现场刺激的强度有密切关系。与知情人活动的目的、任务相匹配的事物和信息，与知情人的兴趣和个体需要相符合的事物和信息，引起知情人强烈情绪活动的事物和信息，往往容易被知情人无意识记。与有意识记相比较，无意识记不注意过程的完整性，比较注意局部特征，并且其保持时间较为短暂。

3. 片面性

知情人在识记案件的时候往往是被动的，其只能识记案情的某一局部或某一方面，不可能对案情有系统、完整的了解。知情人识记案情的这种被动性，使得知情人只能在某一有限时间、特定地点而感知到犯罪过程的某一环节或侧面，其对案情的知觉又受个体因素的影响，因而识记的效果往往带有一定的片面性。根据这一特点，侦查人员在进行案情分析时，不能完全站在知情人的角度依据其证言推测案情，而应把其证言放到案件发生的整个过程中进行合理分析，避免以偏概全。

4. 个体差异性

知情人对案情的识记受到个体主观因素的影响，识记的效果有不同程度的差异，表现出一定的个人特点。个体的职业、年龄、性别、文化水平等对识记有不同的影响。这就要求侦查人员在取证时，充分了解知情人的情况及心理特点，并尽可能通过不同证据的相互比较，从而确定其证言的可靠程度。

（二）证人记忆影响因素

最常见的证据是目击证人的证词。作为案件知情人的目击证人，通过作证，其身份变成了证人。侦查人员的调查在很大程度上依赖于证人的证言陈述。如果没有证人的证言，许多调查将颇费周折，而且也是不完整的。在一些欧美国家，警察、检察官和辩护律师认为，没有任何证据比一个目击证人从证人席上站起来指着被告说"就是他！就是他做的！"会给陪审团留下更深刻的印象了。大量研究表明，目击证人的证词是最具证明力的证据。然而与证人证言有效性形成鲜明对比的是，有关证人证言心理学研究的严重缺陷。

侦查工作始终是围绕搜寻证据和认定案件事实这个中心任务来进行的。知情人是案件的见证者和案情的了解者，他们是否作证、其证言及辨认是否可靠，直接关系到对案情的侦查是否顺利,关系到对犯罪嫌疑人的认定是否准确,影响着案件的侦破效率。证人证言失实无外乎两种可能的情况:一是证人出于某种意图,主观故意隐瞒事实做不实陈述;二是证人主观愿意如实说明所知道的事实真相,但其所陈述的内容与案情事实完全或者部分不相符合。主观故意隐瞒事实做不实陈述,另当别论。在非主观故意情况下出现的陈述错误,其心理基础应该是在案件知觉和识记的过程受到了影响,导致出现错误。具体而言,证人记忆受到影响,导致识记信息与客观事实有出入的原因主要有以下三个方面。

1. 客观因素

人们是凭借自己的各种感觉器官接收外界信息,并依靠自己已有的知识经验,通过大脑对信息进行分析、判断而形成对外界事物的知觉的。因此,外界刺激、主体的感觉能力,以及知识经验影响着人们知觉的客观性、全面性。

(1) 刺激的强度。刺激的强度决定知觉的深度。知情人能否知觉到案件及知觉是否明显,直接依赖于案件现场刺激的强弱程度。一般来讲,较弱的刺激带给知情人的识记是朦胧的,而强的刺激(如被害人高声呼喊)则带给知情人的识记较明朗。但是,刺激的强度总体来讲应该是适度的。刺激程度过强或过弱都有可能降低知觉的效果。例如,视知觉是知情人识记案件的主要途径之一,而视知觉对光线的依赖性很强,只有一定范围强度的光线才会对眼睛形成适当刺激。漆黑的夜晚或是过强的光线都可能使人"视而不见"。昏暗的灯光,能见度低,往往使知情人产生模糊的视觉印象,不能准确知觉。另外,对光线的知觉,还存在着视觉适应现象。

(2) 时间。知觉的时间太短,知情人无法感知或只能做不完全感知。案件发生时,如果犯罪嫌疑人作案迅速,作案过程时间太短暂,知情人往往不能形成确切的感知。而如果犯罪嫌疑人作案时间长,知情人对犯罪嫌疑人的行为得到长时间感知,则能获得深刻的印象。另外,知情人在一些主客观因素的影响下,对案件持续时间的识记信息容易出现错觉现象。

(3) 距离。视觉的感受性和阈限使人只能在一定距离内才能感受到、知觉到客体的形象。如果案发现场距离知情人过远,知情人可能或只能产生模糊知觉甚至产生错觉。

(4) 气候条件。天气的变化影响空气透视的效果,对视觉也有直接的影响。天气晴朗,万里无云,物体及人物形象清晰,视觉效果好;阴雨连绵,大雾弥漫,物体及人物形象模糊、朦胧,视觉效果差。气温过高或过低、有风或无风、顺风或逆风等对人的其他知觉也有直接影响。不仅如此,天气的变化还会影响人的情绪,从而影响人的感觉阈限,并最终影响人的知觉。如阴雨连绵,或天气炎热，人们的心情烦闷，感受性会降低；天气晴朗，春光明媚，人们心情欢快，感受性则会提高。

（5）对比。人们的识记实际上是从记忆的背景信息中分离出知觉对象的过程，因而知觉对象与背景的对比差别越大，越容易被分离出来，识记效果也就越好。影响知情人识记效果的对比主要有颜色对比、刺激强度对比和运动与静止的对比。颜色对比，是指如果知情人知觉对象（涉案的当事人）的服装鲜艳或面部有明显特征（头发有颜色、佩戴墨镜等），则更容易被识记。刺激强度的对比，是指感知的声音、光线等刺激与周围环境的差别越大，越容易被感知，比如寂静的黑夜、微小的声响、烟头的微光等，都更能引起人们的注意。而混杂在人群中的小偷，即使扒窃犯罪行为动作怪异也往往不被人所注意到。运动与静止对比，是指在静止的背景上，运动的事物更容易成为知觉对象，因此，逃窜的犯罪嫌疑人更容易被知觉。不过，知情人在知觉案件的过程中，同样会存在"明适应"和"暗适应"现象，容易导致知情人无法做到完全正确识记案件情况。

（6）位置环境。知情人所处的位置及案发现场的地理环境条件，同样影响其知觉的可靠性和深度。如果知情人直接面对知觉对象，知觉比较准确；如果对知觉对象进行侧面观察或观察其背影，则知觉比较模糊。如果案发现场的地理环境条件复杂，尤其是在建筑物密集的地方，或丘陵、山脉地带，知情人知觉的范围就会变狭窄，很难知觉到距离较远的案件情况。可见，侦查人员在询问知情人时，弄清知情人当时所处的位置环境条件非常重要，这样可以避免被知情人产生的错觉所误导。

2. 主观因素

知觉是由具体的行为人产生的，知情人的知觉除了受客观因素的影响之外，还要受主观意识的影响。

（1）知觉具有选择性。单以视知觉为例，当人一睁开眼睛，外界各种景象立即充满视野。但人人都曾有过这样的体验，即自己对投入视野的许多事物是"视而不见"的，这是因为外界的全部刺激瞬时很难通过感官通道被个体全部识记，只能有选择性地把少数刺激对象识记住。比如，当你站在窗前向外张望，眼前有高楼、树木、汽车和各种各样的路人，这些人与物都会刺激着你的视觉感受器。但是，如果你想在人群中寻找熟人，那么高楼、树木、汽车等事物对你来说尽管在视网膜上产生了印象（即有了视感觉），但你过后却难以确切地把这些事物回忆出来，因为你当时对它们是"视而不见"的。这种现象说明，人虽然能够感觉到大量的外部信号，但却只能对其中一部分产生知觉，或者说只能对其中一部分信息的意义做出解释，这种现象依赖于个体的兴趣和知识经验等因素。

人们更容易觉察到以往经历过的事物的详细情节，有时人们会以已有的知识经验补充案发现场多变的场面和情节。例如，同样目睹一个案发现场，外科医生更注意被害人被害的部位及伤势；而演员则更注意犯罪嫌疑人及被害人的情绪变化；有法律知识的人则在肇事车辆逃跑时，能立即记住其车牌号。这便是人们在处于相同条件下进行观察时产生不同知觉效果的原因。人们知觉到的往往是使自身感兴趣的东西，因此，知情人对自己感兴趣、符合自己认知需求的事情也记得比较牢固。

（2）情绪唤醒水平。情绪唤醒水平是指人的情绪在大脑皮层的兴奋程度影响下的表现。情绪唤醒水平高，就说明不需要太多的外界刺激就能激发起人们的兴奋情绪；反之，情绪唤醒水平低，则需要大量外界的刺激才能激发起人们的兴奋情绪。基于情绪唤醒水平不同，个体在知觉案件发生过程中的精神紧张程度不同，知觉的效果也就不同。

情绪唤醒水平过低，个体对知觉对象越不容易集中注意力，精力分散，往往会疏忽、遗漏案情的有关情节，这便是知觉水平低。但是，情绪唤醒水平过高，则容易导致个体处于高度的应激状态，情绪高度紧张，也容易降低个体的观察力和注意力集中程度，致使个体在知觉案件过程中也会忽略掉某些重要情节。而中等的情绪唤醒水平既可以使注意力集中，情绪适度紧张，也能使个体的知觉清晰，识记能力状态良好。

在知觉案件的过程中，案情的性质、严重程度不同，对知情人情绪唤醒水平有不同影响，知觉也表现出不同特点。一般说来，在不引起知情人强烈应激状态但又能使其处于中等情绪唤醒水平的案件（如盗窃案）中，知情人的证词往往较为可靠；而在激情犯罪或那些不引起知情人兴趣的轻微案件中，由于知情人的情绪唤醒水平过高或过低，其对案情的知觉不完整，因此其证言的可靠性较低。

（3）期望错觉和偏见。期望，是个体按照自己的预设勾画对知觉对象所抱有的主观立场的预测性认知，这是由个体基于过往的经验而产生的对外界的人或事物的心理预期。这种心理预期带有个体自己的主观预设，容易造成不符合客观实际的错觉。在人们的知觉过程中，个体的主观期望指导人们在感知事物时搜寻特定的信息，因此个体不能客观地按照事物的本来面目去认识它，而是倾向于去看和听个体所期望看到和听到的事情，从而产生知觉失真，即错觉。在对刑事案件的知觉过程中，某些知情人在自己的主观经验或他人暗示的影响下，会产生期望错觉，从而干扰其对案情进行客观认知。

偏见是指人们对事物所持有的不公正、不客观的消极看法。个体偏见也会干扰人们的观察能力，容易使人产生不符合客观事实的知觉。偏见使知情人在知觉案情时，往往把自己对人和事物的态度、看法掺和进去，根据自己头脑中固有的偏见去认定"可疑人""可疑情况""反常迹象"等。如有的知情人在知觉案情时，由于对犯罪嫌疑人没有观察清楚，并对某某人有偏见，认为他最有可能作案，就会把某某人和犯罪嫌疑人统一起来，认定就是该人作案。如有的人认为抢劫犯都是凶神恶煞、面目狰狞的，当其偶尔目睹歹徒抢劫时，头脑里就会闪现自己对抢劫犯的固有认知，却对眼前的抢劫犯面容视而不见。在研究中人们发现，似乎男性比女性更易于受偏见的影响。另外，知情人与案情的利害关系、知情人的健康和精神状态、知情人的法治观念和责任感等诸多因素，也是影响知情人知觉主动性和知觉水平的重要因素。

3. 记忆效果影响因素

前面我们讲过，记忆是人脑对经历过的场景、所接触事物的识记、保持、再认和回忆。在记忆的思维活动过程中，识记是第一个阶段，它的质与量直接影响对经验的保持、再认和回忆。知情人对案情识记完整与否、精确程度如何，直接影响着其提供证言的可靠性。

（1）事件的重要性。这里所说的事件的重要性，是指事件对于知情人的重要性及影响程度。人们在日常生活中每天要接触很多事物，不可能对所有的事物都留下深刻的印象。一般而言，那些与知情人有关的案件的人、事、物，都能引起其注意并加以记忆，而无关的信息则往往被其忽略。在能引起知情人识记兴趣的案件中，案件对知情人越重要，其识记越努力，记忆效果自然越好。

（2）职业特点。人们在长期的职业活动中，经过特殊的锻炼，形成对某项专门知识特有的兴趣、知识经验及识记能力，因而，不同职业的人有不同的识记特点。如收银员善于记数字，画家善于形象记忆，调酒师对不同味道敏感，理发师对发型、脸型特征的勾画比较贴切等。知情人在识记案情时，不仅对他们感兴趣的方面容易引起识记，而且识记效果也比较好。

（3）年龄与性别。年龄对于识记效果有明显的影响。一般而言，人们在青少年时期识记能力最强，成年以后逐渐呈下降趋势。老年人由于生理机能逐渐衰弱，记忆力明显衰退。实验证明，60岁的老人对于非专业性材料的记忆能力比20岁的青年人低40%，在记忆的方式和方法上也有年龄差别。青少年善于机械识记，在面容记忆中大多是分块进行的；青年人及成年人善于意义识记（即通过对其意义的理解来进行识记），在面容记忆中大多是通过整体进行的；老年人则善于回忆，而不善于识记。

性别差异所导致的心理差异也使识记效果有明显的不同。女性的识记更容易受情绪的影响，而且识记细腻，善于识记细节，比较关注案件当事人的服饰。男性更倾向于识记事件的过程，识记粗略，注意整体把握，比较注重当事人的容貌。

（4）受教育程度。知识经验是良好识记的条件。一方面，知识及经验丰富的人对当前事件能引起更多的熟悉认知和联想，并且懂得一些识记要点和方法。因而，一般来说，受教育程度高的个体比受教育程度低的人识记效果好。但在另外一方面，受教育程度高的人往往凭自己的感觉和思维来考虑多种因素，或进行推测，或漫无边际地演绎，缺乏对已发生问题现况的注意，容易把简单的问题复杂化，或产生期望错觉。而受教育程度较低的人通常没有过多的思维干扰，他们的思维方式相对简单，认知方式具体，通常会把注意力集中于当前的人和事物，对人的相貌的观察更为直接、专注，识记内容较为准确。因此，在这种情况下，受教育程度相对较低的人反比受教育程度高的人识记效果好。

三、证人作证心理

证人对于不同的案件有不同的反应。在侦查活动中，证人的作证心理大致分为三种：拒绝作证、作伪证和积极作证。

（一）拒绝作证心理

证人拒绝作证的心理是十分复杂的，主要有以下几种原因。

1. 怕报复

害怕遭受打击报复是目前大多数证人拒绝作证的主要原因。尤其是面对一些大案、要案、暴力性案件的凶恶的犯罪嫌疑人及其亲属，证人因担心自己的安全而不愿意作证。我国现行立法中有保护证人的权利的规定，但这些规定存在一定的漏洞，这种漏洞会减弱犯罪嫌疑人报复证人的阻抑性动机的作用。如《中华人民共和国刑事诉讼法》第六十三条有关于"人民法院、人民检察院和公安机关应当保障证人及其近亲属的安全""对证人及其近亲属进行威胁、侮辱、殴打或者打击报复，构成犯罪的，依法追究刑事责任；尚不构成刑事处罚的，依法给予治安管理处罚"的规定。《中华人民共和国刑法》第三百零八条也将打击报复证人的行为规定为犯罪。对检举人、证人打击报复，尚不够刑事处分而违反治安管理规定的，《中华人民共和国治安管理处罚法》也规定了相应的处罚办法。但具体怎样操作，并没有下文。应该说，现有的证人保护机制，只是对证人进行事后的救济保护，而没有预防性保护。这些法律上的漏洞，很容易给证人带来危险甚至是伤害。

2. 恐惧心理

恐惧是行为人遇到或想象危险情境时产生的一种情绪。有的人虽然目睹了犯罪嫌疑人的犯罪行为，但由于案件发生的突然性和残暴性，使其在知觉案件后情绪波动很大，不愿意去回忆案件发生时的恐怖情形。这类证人，一般情感、性格比较脆弱，耐受性较低。

3. 明哲保身心理

有的人虽然对案情有所了解，但却不主动向公安机关提供情况，在侦查人员询问时，也往往推却表明不知情。这类人害怕案件给自己带来麻烦，耗费自己的精力和时间，奉行"多一事不如少一事""少管闲事"的处世哲学，自私心理严重。

4. 庇护心理

这类人为了庇护犯罪嫌疑人，拒绝提供犯罪嫌疑人的有关情况。有的证人既怕自己的证言不利于犯罪嫌疑人，又担心作伪证被追究法律责任，所以拒绝作证。这类人往往与犯罪嫌疑人有直接或间接的利害关系；或是犯罪嫌疑人的亲属、朋友，关系密切；或是被收买，贪图钱财；或是为了报答恩情等。

5. 偏见

有的证人对公安机关、人民警察怀有偏见，不相信他们能秉公办案，也不相信他们能够将罪犯绳之以法，因而拒绝作证。有的证人因看到极个别警察作风不正，就对所有的警察失去信心，产生不好的印象，不愿配合警察办案。有的证人则是恐惧犯罪嫌疑人的权势，不相信法律和正义，认为作证只会自讨苦吃。

6. 报复心理

有的人虽然了解案件的真实情况，但因与被害人有仇，为了让被害人蒙受不白之冤，让犯罪嫌疑人逃脱惩罚，而故意隐情不报。

7. 糊涂落后的思想意识

有的人虽然知道犯罪嫌疑人，也与其并无利害关系，但认知糊涂、观念落后，抱着"多栽花少种刺""多行善少害人"的所谓"行善之道"而拒绝揭发犯罪嫌疑人，特别是对那些在轻微事件的发生过程中，没有个体直接受到严重伤害的案件，证人错误地认为：犯罪嫌疑人知道自己错了就行了，何必要其坐牢呢？

8. 被收买

有的证人是非观念不强，或者缺乏正义感，在犯罪嫌疑人及其亲属给予的利益的诱惑下，受利益驱动而拒绝揭发犯罪嫌疑人，拒绝反映案发现场的真实情况。

9. 侦查人员的态度

态度是个体对某一对象所持的评价和行为倾向。态度一般由认知、情感和意向三方面因素构成。某种程度上说，态度决定行为。而态度有肯定和否定、积极和消极之分。在询问证人的过程中，侦查人员如果对案件或证人持一种否定和消极的态度，将会影响到其在询问中的行为表现，从而影响到证人对询问的态度和行为方式。

（二）作伪证心理

有的证人虽然了解案情，但由于种种原因，向侦查人员提供的却是虚假的信息。证人作伪证也有以下不同的原因。

1. 包庇心理

如前所述，证人因与案件或犯罪嫌疑人有直接或间接的利害关系，害怕自己的财产受损或受到牵连，或因与犯罪嫌疑人情感密切，因而故意编造谎言，为犯罪嫌疑人开脱。

2. 报复心理

证人与被害人或犯罪嫌疑人有冤仇，为了报复被害人或犯罪嫌疑人而故意做出不利于他们的伪证。

3. 自卫心理

这类证人本身就是直接作案人或作案人的同伙，为了转移侦查人员的视线，逃避惩罚，而编造谎言欺骗侦查人员。

4. 落后意识

有的人缺乏法治观念，思想意识落后，有着浓厚的本位主义，本乡本土意识严重。这类证人往往自觉或不自觉地为犯罪嫌疑人提供虚假的证言，他们的证言有很多想象成分和情感因素，因而可靠性极低。

5. 恻隐之心

有的证人虽然对犯罪活动深恶痛绝，但在犯罪嫌疑人亲友的恳请下，也会遍施同情心，虚构案发现场情况，甚至作伪证。

具体到某些案件或某些犯罪嫌疑人，证人拒绝作证和作伪证都是一种不履行法律义务的行为，也为侦破案件带来一系列麻烦和困难。侦查人员要通过深入细致的思想教育，晓之以理，动之以情，提高证人的法治意识，激发其正义感，促使证人主动、如实地作证。对于犯罪嫌疑人的谎言，则应机智地识破。

（三）积极作证心理

大部分证人都有一定的法治观念、道德观念和社会责任感，对犯罪行为深切痛恨，愿意为打击犯罪、伸张正义、维护社会安定而揭发犯罪嫌疑人，并在侦查人员调查时，如实地反映情况。在这种情况下，证人提供的证言一般比较客观、真实，即便与客观事实有误差，也往往不是故意的。

1. 正义感

正义感也称是非感或善恶感，是一种主持公道、伸张正义、爱憎分明的高尚道德情操。具有正义感的人往往会有很高的政治热情，乐于为正义事业而献身；在险情和暴行面前，不畏强暴；光明磊落，正直无私，有好善憎恶之心。具有正义感的人，在目睹了犯罪嫌疑人的犯罪活动以后，为了伸张正义、打击犯罪、维护法律，会选择积极地向公安机关提供案件的有关情况。

2. 法律意识

法律意识是人脑对法和法律现象的反映，是关于法和法律现象的观点和态度的总称。法律意识集中表现为具有法律的正确认识和态度。具有法律意识的证人，在现实生活中不仅会遵守法律，而且会以身作则，维护法律的尊严。因此，这类证人在目睹了犯罪嫌疑人实施的犯罪活动后，会积极作证以维护法律的尊严。

3. 亲情、朋友需要

有些证人与犯罪嫌疑人或与被害人及其亲属有关，当他们受到诬陷或被人侵害时，证人会出于亲情和友情的需要而积极作证。

四、证人证言的特点及可靠性的影响因素

（一）证人证言的特点

1. 夸张性

暴力犯罪案件的证人在作证时，由于突然受到惊吓，情绪紧张、兴奋，出于对犯罪嫌疑人的憎恨，证言往往带有很大的夸张性，往往不自觉地夸大事实，言辞激烈，反应强烈。

2. 想象性

想象性多发生在作证意愿比较强烈的证人身上。这类证人或是为了表现自己，或是出于对犯罪嫌疑人的憎恨，或是出于对被害人的同情和爱，以想象修补自身感知材料的不足，希望以更充实的材料对犯罪行为做最全面、最深刻的揭示，使犯罪嫌疑人受到严厉的惩罚。这类证人的证言有的是他们自己感知到的真实情况，但也有的是他们想象中的可能情况。

3. 片面性

多数证人所观察到的只是案发过程的一个侧面或局部，他们往往是凭自己所了解的部分信息而推测案情的，其证言有一定的片面性。另外，由于观察时受到客观因素、主观因素的干扰，证人对案情的回忆也遗失了某些信息，使得其证言的客观性及证言与案发全过程的吻合性受到影响。所以，尽管是证人主动并真诚作证，其证言也会有一定的片面性。当然，证言的片面性并不说明其完全失真，没有价值，而是要求侦查人员把证言放在整个案件中做合理的分析，以实现去伪存真。

4. 隐蔽性

被动作证的证人在回答侦查人员的询问时，其证言往往有一定的隐蔽性，问到的地方，他就回答，问不到的地方，则不主动作答。有的证人回答询问时，

含糊其词，不做正面回答；有的证人在指认犯罪嫌疑人时，以动作、表情等做暗示性的回答，这种反应也是隐蔽性的表现。

5. 矛盾性

伪证违背了客观事实，而证人难以改变或掩盖那些已暴露了的或公开的事实和行为。证人在作伪证时，往往前后矛盾、左右矛盾，不能自圆其说，其证言往往与现场其他情况或他人提供的情况相冲突、相矛盾。

6. 真实性

证人是案件的见证者、知情者。在大多数情况下，只要证人作证动机端正，且排除了各种不利因素的干扰，其证言就具有一定的真实性，是侦查人员了解案情的主要依据。所以，侦查人员在排除证人作证的不利因素的影响下，要充分地给予证人信任和鼓励，使其提供更全面、更真实的情况。

（二）证人证言可靠性的影响因素

影响证人证言可靠性的前提是证人对案件的正确知觉和记忆。在这一前提正确的情况下，在作证过程中，还有一些因素会影响证人证言的可靠性。

1. 作证动机

证人作证的动机即原因，是决定其证言可靠性的主要因素。证人作证的动机有许多种，一般而言，出于正义感和责任感而作证的证人，其主观愿望是揭露犯罪事实，目的是伸张正义，打击犯罪。这类证人往往能够提供他们所看到和他们所认为的真实情况，证言较为客观、可靠，即便与客观事实有误差，也往往不是故意的。而出于包庇、报复等消极动机而作证的证人，其证言往往是虚假的。在被迫无奈情况下作证的证人，其证言往往有一定的真实性，但也有不符合实际的成分。

2. 证人的经验

生活经验丰富、阅历较深的证人，对事物有一定的观察力和洞察力。这类证人行为谨慎、考虑周全，对自己的言行后果有一定的认识。如果他们动机端正，则提供的证言可靠性强；如果他们想包庇犯罪嫌疑人，也能自圆其说，欺骗性强。相反，生活经验缺乏、阅历不深的证人则易感情用事，提供证言时考虑简单，并且往往带有一定的感情色彩，比较偏激，易受暗示的影响。

3. 证人的倾向性

证人对案件及当事人的兴趣、态度影响其证言的可靠性。若证人对被害人怀有深切的同情，对犯罪嫌疑人强烈的痛恨，其作证时易情绪激动、言语夸张；若证人对犯罪嫌疑人（如过失犯罪嫌疑人）怀有同情，则可能使其不自觉地对犯罪嫌疑人犯罪的严重程度轻描淡写，甚至为其开脱。而那些与当事人有直接或间接利害关系的人，因倾向性更为明显，证言就带有更大的偏激性和不可靠性。

4. 证人的感知能力、表达能力

感知是个体认识事物的开端，也是证人证言可靠性的前提。如果证人的感知有误，就不能正确地识记和再现现场的情况，不可能形成可靠的证言证词。证人的表达能力有时也会成为影响证言可靠性的因素，证人不能准确地表达现场状况，甚至证人在表达方面有障碍，也会导致证言的可靠性降低。

5. 侦查人员的询问

侦查人员的询问，需要一定的技巧，尤其在面对忙乱而又顾虑重重的证人时，侦查人员的询问技巧和方法会影响到证人证言的可靠性。再者，侦查人员在询问中的暗示也会影响到证言的可靠性。例如，证人在辨认或询问的过程中，可能会对某些事情把握不是十分准确，侦查人员的暗示往往会影响证人的行为倾向，从而影响到证言的可靠性。

五、证人询问技巧

为了收集刑事案件的证据信息，采取查找并询问案件证人的方法，是具有较高效率的证据收集路径。根据《中华人民共和国刑事诉讼法》的相关规定，证人证言是有较强证明力的法定证据之一。侦查人员进行证人询问时，就必须与案件证人开展沟通对话，通过言语交流收集有助于侦破案件的信息线索。众所周知，谈话交流是一门很有学问的艺术，有很多知识和技巧，涉及诸多知识领域。询问证人的形式也是通过谈话交流来进行的。侦查人员与证人谈话交流是否顺畅、谈话方法是否恰当，都会影响到证人的情绪、思考回忆的积极性、言语表达欲望等多个方面，也会影响到谈话进程，最终会影响到所采集的信息线索的质量和证明效力。因此，掌握一些谈话交流技巧，对于获取有价值的信息线索，为侦查破案提供有力支持，非常有必要。

（一）选择恰当的时空条件

时空条件具体包括时间条件和空间条件。在时间安排上，除条件允许，让证人在案发现场接受询问调查以外，在开展询问调查的时间选择上，应考虑询问时间段会对证人造成的心理影响。要尊重证人的作息时间和活动规律，非必要情况下，不应打乱证人的日常工作、生活安排，避免其因此产生主观反感甚至心理抵触。在空间安排上，也应考虑询问地点对证人造成的心理影响，同时需要考虑选择有利于侦查人员把握询问调查主动地位的场所，如侦查人员的办公室。而不宜安排在证人熟悉的地方，因为这样更有利于侦查人员把控询问进程和谈话节奏。即使是为了争取证人的配合而不得不选择在证人熟悉的地方，侦查人员也需要注意在询问谈话的过程中，尽量把握调查询问的节奏和主动权。当然，此处强调把握询问的主动权，只是为了更好地引导询问的方向、避免不必要的干扰和影响，而不是给证人施加心理压力。

（二）科学安排询问步骤

顺利实施询问调查需要做好事先准备，侦查人员需要了解案件基本情况、证人的基本情况和与案件的关联程度，结合案情发生发展的时间顺序，确定调查询问的方向和提纲。在开始询问之前，可以与证人就社会热点话题进行轻松的聊天，通过交流，营造一种轻松愉快的氛围，缓解证人的紧张情绪和思想压力。

在询问调查阶段，侦查人员首先鼓励并提醒证人将其所直接获得的案情信息讲出来，激发其积极思考和回忆再现，缓解其紧张情绪。接着再按照事先准备的问话提纲对证人进行询问。在证人陈述的过程中，尽量不要打断其思路，让其把想说的尽可能都说出来，哪怕其陈述有前后逻辑错误，只要不是故意混淆或者虚假陈述，可以允许其自己纠正，不用刻意点出。侦查人员在之后的主动问话过程中，问题要清晰明了，尽量少用专业术语，要让证人准确了解问题的核心，以便于其进行针对性回答，避免出现回答语言含糊或思路混乱的情况。

在实践中，许多侦查人员习惯于在询问中连续发问，并只要证人提供"是"或"不是"的简单回答即可。还有研究者曾经做过调查分析，发现侦查人员在证人陈述期间平均每7.5秒钟就会打断证人一次（可能是插话提问，也可能是要求复述等），这类打断插话的现象是不利于证人做完整而准确的陈述的。而且，用"是"或"不是"作答的问题属于封闭式的问题，回答此类问题不利于证人活跃思路，容易使证人误认为不需要提供详细、具体的信息，导致证人会主观排除某些很可能具有重要意义的信息线索。

(三) 帮助证人提高描述质量

由于受教育程度、智力水平、表达能力等多种因素的影响，不同的证人，通过个人理解并表达出来的语言信息和其记忆中所掌握的信息是否一致，语言表达是否准确，能力各不相同。因此，在询问准备阶段，按照询问调查的目的，对于一些主观理解性较强的定性和程度表达，可以准备一些辅助材料。比如，对形状的判断确定，可以预先准备与案情相关的各种形状的模型、图片；对犯罪嫌疑人衣着、头发、特定物品等的颜色的判断确定，可以预先准备一个调色板，帮助证人分辨颜色，确保证人描述的内容与其所识记的印象信息一致；对案发现场相关人员的行为动作，可以鼓励证人通过直接模仿的形式表演出来，以便于侦查人员全面掌握、准确记录，等等。总之，可以通过事先准备一些辅助手段和物件，帮助证人提高描述质量，最终达到高质量完成调查取证工作的目的。

(四) 听取证人陈述的艺术

要成为一个"善于倾听的人"并不容易，作为主持询问调查的侦查人员，除了需要丰富的社会阅历和工作经验以外，还需要掌握谈话技巧，懂得被询问证人的心理状态。在询问调查过程中，侦查人员要保持积极主动的态度，在听取证人陈述的同时，要及时主动地做出回应，比如，注视的眼神、微倾的坐姿、轻微的点头赞许、恰当的手势等，都能传达出鼓励的意味，有助于进一步激发证人的陈述欲望，从而更加积极搜索识记信息。适当的主动问话，开放式的提问，有助于证人提供更多的信息。与此同时，侦查人员要始终保持中立立场，避免先入为主，影响客观判断。要善于从证人的陈述中删繁就简、抽丝剥茧，准确捕捉关键信息因素，懂得分析归纳。

第二节 被害人心理

一、被害人的心理特征

被害人是在犯罪活动中受到侵犯、伤害的人。在被害时和被害后，被害人的心理变化较为明显，各有不同的表现。

（一）被不法侵害时的心理反应

被害人遭受不法侵害时，心理特征复杂多样。这种复杂多样的心理特征与案件的性质、被害人被害时的情境、被害人自身的特点，以及被害人与犯罪嫌疑人之间的关系都有一定的联系。但无论如何，被害人是犯罪活动的直接受害者，作为遭受不法侵害的对象，被害人在心理反应上有一些共同的特征。

1. 恐惧心理

恐惧心理是被害人在遭受不法侵害时表现得最明显和最普遍的心理特征。犯罪行为对被害人而言是突然发生的，由于遭受到突然袭击，被害人的财产、生命置于犯罪嫌疑人的控制之下，心理反应会骤然感到紧张、恐惧。极度的紧张、恐惧可能会使被害人思维混乱、反应迟钝甚至僵化，心理活动迷失方向，出现暂时的思维空白。

2. 愤恨心理

被害人因犯罪嫌疑人的犯罪行为，导致财产无故被侵占，身心无端遭到侵害，对犯罪嫌疑人本能反应是深恶痛绝、极端愤恨的。这种愤恨心理往往容易扩散，使被害人不仅痛恨犯罪嫌疑人，而且会痛恨周围环境、与犯罪嫌疑人同类的人，甚至痛恨整个社会。

3. 反抗心理

反抗心理是被害人在遭到不法侵害时的一种自发的自我保护心理和抗拒心理。通常而言，被害人对犯罪嫌疑人对自己的侵犯是不能容忍的，出于对犯罪行为的愤怒和保护自己的需要，被害人会产生一定的反抗心理。但由于被害人反抗意识强烈程度的不同，反抗能力的不同，其反抗心理的反应及表现也不同。有些被害人因恐惧和怯弱，对犯罪嫌疑人的侵犯虽十分愤恨但敢怒不敢言，不能勇敢地同犯罪嫌疑人直接反抗搏斗，而仅仅被动的拒绝和无奈的忍受。有的被害人则积极、顽强地同犯罪嫌疑人搏斗，反抗意识强烈，反抗行为坚决。

4. 配合心理

某些被害人在受到犯罪嫌疑人不法侵害时，并不能清醒地意识到自己是在遭受不法侵害，由于识别力差，可能会错误地以为犯罪嫌疑人在"帮助"自己，因而并不会感到恐惧、愤恨和痛苦，反而会主动配合犯罪嫌疑人实施犯罪，使自己的利益受到侵犯。如诈骗犯罪，被害人在受骗过程中并不感到痛苦，甚至有时他们是"自觉自愿的"。如果没有被害人不明就里、一厢情愿地配合，诈骗犯是很难实施诈骗的犯罪行为的。

（二）被不法侵害后的心理反应

1. 复仇心理

被害人因受到不法侵害，对犯罪嫌疑人极度愤恨，在被侵害后一般都会产生强烈的复仇心理。被害人急切希望公安机关迅速破获案件，将犯罪嫌疑人捉拿归案，为自己伸张正义。在这种心理的支配下，被害人积极报案，提供案件线索，期望尽早抓获犯罪嫌疑人。当然，也有一部分被害人由于法治观念差、认知偏激，对公安机关破案信心不足，或者感到即便抓获犯罪嫌疑人，对他们的惩罚也不足以补偿自己的损失，于是打算依靠自己的方式报复犯罪嫌疑人及其家属，以满足自己的复仇心理。

2. 绝望心理

绝望心理是被害人消极情绪的一种极端表现。有的被害人遭受侵害以后，感到自己的前途、命运毁于一旦，无法挽回，对自己失去信心；同时他们也担心公安机关不能破案，法律无法为其伸张正义，对社会失去信心，由此产生绝望的心理。在绝望心理的支配下，被害人要么心灰意冷、自我封闭、不愿见人，对侦查人员的调查访问活动也极力躲避；要么自暴自弃、破罐破摔，报复犯罪嫌疑人及其亲属，甚至报复自己，将自己封闭起来，脱离正常的社会状态。

3. 懊悔心理

懊悔心理是被害人过分自责的心理。他们在痛恨犯罪嫌疑人的同时，也会深刻地检讨自己，谴责自己不该携带钱物、不该单独行动、不该轻信犯罪嫌疑人的谎言等，自责自罪、懊恼沮丧。懊悔心理不仅会使被害人转移自己不满情绪发泄的目标，也会使其心理失去平衡，情绪难以平静。过分地懊悔还可能使某些性格偏狭的被害人自我伤害、自我摧残。侦查人员对这类被害人应正确疏导，帮助其端正认知，充分认识到自己被害的原因虽然可能是自己在某些方面存在着一些问题，但根本的原因还是犯罪嫌疑人的问题。

4. 畏缩、忍受心理

畏缩、忍受心理是一种消极的防御机制。某些被害人受到侵害以后，不敢告发、不愿揭发犯罪嫌疑人，将不幸和痛苦压抑在心里，以逃避现实的危险。产生这种心理的原因是多种多样的：被害人有的意志薄弱、胆小怕事，特别害怕犯罪嫌疑人的报复；有的涉及隐私或名誉，害怕张扬出去遭到周围人的耻笑，无法正常生活；有的本身有过错或有触犯法律的行为，怕引火烧身，受到法律惩处；有的认为自己遭受的侵犯不是十分严重，只想息事宁人；有的对公安机关有偏见，认为其不能为自己伸张正义，等等。有畏缩、忍受心理的被害人通常会自认倒霉，宁愿忍气吞声、忍受屈辱，也不敢或不愿揭发犯罪嫌疑人。这种消极心理客观上容易助长犯罪嫌疑人的犯罪意识，导致其之后实施犯罪活动会愈加猖獗。

5. 同情心理

某些被害人虽然受到侵害，但由于某种原因，或自身与犯罪有直接、间接的关系，或因为同情、怜悯犯罪嫌疑人，对其犯罪行为不愿追究，甚至加以袒护。有的犯罪嫌疑人因是过失犯罪，被害人看到犯罪嫌疑人也深受其害，且无故意犯罪动机，而同情犯罪嫌疑人；有的被害人因法治观念淡薄、愚昧无知、过分的宽容，也会无原则地同情犯罪嫌疑人；有的被害人本身对犯罪行为的发生也负有一定的责任，当其意识到犯罪嫌疑人将受到的严厉制裁时，也会因同情犯罪嫌疑人而为其开脱。有同情心理的被害人往往不希望对犯罪嫌疑人进行严厉制裁，更愿意私下解决，如接受犯罪嫌疑人的经济赔偿或其他补偿。

二、常见刑事案件类型被害人的心理特征

（一）财产类案件被害人的心理特征

因被偷、被抢、被骗等蒙受财物损失的被害人为财产被害人。这类被害人损失的对象是财物，并由于财物的损失，而带来精神上的痛苦。

1. 愤恨心理

愤恨心理是这类被害人被害后的首要心理反应。由于财物被掠夺，经济利益受到侵犯，被害人对犯罪嫌疑人极端痛恨，他们往往谴责、诅咒犯罪嫌疑人。

2. 懊悔心理

懊悔心理也是这类被害人较普遍的心理反应。这类被害人往往对自己的疏

忽大意、软弱无能、无知轻信等感到深深的懊悔，特别是被诈骗犯通过花言巧语欺骗而上当的被害人，更是懊悔不已，恨自己太糊涂、太愚昧，不能识破诈骗犯的骗人伎俩。

3. 补偿心理

补偿心理是财产被害人又一种较为普遍的心理反应。由于财物受损，被害人希望能够追回自己的损失。有的被害人十分注重自己利益的得失，如果犯罪嫌疑人给其以经济补偿，他们就不愿再追究犯罪嫌疑人的刑事责任。

这类被害人在行为表现上有共同的特征。当他们意识到财物被掠夺后，首先是惊慌失措。被害人惊恐于自己的经济损失，特别是数目较大的钱财，意识到后果严重而难以控制自己紧张的情绪。其次是大肆张扬。有的被害人遭受财物损失以后，难以控制自己激动的情绪，为了引起别人的同情而大肆张扬。如有的当众痛哭失声，有的逢人便诉说自己的不幸，有的急于报案等。当然，也有一部分被害人因特殊原因不愿暴露自己的经济损失，他们采取的是忍气吞声、隐而不报的策略。但大多数财产被害人在接受侦查人员调查时的常见反应是过分激动，他们出于对犯罪嫌疑人的愤恨，情绪激动，难以平静，期望公安机关迅速抓获罪犯，追回自己的损失。

（二）女性被害人的心理特征

女性被害人指被强奸、轮奸、诱奸等性权利受到侵犯的女性。这类被害人不仅身体、生理方面受到伤害，在心理上更是遭受了严重的创伤。

1. 惊恐心理

惊恐心理是女性被害人在受到侵害后较长时间内存在的心理反应。这类被害人对犯罪嫌疑人的罪恶行径非常害怕，久久不能摆脱其阴影。有的被害人因过分的恐惧，对与犯罪嫌疑人相似的人，以及与犯罪情景类似的事物会产生恐惧反应，如喊叫、逃避、手脚痉挛等。

2. 痛苦和绝望心理

痛苦和绝望也是大多数女性被害人的心理。这类被害人意识到自己遭受了巨大的痛苦，认为人生一切美好愿景都化为泡影，因而感到绝望、极端痛苦。有的被害人因过分的痛苦、绝望，对生活失去信心，甚至走向极端，以自杀了结生命。

3. 羞怯心理

羞怯也是女性被害人的普遍心理。这类被害人因受到传统观念的束缚，认为自己失去了贞洁，无颜见人，在羞怯心理的影响下甚至感到十分自责。

4. 愤怒、复仇心理

愤怒、复仇是一部分女性被害人的心理反应。这类被害人意识到自己所受到的伤害是犯罪嫌疑人一手造成的，犯罪嫌疑人的犯罪行为给自己造成了无法弥补的巨大损失，对犯罪嫌疑人无比愤恨。在这种愤怒心理的作用下，她们会产生一些复仇心理，并可能采取一些复仇行为。

5. 屈辱心理

屈辱心理也是一些女性受害人的心理反应。这类被害人由于性格懦弱、思想愚昧，害怕事情张扬后对自己名誉有所影响，且害怕被犯罪嫌疑人报复，因而在遭受不法侵害后不敢声张和反抗。

女性被害人由于自身的心理承受能力不同、犯罪嫌疑人作案的暴力程度不同、心理受到的打击的程度不同，行为表现也各不相同。自我封闭是这类被害人较为普遍的反应。她们因羞怯和恐惧而不愿见人，不愿公开露面，把自己封闭在小圈子里，对侦查人员的调查也比较被动。这是因为这类被害人沉浸在受侵害的痛苦之中，情绪上还没有恢复过来。木讷、寡言、呆板也是多数女性被害人，特别是年轻、年幼的女性被害人在受到侵害后较普遍的反应。巨大的打击超出了她们的心理能够承受的极限，而导致心理失常。她们不能接受外界刺激，行为反应迟钝，始终处于一种消极防御状态。侦查人员调查时，这类被害人常呈现目光呆滞、言词混乱、易分心走神的状态，她们对问话尽可能简短回答，不愿意主动介绍案情，更不愿意回忆受侵害的过程。受伤害严重的年幼女性往往还伴有行为失常、自我控制力下降的表现，如遇到刺激导致昏晕、肌肉悸动等。经过一段时间的心理骚动之后，女性被害人的行为表现一般有三种：第一种是积极向公安机关揭发犯罪嫌疑人；第二种是忍冤含屈、隐而不报；第三种则是自己报复或找人报复犯罪嫌疑人及其亲友。

（三）暴力类案件被害人的心理特征

因受到暴力威胁、袭击而身心受到伤害的被害人被称为暴力被害人。这类被害人不但身体受到伤害，而且精神也会因遭受惊吓而受到严重打击，如报复伤害、行凶抢劫、暴力强奸等，被害人由此产生一系列的心理变化。

1. 恐惧心理

恐惧心理是许多暴力被害人的普遍心理。受到暴力伤害后，被害人因受惊吓而产生强烈的恐惧心理。被害人回忆被害过程时，会对犯罪嫌疑人的凶暴、残忍、毒辣的手段，很长时间心有余悸，不堪回首。

2. 畏缩心理

畏缩心理是一部分暴力被害人因过度的恐惧而产生的情绪反应。犯罪嫌疑人的猖狂犯罪行径使被害人产生剧烈恐惧，被害人的意志被摧毁，丧失了反抗能力，且因害怕招致更大的不幸，而通过逃避来隐藏自己遭受过的痛苦。

3. 强烈的复仇心理

强烈的复仇心理则是较多的暴力被害人在被害后的心理反应。在被害过程中，迫于压力，暴力被害人不能或不敢反抗，在被害后他们期望法律能为他们打抱不平、伸张正义，给犯罪嫌疑人以严厉的制裁。

在不同心理的支配下，暴力被害人的行为反应也是不同的。有的暴力被害人因恐惧和畏缩心理不敢告发犯罪嫌疑人，他们忍让、躲避犯罪嫌疑人，避免遭受更大的打击。在生活中，他们变得更为胆小、怕事，小心翼翼。对侦查人员的调查，他们因顾虑而不敢提供线索，不敢揭发犯罪嫌疑人。有些自我承受能力弱的被害人因所遭受的剧烈打击而精神失常，导致行为变态、失去意识控制。在报复心理的支配下，暴力被害人还会表现出行为偏激、语言夸张的特点。有的因受到伤害、情绪激愤而失去理智，用非法的手段报复犯罪嫌疑人及其亲友；有的在报案、回答侦查人员的询问时，情绪激动、言语夸张、夸大事实，以引起侦查人员的同情，激发侦查人员的强烈愤慨，希望侦查人员能够尽快为其报仇雪恨。

（四）精神受伤类案件被害人的心理特征

所有被害人在财产、身体等方面受到伤害的同时，精神上也会受到伤害。那些在财物、身体等方面没有受到或受到的侵害不大，但在精神方面受到重大伤害的人被称为精神被害人，如因受诬陷、诽谤等使被害人的名誉、人格受到侮辱，隐私权被侵犯，等等。

1. 懊恼心理

懊恼是精神被害人普遍的心理。当被害人的精神遭受侵害之后，极度懊恼是其最普遍的情绪反应。由于人格受到侮辱、名誉受到侵犯、蒙受不白之冤，这类受害人对犯罪嫌疑人极其痛恨。

2. 报复心理

报复心理是精神被害人在懊恼心理的影响下产生的。精神被害人在被害后期望公安机关给犯罪嫌疑人以严厉的惩罚，以弥补自己的精神损失。被害人在被害后很长时间会被激情控制，他们心情烦躁、苦闷，急于澄清事实、恢复名誉，容易激动、脾气较差。高强度的情绪控制还会使被害人精神疲劳，以致意识模糊、思维混乱，甚至精神失常。

在行为表现方面，精神被害人在报复心理的支配下会有强烈的反应。他们往往采用积极反抗的方式报复犯罪嫌疑人，或借助法律控告，要求赔偿，要求惩罚犯罪嫌疑人，或反过来攻击犯罪嫌疑人，在行为上有偏激的表现。这类受害人有时会不自觉地夸大事实，夸大自身受害程度，情绪激昂，有的甚至因受刺激过重而行为失控。

三、影响被害人心理的因素

被害人在被害后的心理变化及心理表现不但与犯罪过程本身、客观环境有一定关系，而且与被害人原有的心理承受水平也有密切关系。

（一）影响被害人心理的客观因素

这种客观因素包括案件性质、被害人的被害程度，被害情景，被害人的年龄、性别，社会舆论，以及公安机关对案件的重视程度等。

1. 案件性质、被害人的被害程度

这两方面情况是影响被害人心理的主要因素。一般情况下，案件性质决定着被害人遭受侵害的方式以及遭受伤害的程度。案件性质越恶劣，实施侵害的犯罪手段越凶残，被害人精神和肉体遭受的伤害就越严重，心理反应就越剧烈，所持续的时间就越长。严重的伤害不仅会使被害人身体残疾，甚至造成终身瘫痪；在精神方面，有可能会使被害人心理崩溃、失常，极其严重的还会导致其产生精神疾病。若案件性质较轻，不良刺激的强度相对较弱，被害人心理反应的强度也会较弱。

2. 被害情景

被害情景是在特定时间和地点内，由被害人、犯罪嫌疑人、第三者及他们的活动所构成的特定环境。被害情景构成了一种动态的氛围，在被害人遭受侵害的过程中和案件发生后对被害人的情绪、心理产生一定的影响。其中，犯罪嫌疑人是积极活动者，其犯罪手段、凶狠程度影响着案发当时的气氛，对被害人造成不同程度的心理压力。被害人受侵害时的心理状态也影响着其对被害情景的心理承受能力。被害人在案发现场遭到不法侵害时的反应和反抗也会影响案发当时的气氛，并对被害人受侵害后的心理变化造成重要影响。实施犯罪时，现场有无第三者，以及第三者的态度和反应，对于犯罪嫌疑人实施犯罪行为和被害人的心态也会产生重要影响。一般情况下，由于第三者的存在，犯罪嫌疑人因有所顾忌，行为也会有所收敛，使被害人心理有所依托，心理压力也较轻。但如果第三者袖手旁观、反应消极，则会起到相反效果。某些特殊的情景，因第三者的存在和不制止，则会给被害人造成更大的精神压力，比如，被害人在大庭广众之下被猥亵、被侮辱，甚至被强奸。

3. 被害人的年龄、性别等个性特征

被害人的个性特征，如性别、年龄、职业、受教育程度等方面的不同，使被害人遭到侵害后的心理反应及外在表现也不同。一般情况下，男性比女性相对理智，心理承受能力相对较强，男性在遭到侵害后的心理反应和恐惧程度比女性相对要轻，对案情的回忆也比较完整、具体；而女性在遭受侵害后，通常会由于情绪过分激动而不能对案情进行完整、具体的回忆陈述。但是，由于男性比女性的复仇心理更为迫切，其在向侦查人员提供案情线索时，往往会自觉或不自觉地比女性描述得更为夸张，夸大其词。因而侦查人员要做客观分析，避免受其情绪误导干扰。年龄不同、职业不同、受教育程度不同、社会阅历不同，被害人的心理成熟水平就会不同，被害后的心理反应程度也相应不同。

4. 社会舆论

社会舆论是社会民众在信息沟通后的共鸣和共同认识，是人们以潜在的标准和原则对社会生活中所发生事件的意见和看法。社会舆论带有强烈的情绪色彩和理性评判，在资讯发达的当下，其日益成为一种无形而有力的社会控制力量。每一个个体社会人在无形的压力下会不自觉地改变原先持有的主观认知。案件情况在社会上公开以后，会迅速引起公众关注，也会成为人们议论的话题。正确的舆论导向有助于被害人树立信心，主动、积极地配合公安机关开展案件

侦破。片面的、不正确的舆论导向则往往会使被害人产生某种思想顾虑，进而导致其不愿意主动、积极地与公安机关配合。比如，在某些社会风气不正、黑恶势力猖獗的地方，人们不敢告发某些有关系背景的犯罪嫌疑人，不敢与其反抗斗争，害怕被打击报复；因被情感诈骗、色诱敲诈等而遭受财产损失，往往会因为顾及个人名声和颜面，宁愿自吞苦果也不愿举报告发；部分女性在遭受猥亵、性侵后，怕被周围的人歧视议论而不敢声张、不愿报案，或者不愿回忆案件经过，不配合公安机关侦查破案。

5. 公安机关对具体案件的重视程度

公安机关对案件的重视程度也会对被害人的心理有重要影响。案件发生后，被害人一般都有一种强烈的复仇心理，他们出于对犯罪嫌疑人的强烈仇恨，普遍急切希望公安机关能够迅速将作案人抓获，不让其逍遥法外，以追回自己的物质损失，抚慰肉体和心理的创伤。被害人的这种心理需要能否得到满足，直接取决于案件能否迅速侦破。而案件的侦破效率，很大程度上取决于公安机关对案件的态度、投入的资源力量，以及案件自身的特点等。公安机关对案件越重视，投入的警力、物力就越多，成功破案的希望就越大，被害人的心理需要得到满足的可能性就越大，反过来也会进一步激励被害人积极提供案件信息，增强主动配合意愿。否则，被害人很容易对案件侦破失去信心和耐心，进而不愿主动配合公安机关的破案工作。

（二）影响被害人心理的主观因素

影响被害人心理的主观因素主要指被害人的认知水平、情绪情感状态、气质及性格特征、法律维权观念及自我保护意识等。

1. 被害人的认知水平

这是影响被害人受侵害后心理变化的主要方面。被害人遭受犯罪嫌疑人的不法侵害，是一个客观存在的事实。由于不同的社会阅历、从事职业和受教育程度等方面的差异，使得每一个社会个体的社会认知水平高低不一，与此相对应的，遭遇突发意外事件后的不同社会个体的心理承受能力也不同。被害人对造成其遭受不法侵害的刑事案件的接受程度和反应是不同的。认知水平低、心理承受能力弱的被害人往往难以接受"遭到侵害"这一残酷现实，不愿面对、回避矛盾、沉浸于懊悔和痛苦之中，不能及时调整自己的情绪心态，把自己的主要精力都集中于回忆案情、配合公安机关提供线索侦破案件方面。沉重的打击使这类被害人思维紊乱、情绪烦躁，甚至心理失常，往往难以提供真正有价值的线索和信息。认知水平高、心理承受能力强的被害人则情绪相对稳定，能够比较坦然面对现实，不会自我逃避，并能认真回忆、梳理与案情有关的情节、线索，主动配合公安机关开展案件侦破。

2. 被害人的情绪情感状态

情绪情感状态对被害人的心理有一定的影响。遭到犯罪嫌疑人的不法侵害后造成的过分恐惧、紧张的情绪会导致被害人承受高强度的心理压力。在这种心理压力之下，被害人的思维、记忆及行为反应都会受到不同程度的影响。持久的心理压力可能会导致被害人精神崩溃，而过分低落的情绪（比如悲观、萎靡不振、颓废等）也会降低行为人的认知能力和反应水平。以上不健康的情绪情感状态不利于被害人回忆案情，无法提供有价值的信息线索，从而不利于案件侦破。

3. 被害人的气质及性格特征

被害人的气质及性格特征对其在遭到不法侵害后的心理也有一定的影响。不同的气质类型有着不同的情绪反应。不同气质类型的被害人，其心理状态和行为活动的特征也不同。古希腊医生盖伦提出的气质类型说，将个体分为胆汁质、多血质、黏液质和抑郁质四种气质类型。胆汁质的人因情绪易于激动，反应坚决而持久，遭到不法侵害时往往因不甘受辱而反抗，被害后有很强的复仇心理。多血质的人性格有较强的灵活性，容易适应新的变化，情绪和情感不容易持久稳定，遭到不法侵害后的心理反应不会过于强烈。黏液质的人心理反应缓慢，善于克制隐忍，遇事不慌不忙，情绪不容易外露，但较为固执己见，一旦陷入痛苦之中，往往难以自拔。黏液质的人通常会按照自己的想法，采用独特的方式去报复不法侵害实施人。抑郁质的人比较孤僻、敏感，不擅长交际，心理承受能力较弱，通常承受不了被不法侵害的强烈刺激，容易导致心理失常。

而不同的性格特征对被害人的心理影响则表现得更为直接。性格坚强的人心理承受能力相对较强，遭到不法侵害后能够承受遭受侵害这一事实，心理反应较为平静；而性格柔弱的人则心理承受能力较差，遭到不法侵害后难以接受遭受侵害这一事实，心理起伏较大，情绪反应强烈。

4. 被害人的法律维权观念及自我保护意识

被害人的法律维权观念及自我保护意识的强弱也会对其遭到不法侵害后的心理变化产生影响。具有较强法律维权观念和懂得自我保护的个体，在遭到不法侵害后会主动拿起法律武器，维护自身的合法权利。比如主动保护作案现场及犯罪证据，牢固记住犯罪嫌疑人的显著特征，主动报案，并积极为公安机关破案提供线索。而缺乏法律维权观念、不懂得自我保护的个体则不然，他们要么因为种种原因（比如：恐惧、害怕报复、怕丢人、无知等）而不敢或不愿报案，忍受屈辱，要么置法律而不顾，用一些过激的行为报复犯罪嫌疑人及其亲友，由被害人转变为犯罪嫌疑人。

四、向被害人调查取证的技巧

与其他实物证据不同，被害人陈述来源于其对犯罪的感知、记忆与表达，侦查人员询问的根本目的就是取得完整、准确的被害人陈述，但这不仅取决于被害人准确回忆与表达的能力，更在很大程度上依赖于侦查人员与被害人的沟通交流能力。侦查人员与被害人的沟通交流还能在一定程度上弥补被害人记忆与表达能力的不足。如何有效地与被害人沟通交流，让被害人讲述其知道的全部情况，是询问工作中关键的第一步。

（一）取得被害人的信任

取得被害人的信任是侦查人员与被害人良好交流的开端。为此，侦查人员可以采用以下几种做法来取得被害人的信任。

1. 询问人性化

侦查人员接手案件后，才开始了解案件和涉案人员，与被害人绝大部分是陌生关系。陌生感容易使被害人产生防御、回避心理。为此，侦查人员可以寻找与被害人交流的起点，在交流过程中保持同情关切的心态，并且通过言行、语气将这种心态表现出来，这样更容易与被害人产生共鸣，避免其产生抵触情绪。

2. 不要过早质疑

侦查人员在询问过程中应当尽量避免做出评判性的结论，或者提出容易引发冲突的问题。即使确定被害人在询问过程中存在虚假陈述的情况，侦查人员也应当等被害人陈述完毕，等其陈述的虚假内容全部呈现出来，利用证据和逻辑矛盾一并予以指出。对于没有证据证明被害人存在虚假陈述的情况，侦查人员更不应当打断其陈述并提出质疑，不能凭经验感觉主观臆断。此种情形也许是由于被害人记忆混乱或者表达不准确造成的，并不一定都是故意虚假陈述。假如立即打断并提出质疑，被害人可能会感觉自己作为受害方还受到怀疑，侦查人员并没有同情自己的遭遇，进而会影响到被害人对侦查人员的信任度。

（二）将被害人注意力引向关注案件信息

在侦查实践中，被害人在接受询问调查时，表面上是在回答侦查人员的问话，但其思维活动真正的注意点大多数并未集中在对案件信息的回忆上。被害人此时最想表达出来的是自身遭受侵害的感受，有的向侦查人员倾诉自己的愤怒或者恐惧感，有的沉浸在自责与后悔之中不能自拔。因此，侦查人员应当关注被害人的情绪和反应，允许其将自己的内心想法表达出来，并适时表达同情和关心，使被害人产生共鸣，稳定情绪。紧接着，侦查人员顺势提出自己的工作目的，将被害人的注意力转移到案件信息上来。

（三）用速记来辅助倾听

在实际侦查工作中，侦查人员一般会先倾听被害人的讲述，掌握基本的案件情况之后，才开始正式做询问笔录，这就说明倾听是做笔录的基础。在证人询问中，我们已经提及侦查人员应做到善于倾听，对被害人进行调查取证时，也应做到积极倾听。但在此过程中，由于被害人年龄、职业、学历等身份背景不同造成表达能力各异，并且由于遭受侵害的情况不同，以及受到情绪影响，对于陈述的内容可能会缺少逻辑性，甚至自己也不知道刚刚讲过了什么内容。但侦查人员又不便频繁地打断被害人，让其进行多次重复性的陈述，这会使被害人陈述的积极性受到影响。此时，侦查人员所要做的就是运用速记的方式进行记录，这些笔记可以有效集中侦查人员的注意力而不至于分神，并能迅速提炼出被害人陈述的重点，为正式做笔录打下良好基础。

（四）提出适当的问题促进交流

侦查人员要适时恰当地提出问题。恰当地提出问题就是要问到案件的关键要点，同时还应让被害人乐于接受并积极回答，通过询问让被害人带领侦查人员回到案发当时。在听取被害人的陈述之后，侦查人员应避免对案件妄下结论，将未经查证的犯罪嫌疑人当作罪犯对待；避免在询问过程中所提问题及记录明显地带有偏见性，只提出证实犯罪嫌疑人与犯罪有关的问题，而忽略犯罪嫌疑人无罪及可能从轻处罚的情节，并对被害人做出承诺。侦查人员应无偏见地提出问题，否则，被害人容易将案件中不确定的情况当作事实进行陈述，导致陈述不准确、不客观，从而影响案件侦查。如果案情并非如被害人所陈述，或者迟迟无法侦破，将会使被害人对侦查机关及侦查人员产生信任危机，影响到后期沟通交流。部分案件中被害人可能也存在一定的错误，有可能就是因被害人的错误而引发案件。在这类情况下，侦查人员在提问时若对被害人带有偏见和责怪，被害人就会感到自己受到了歧视，从而降低对侦查人员的信任感，甚至在后续陈述时会刻意回避、简化与自身错误有关的情节。

（五）完整、准确记录被害人陈述

被害人询问工作中的一个中心目标就是取得完整准确的被害人陈述，并以笔录的形式固定下来。但谈到笔录，不论是被害人、证人笔录，还是犯罪嫌疑人讯问笔录，都有一个事实需要正视：证据是无法转述的，犯罪嫌疑人的陈述尤其如此。犯罪嫌疑人的不正常举止、紧张的表情，证人证言陈述中不情愿地停顿、提前背熟的流畅和急速表达等，这些细微区别和难以描述的状况，在单调、呆板的文字记录中很难体现出来。由此可以看出，被害人询问笔录的形成，并不仅仅是将被害人陈述内容记录到纸上那么简单，要尽量完整、准确地表达被害人陈述的内容及包含的思想认知。

1. 记录时文字运用要准确

记录时，一方面，不能出现错别字词、病句。现在大部分笔录的完成都是使用电脑，但在使用电脑打字时一定要注意，在记录的时候不能因过于追求记录速度，而不仔细查看，最终屏幕上显示的不是所想记录的字词，特别是记录案件关键情节时，要尤其注意。另一方面，字词运用要结合上下文语境，准确表达想要描述的意思。中华文化博大精深，同样的字词在不同的地方可能有不同的意思，甚至会出现与原本想表达的意思相反的情况，这就要求笔录记录者明确想要表达的语义，综合分析上下文的语境，进行准确的表达。

2. 笔录中不能出现前后矛盾

有的案件案情复杂，需要记录的内容比较多；有的是因为被害人表达能力不强，表达时逻辑顺序有问题；还有的就是上述两种情况综合出现。这就要求笔录记录者在倾听被害人陈述时，要认真分清事情的先后顺序，并在记录后通读整个笔录，查看是否有前后矛盾之处，如果有矛盾之处，应立即查明原因并予以改正。

3. 要完整记录被害人陈述的内容

侦查人员在记录时，容易按照自己对案件的判断来分辨案件的重要情节与非重要情节，进而对被害人陈述的内容在记录时予以取舍。利用文字记录的方式还原被害人遭受犯罪侵害的情形，本来就已经不具备完整地再现案发时现场情形的可能，如果记录者再根据自己的经验判断任意对被害人陈述内容进行取舍，这样的笔录再传给其他侦查人员阅读时，案发时的实际情形就更难再现。在此基础上提出的侦查建议，以及采取的侦查措施的针对性、可行性将会大打折扣，甚至会造成侦查方向错误。

4. 利用视频监控进行辅助记录

随着办公条件的优化，案件侦查工作大量应用视频监控技术。在询问被害人时，也应进行全程录音录像。这样既可以记录被害人陈述的全部内容，又可以真实反映被害人陈述时的神态情绪。对于被害人来说，视频监控一方面可以警示其在陈述时不要受相关因素的影响而故意做出虚假陈述或者隐瞒案件情节；另一方面可以在事后通过观看录像，结合被害人陈述时的神态，判断其陈述内容的可信度。当被害人受到金钱诱惑、威胁逼迫等外界因素影响而改变当初真实的陈述内容、故意做虚假陈述时，此录像内容可以作为其涉嫌作伪证的证据。而对于侦查人员来说，视频监控一方面可以督促其依照法律程序进行询问；另一方面可以督促其如实、完整地记录被害人陈述的所有内容。

拓展知识

测谎结论的证明力

在许多影视剧和文学作品中，都有关于应用测谎技术的桥段。世界上第一台现代意义的测谎仪诞生于1921年，当时在伯利克警察局工作的约翰·拉尔森组装了一台可记录血压、脉搏振幅与呼吸模式相关变化的便携仪器。其工作原理就是借助仪器记录被测者的生理反应差异。经过100余年的发展，随着心理学、脑科学和电子技术的腾飞，测谎技术日益至臻完善。测谎结论的准确性也在不断提高，测谎技术的可靠性也已逐渐被人们所接受。

测谎的主要理论依据是"心理刺激触发生理反应"这一心理学和生理学的基本理论。测谎仪的工作原理是：被测者在说谎时的生理变化或者其大脑中的某段记忆被唤起时所产生的心理活动必然引起一系列的生理变化（例如呼吸、血压、心跳、皮肤电阻等），这些变化只受自主神经系统控制，是不能被大脑意识所控制的，因而测谎人员可以通过分析测谎仪所记录下的各项参数来判断被测者是否说谎。因此，就测谎本质而言，测谎测试的不是言语内容本身是不是谎言，而是测试、记录被测者在回答问题时生理与心理各项参数的变化。

通过测谎得出的测谎结论，即 CPS 多道心理测试测谎结论，可否作为法定证据的鉴定结论使用？在司法实践中，普遍认为测谎是一种诉讼辅助手段，即便经双方同意的测谎，其结论也不能成为证明案件事实的直接证据，仍应当结合其他证据，作为综合判断相关事实是否存在的考量因素。测谎技术作为识别谎言的科学方法，尽管测谎技术不断完善，但由于缺乏标准化的实施方法，测谎结论始终会存在一定的测试者主观偏差，因此，测谎结论并不是法律意义上的鉴定结论，其不能作为指控犯罪的直接证据使用。

本章小结

证人记忆具有瞬时短暂性、无意识性、片面性、个体差异性等特点，证人记忆内容质量不可避免地受到主客观因素的影响，而事件的影响力、证人的职业、生理特征和认知能力等，更是直接影响证人记忆效果。对于证人拒绝作证、作伪证和积极作证等不同的心理活动状态应结合实际情况综合分析，并对不良的心理活动状态针对性地采取措施予以纠正。掌握被害人在案发时和案发后的心理变化，特别是常见的四类刑事案件被害人的心理特点，将有助于分析被害人作证的心理活动状态，帮助侦查人员选择恰当的沟通方式，更容易得到被害人的信任。在调查取证过程中，运用询问技巧和合适的方法都将更好地帮助侦查人员向证人和被害人收集证据材料，提高破案效率。

思考题

1. 记忆形成包括哪几个环节，各环节之间的关系是什么？
2. 证人记忆的特点有哪些？
3. 影响证人记忆的因素有哪几个方面，分别有什么？
4. 证人作证的心理状态有哪几种类型？请分别予以阐述。
5. 证人证言有什么特点？
6. 影响证人证言可靠性的因素具体包括什么？
7. 在调查取证过程中，如何运用恰当的方法进行证人询问？
8. 被害人的心理特征是什么？
9. 常见刑事案件类型的被害人心理特征分别是什么？
10. 影响被害人心理的因素有哪些？
11. 向被害人调查取证需要注意哪些方面？

第九章

犯罪心理学理论在实践中的应用

◆ **本章引例**

2011年7月,安陆市某加油站财务室发生一起盗窃案,财务室保险柜内的45000元现金及手机等财物被盗。这个财务室在加油站办公楼的一楼,是一个一室一厅、坐北朝南的房间。财务室的大门是制式防盗铁门,门上的锁是暗锁,大门朝南,进门是一间小厅,小厅以北是另一间办公室。该办公室的西南角处有一个柜门呈闭合状的保险柜,办公室的东北角处有一张办公桌,办公桌的抽屉均是开启状态,其中左边抽屉里面有一把钥匙,其对应的地面上有书籍、发票等物,财务室窗外的所有防盗网均无异常。现场发现的痕迹有:手套印、两枚足迹、财务室房门上特轻的撬痕、未被明显破坏的锁具、房门锁上圆头弹子上的异常擦划痕迹;保险柜钥匙被移动,保险柜锁具无异常、无撬压痕,闭锁状;钥匙处于"原位"状态,办公桌抽屉呈开启状,原抽屉里的物品散落在地,地面有被清理过的痕迹,被盗现金及手机等财物藏匿在案发现场周围。

◆ **本章学习目标**

了解犯罪心理学理论在刑事侦查中的应用;掌握犯罪心理学理论在讯问活动中的运用。

第一节　犯罪心理学理论在刑事侦查中的应用

一、心理分析侦查技术的产生和发展

伴随着经济的飞速发展、生活水平的提高，人们的思想更加开放，一些社会性问题随之产生，一段时间内刑事案件频发，严重威胁社会稳定。此外，随着交通日益发达、人口流动性增强，作案人员不再局限于本地，跨区域的案件越来越多。此类案件的发生，在很大程度上增加了侦查人员破案的难度。在此情况下，破案的辅助工具——犯罪心理学理论应运而生。

首先，需要明确的是犯罪行为是在犯罪人内心的操纵下表现出的外在行为。因此，在侦破案件、寻找犯罪人的过程中，侦查人员会遇到形形色色的人，性格特征千差万别。这些人的心理活动也是迥然不同的，只有运用心理分析法，找到其中蕴含的规律，从而逐步探索到案件的真相。因此，在刑事案件侦查中，合理运用心理分析侦查技术极为重要。

犯罪心理学属于应用类学科。该学科实际上是以心理学为基础逐渐发展起来的，这也就意味着心理学的相关研究对于该学科的发展非常重要。犯罪心理学主要研究是什么导致人类产生犯罪行为的心理形成、状态及变化等。这门学科所包含的观点的滥觞，最早在我国春秋时期就有相关论述。当时就有学者从教育、人性等角度讨论人类产生犯罪心理的原因，比如荀子的"性恶论"等。这些理论即使在今天也有一定的指导意义。而国外对这一学科领域相关观点的研究同样有着悠久的历史，如苏格拉底就曾断言，一个人邪恶与否，只要观察其外貌便可以知晓，也就是所谓的"相由心生"。犯罪心理学正式被当作一个独立的学科则是在19世纪70年代，标志是1876年《犯罪人论》的问世。这是一本由意大利犯罪学家龙勃罗梭主持编写的有关犯罪的著作，其内容包括犯罪心理、调查心理以及相关的预测等。而在犯罪心理学这一学科广泛的研究领域内，最重要的便是对人类产生犯罪心理和犯罪行为的研究。关于犯罪心理的定义，在学术界可以分为狭义和广义两种。狭义的含义只关注了犯罪人在现实中，导致其产生此类行为的感情、意志等规律，以及犯罪人的气质、需求等心理因素；而广义的含义在此基础上涵盖的范围有所扩大，将犯罪人产生犯罪行为之前的心理活动、行为实施之前犯罪人意图逃脱罪责时的内心活动，以及犯罪人接受惩罚、教育反思过程时的心理活动都包含在内。在研究犯罪心理时，我们认为，更为重要的是其广义含义中所包含的内容。因为人在社会中生活，只要不是拥有反社会人格，大多都会自觉遵守社会的规章及秩序。而这些人，在最终产生犯罪心理及实施犯罪行为之前，必然会经历一段较长时间的心理冲突，并由多种复杂因素交织在一起，共同导致犯罪行为。如果能在其产生犯罪行为之前实施干预，将犯罪行为扼杀在摇篮之中，当然是最好的结果，这也是犯罪心理学研究的最根本的目的。

当然，犯罪人的心理和行为固然重要，但被害人、证人等心理的重要性同样不能被忽视。这是因为，大多数犯罪行为的产生，是实施犯罪行为之人与在此过程中受到伤害之人双方共同作用的结果。将二者综合在一起进行分析，找到真实有力的证据，才能使案件侦查顺利终结。

二、运用心理分析侦查技术建立追踪犯罪心理痕迹的系统

犯罪心理痕迹实际上指的是遗留在犯罪现场的，能够揭示行为人犯罪心理的现象与状态的痕迹。办案人员在处理案件的过程中，往往会根据犯罪人在案发现场留下的物理痕迹和心理痕迹对犯罪嫌疑人进行追踪。通常情况下，可以根据心理痕迹，去推断犯罪嫌疑人的人格特征。在心理学中，很多理论都是存在一定分歧的。但对于人格，专家学者们一致认为，它是导致人产生各种行为的内部倾向。人格实际上是一个综合体，由个体的情绪、气质、态度、能力等多方面因素综合而成。所以，人格有着极强的特殊性，可以说，每个人的人格都各不相同。而犯罪心理痕迹正是在心理活动和个性特征共同作用下促使犯罪人产生行为活动的心理现象和状态。因此，犯罪人在实施犯罪行为的时候，必定会留下某些痕迹，这些痕迹则将案件如实地反映出来。所以通过这些痕迹，我们可以感受到犯罪人最真实的心理活动，从而推测出其个性特征。在一定程度上，我们能够通过这些痕迹判断出犯罪人大致的年龄、下意识做出的小动作、气质特征、教育程度、谋生手段等，从而刻画出此人的个性特征，进而将排查的范围大幅度缩小。

在刑事侦查过程中，为了提高破案率，应建立追踪犯罪心理痕迹的系统。但要想在现实中更好地应用这个系统，必须经受时间的检验。为使这个系统更加完善，大量收集成功的案例是十分必要的。值得注意的是，在收集资料时不能将收集的范围局限在当地，应尽量收集全国各地的案件。

基于主客观原因，我国在追踪犯罪心理痕迹系统的建设方面发展得比较晚，目前发展暂时落后于国外，但我们可以借鉴在这一方面发展得比较完善的国家，比如，美国联邦调查局在电脑中建立了一个反馈机制，并利用科技手段设计了

一个系统来计算反馈的结果,从而为案件后续的侦破提供可靠的指导。

在使用追踪犯罪心理痕迹系统的时候,首先要确定案件的属性。在作案人某种犯罪行为产生的时候,一定是在其犯罪意向的操纵下进行的,犯罪行为进行的时间、空间和条件都是已经发生的事实因素,这些事实因素与案件中的人、物等,都是存在某种内在联系的。根据作案人选择的环境,可以判断出作案人与被害人的关系,例如在犯罪时,是否提前进行过设计等,也可以由此推导出作案人的犯罪动机。其次,使用此系统可以缩小破案时的排查范围。当某个案件发生之后,侦查人员会在实际调查过程中去寻找有犯罪嫌疑的人。侦查人员首先要根据案发现场遗留的痕迹,如血迹、足迹等,推测作案人的特点、职业;通过藏尸地点、现场的烟蒂等痕迹、物证遗留分布情况,分析作案人所处的层次。最后,利用该系统,将此人刻画出来。无论现场是否被作案人破坏或掩饰过,该系统都会将作案人当时的心理真实地反映出来,将这些信息综合在一起进行分析,推断出其心理状态,刻画出作案人的心理画像,进而为侦查人员提供更多信息。在作案人心理画像被刻画出来之后,就能够大致推测出作案人的范围,进而锁定犯罪嫌疑人。在使用该系统时,要注意到不同犯罪人产生某种行为的心理是存在巨大差异的。

三、心理访谈技术在刑事侦查工作中的应用

心理访谈技术是运用心理学知识,有目的地使用相关技巧与有关人员进行谈话,并为之后的工作做准备的一项技术。所谓的心理访谈,是综合运用心理咨询、诊断及治疗等技术进行访谈。在实际调查过程中,可以结合案情发展对心理访谈方式进行合理调整,也可以自由选择各种访谈方式进行组合。尽管心理访谈方式不受限制,但是主测者在访谈中需要注意以下几个方面的问题:① 注意情绪与行为之间是否存在差异;② 对事件本身不能持有主观判断对错的态度;③ 在过程中注意倾听;④ 访谈前制订的计划,在实践运用中不能过于死板;⑤ 要注意在访谈中,重要的不仅仅是谈话,访谈双方眼神碰撞时,被访谈者的神情、无意识的小动作等,都是找到突破点的关键。访谈时,主测者要抓住适当的时机并使用一定的技巧,比如中断、引导、倾听等。在整个访谈过程中,主测者要把握访谈节奏,把握提问时机及提问的方式,一旦主测者未能把握节奏,就会使本次访谈无法达到预期的目的。

在心理访谈技术实际使用过程中,主要有三个环节,分别是访谈前、访谈中及访谈后。

（一）访谈前

访谈前需要做好以下准备工作：一是将访谈的原因通知给将被访谈者；二是在访谈之初，可以对案情进行几句简单的交流。在访谈前构建一个轻松良好的氛围，能够使访谈双方心境平和，尽量避免在访谈之前双方产生对立情绪，被访谈者会因此产生抗拒心理。在访谈前，要告知对方这场访谈的重要性．一般而言，被告知要接受访谈的人，都是案件的嫌疑人。而此次的访谈，可以使没有犯案的人员，重获清白；而真正的犯罪嫌疑人，一旦被认定，就会在访谈后对其进行深入调查。访谈前还需要确定被访谈者的气质特点，以便在正式访谈中选择适当的谈话方式。

（二）访谈中

访谈中的对象由主测者和被访谈者双方共同组成。主测者进行提问，把握整个访谈的节奏。主测者不光要针对案件进行交流，还要时刻关注被访谈者的情绪状态。因为被访谈者各不相同，比如有的被访谈者胆子比较小，有的过于木讷，从未经历过此类事情，这时主测者要适当地帮被访谈者缓解其内心的紧张感。

在访谈过程中，主测者进行提问，被访谈者要针对这些问题给出适当的解释。所以主测者不光要提出问题，还要从被访谈者的回答中提取有效的关键信息。因为不同的被访谈者，其教育背景和人生阅历不同，所以在回答问题的时候，难免会有词不达意的情况，所以，主测者要注意对访谈过程中关键信息的提取。

（三）访谈后

在访谈完成之后，还要进行一些后续的工作。主测者要注意，在谈话完毕后，对被访谈者做出初步判断，即判断此人与案件的关系，是重点嫌疑人还是案件中的无辜者。对于两种不同情况，主测者应在访谈之后给予不同的反馈。对无辜者进行适当安抚，对嫌疑人则继续访谈，从而获取与案件有关的信息。

四、消极作证动机和陈述障碍的矫正

（一）消极作证动机

对于一些刑事案件，侦查人员可以通过找到案件的目击者或知情人来了解案情。但当侦查人员找到案件的目击者或知情人，邀请他们担任案件的证人时，有些目击者或知情人给予的反馈并不积极,甚至是消极逃避的。而这部分证人的反应是由多种因素导致的:① 担心作证之后遭到打击报复;② 自己本身与案件有一些利益关联;③ 受到犯罪嫌疑人亲友的恐吓;④ 对犯罪嫌疑人的同情;⑤ 被犯罪嫌疑人的亲友用一定的利益收买等。

面对此类情况,建议国家可以出台相关政策来进行应对。

(1) 建立证人保护制度,通过制度对证人进行保护。避免证人在出庭作证之后,遭受犯罪嫌疑人亲友的打击报复。趋利避害是人的本能,只有通过建立相关规章制度,采取合适的办法对证人进行保护,才能扭转目前的困局。

(2) 建立知情人无条件出庭作证制度,保证部分案件的知情人必须无条件出庭作证。因为存在一部分人并非遭到安全的威胁,但出于个人利益考虑而不愿意成为证人的情况。而对此类案件具有知情权的社会大众来说,国家应当在条件允许的范围内出台相关的政策,使案件的知情人承担作证的义务。

(3) 对与案件相关但问题不严重的人,可以给予其一定的豁免权。一些人不愿意成为证人,是因为他们作为案件的知情人,自身与案件有一定的关联性,担心成为证人之后会引火烧身。对此类人可给予一定的特权以提高其作为证人的积极性。

(二) 陈述障碍的矫正

当犯罪嫌疑人被抓捕之后,公安机关会对其进行讯问,着手调查与案件相关的信息。但被讯问的人就案件相关信息进行回答时,在高度紧张或其他心理的支配下,会产生陈述障碍。陈述障碍的出现,无疑加大了侦查人员获取信息的难度。犯罪嫌疑人之所以会产生陈述障碍的现象,主要是基于以下几方面原因。

1. 畏惧心理

大部分犯罪嫌疑人在被捕之后,明知将会受到惩罚,但还是不由自主地产生恐惧的心理,从而产生陈述障碍。

2. 非分期望心理

拥有非分期望心理的犯罪嫌疑人,明知自己的行为是与法律相违背的,但心中仍抱有不切实际的希望,认为可以通过一定的方法避免受到处罚。因此这些人并不会配合讯问工作,甚至会极力隐藏事实真相。

3. 抵触敌视心理

对于办案人员持有抵触敌视心理的犯罪嫌疑人，为了保护自己，在接受讯问时会呈现拒不配合的态度。面对犯罪嫌疑人在讯问中出现的趋利避害、混淆视听、避重就轻、反复推翻等陈述障碍的情况，要采取一定的手段予以纠正。

（1）掌握讯问的心理策略。办案人员要掌握一定的心理学及犯罪心理学的相关知识。在讯问时，如果对方拒不配合，可以对对方的心理进行研究，了解对方的心理状态，从而采取相应的话语策略，引导对方的心理发生变化。

（2）对于讯问的方式进行规范。办案人员应该了解，讯问是一种调查案件的手段，通过这种手段，可以获取案件的关键信息。因此，在讯问时，一定要注意讯问方式规范。通过一定的问话技巧，使对方不由自主地将真相诉说出来。

（3）摆明证据之后，同犯罪嫌疑人打感情牌。办案人员在面对不配合的犯罪嫌疑人时，向其展示出证据之后，在打消对方侥幸心理的同时，应及时用情感感化对方，唤起对方埋藏在心底的良知，从而使其说出真相。

五、侦查工作中心理战的应用

心理战的真实含义是，一方对另一方在心理上施加某种刺激和影响等，而这些刺激和影响是利用对方的心理弱点并采取一定手段达成的。侦查讯问中的心理战，特指在对犯罪嫌疑人进行讯问时，讯问者采取各种不同的方法和手段对犯罪嫌疑人的心理施加一定的影响，刺激其内心，打破其心理防线，使犯罪嫌疑人的心理朝着有利于讯问者期望的状态发展，从而达到讯问者审讯的目的。侦查讯问中心理战的主要内容有以下几点。

第一，心理战的实质——"攻心"，即通过选择合适的战略，对对手的心理进行积极影响，从内心上打击对方的斗志，动摇对方的心理防线。在审讯工作中，通过对之前的调查信息，以及对讯问人员与犯罪嫌疑人的对话进行综合分析，对犯罪嫌疑人的心理进行剖析，抓住其心理的弱点，一举攻破犯罪嫌疑人的内心防线。

第二，心理战的战法。心理战中的对抗过程，也就是将心理战术运用于实际的过程。心理战法是一种具体的方法，在实际运用中，通过采用各种行之有效的方法、渠道、手段等攻破对方的内心防线。在心理战术的选择上，可以用情、势、利、法、理等方法去攻击对方的内心。

第三，心理战的对抗过程，是双方相互试探、进攻的过程。这意味着办案人员并非是一直占据着有利条件的一方，犯罪嫌疑人也会采用各种各样的方式，对讯问人员的思维造成困扰。如此一来，就要求讯问人员必须具有专业的审讯能力，同时做好前期准备工作。例如，可以在讯问之前，对犯罪嫌疑人的相关资料有初步的了解，这里的相关资料主要包括犯罪嫌疑人的性格、心理、犯罪的事实和受教育程度等，并综合以上各项资料，选择合适的方法进行讯问。

（一）侦查讯问中心理战的特点

1. 心理战的目的是让犯罪嫌疑人的心理产生变化

生而为人就必然会有一些被隐藏起来的心理弱点，一旦犯罪嫌疑人身上的某些心理弱点被暴露出来，就可以利用这些心理弱点将犯罪嫌疑人制服，这是心理战的关键。

2. 心理战的实施条件比较宽泛

在心理战中，只要犯罪嫌疑人的人性没有完全丧失，其心理上的薄弱环节就有在心理战中被突破的可能性，具体的战略部署要根据具体情况确定。

3. 心理战的价值在于犯罪嫌疑人内心的转化

心理战，如果只是为了让犯罪嫌疑人认罪，就失去了其重要的价值。在心理战中，比口供更重要的是让犯罪嫌疑人的心理产生真正的变化，从而认识到自己所犯下的罪行。

4. 心理战的后盾是确凿的证据

一次心理战，想要获得胜利，就必须掌握一定的证据。在讯问过程中，适当地向犯罪嫌疑人展示一些证据，可以使其自乱阵脚，讯问人员可抓住时机，突破其内心防线。同时还可以使犯罪嫌疑人充分地正视这次审讯，不再抱有侥幸心理。

（二）侦查讯问中运用心理战的条件

1. 对犯罪嫌疑人的基本情况了如指掌

在讯问中，犯罪嫌疑人是不会轻易坦白交代自己的犯罪事实的。这是因为，在犯罪嫌疑人看来，一旦他们全部交代，就没有任何逃脱法律制裁的可能性了。所以，在讯问过程中，犯罪嫌疑人会尽量陈述或承认对自己有利的信息，而对那些可能陷自己于危机之中的事实闭口不谈或含糊带过，甚至会编造谎话试图逃脱法律的制裁。为了避免这种情况的发生，讯问人员一定要提前对犯罪嫌疑人有详细的了解，具体应该了解以下内容。

（1）犯罪嫌疑人的基本情况。
（2）犯罪嫌疑人是否有信仰宗教。
（3）犯罪嫌疑人的兴趣爱好。
（4）犯罪嫌疑人的防卫能力。
（5）犯罪嫌疑人的其他情况。

2. 讯问人员具有较强的讯问能力

犯罪嫌疑人往往很狡猾，他们为了逃避法律的惩罚，会使出浑身解数，因此讯问人员自身必须具备专业的审讯能力：如善于挑选合适的审讯地点；如在讯问一开始的的时候，并不施以雷霆手段，而是先营造一个轻松的沟通氛围；在谈话时，先从轻松的话题入手，放松对方的警惕；在犯罪嫌疑人回忆作案经过，遗忘一些信息时，主动给予对方提醒；及时指出犯罪嫌疑人口供中自相矛盾的地方，并将其作为突破口不断深挖，打乱其阵脚；在提问的时候，语言的表达能够直击要害；注意观察犯罪嫌疑人，不会错过对方任何小动作；对于犯罪嫌疑人的谎言有一定的辨识能力，不轻易相信犯罪嫌疑人的谎言。

3. 注意隐藏自己，暴露对方

在审讯的过程中，不仅讯问人员要看透对手心理，犯罪嫌疑人同样希望找到讯问人员的弱点，从而使得审讯工作难以获得进展。因此，这是一个考验双方心理素质的拉锯战。在这场战斗中，讯问人员一定要注意将自己的心理活动巧妙地隐藏起来，做到不被犯罪嫌疑人摸透个人性格、心理特征等关键要素，否则犯罪嫌疑人将趁机实施反击，从而导致审讯工作陷入被动的局面。所以，在审讯过程中，讯问人员学会如何隐藏自己、暴露对方显得尤为重要。当犯罪嫌疑人觉得自己所有的秘密包括性格缺陷等方面对讯问人员而言都是透明的，他就会开始自乱阵脚，从而使审讯工作获得重大突破。

（三）侦查审讯中心理战的运用方法

1. 震慑加压法

这是一种常见的审讯手段。具体而言是指通过一定的手段，将自己的强大凸显得淋漓尽致，衬托出对方的弱小与不堪一击，使对方在心底感到恐惧，导致原本牢固的心理防线全面崩溃。讯问人员在审讯中，用法律的威严使犯罪嫌疑人心生恐惧，从而使其老实交代所犯的罪行。

2. 造势用势法

该方法是指利用行为、语言、环境等多方面因素，给犯罪嫌疑人造成一种错觉。对于犯罪嫌疑人而言，他们虽然狡猾，但对于警方已掌握的证据信息的具体情况并不了解，这就导致了他们对于此类问题极为敏感。在这种条件下，一旦他们获得只言片语，就会不停地去思考和判断。但是，他们的信息存在片面性和残缺性，所以对于通过思考得到的结论过于主观。这时讯问人员可以利用信息差，使犯罪嫌疑人不得不将真实的情况供述出来。

3. 情感感化法

对于犯罪嫌疑人而言，只要其人性尚未泯灭，内心深处依旧会存有柔软的一面。所以选择适当的方法，是可以使他们的内心朝着讯问人员所期待的方向转化的。人的情感发生转变往往是由于在情感体验过程中受到了影响，这就是常说的"以情动之，以爱感之，以理晓之"。在审讯的过程中，讯问人员可以找到对方在意的人或事，通过情感感化对方。

4. 说服引导法

人在进行情感体验的同时，是可以保持理智的。该方法就是利用了人是具有理智的这个特征，从犯罪嫌疑人的角度出发，选择一个最能打动他的内容，使其心理发生变化。在使用此方法的时候，要注意应在较短时间内充分调动对方的情绪。因此，讯问人员可以选定一个时间，对犯罪嫌疑人进行集中心理突破。说服引导法的手段包括唤醒情绪和诱导说服。二者使用的次序，可结合实际情况而定。在使用说服引导法时，需要始终遵循一个客观规律，即真理与事实须进行有机的结合，逻辑上必须严谨，且具有较强的说服力，使得犯罪嫌疑人能够接受讯问人员给出的说法。

第二节　犯罪心理学理论在讯问活动中的运用

一、讯问中排除犯罪嫌疑人反审讯的三大心理障碍

在案件的处理过程中，办案人员会遇到各种各样的犯罪嫌疑人，有的狡

猾，有的木讷，有的胆小。不管是哪一类犯罪嫌疑人，都会令办案人员感到头疼。这是因为，无论犯罪嫌疑人出于什么目的实施犯罪，在面对办案人员时，他们都会有天然的抵触情绪。在讯问活动中，很少有犯罪嫌疑人会积极主动地配合办案人员接受讯问。所以站在办案人员的角度来看，只有对犯罪心理学有比较深入的了解，在实际工作过程中才可能驾轻就熟地运用相关理论。办案人员在讯问活动中，首先要学会排除犯罪嫌疑人在讯问环节中反审讯的三大心理障碍。

一般来说，在讯问时反审讯能力比较强的犯罪嫌疑人，除了拥有高学历且自身心理素质过硬的，就是一些反复触犯同样法律的惯犯。这些人在接受审讯的时候，反审讯的心理极强。他们为了避免受到惩罚或仅受到较轻的惩罚，而采取各种方式干扰正常的审讯活动。这些人通常对于办案程序及讯问手段较为熟悉，进而形成一套适合自己的反审讯方案。尽管这类犯罪嫌疑人的反审讯方法都是独自摸索出来的，方法各不相同，但他们的反审讯心理却大同小异。归纳起来有以下几个方面的特点。

（1）在接受审讯之前，犯罪嫌疑人已经做好了充分准备。有这样心理的犯罪嫌疑人，一般在实施犯罪活动的时候，就已经在内心筹划完毕。因此，在面对讯问人员时，他们表现得极为淡定。而且这类犯罪嫌疑人，并不为自己的犯罪行为感到愧疚。

（2）有很强的随机应变能力，可以很好地掩饰自己的内心波动。这类犯罪嫌疑人的反审讯能力极强，即使办案人员将证据展示出来，他们也不会在面上表露出恐惧的情绪。这类犯罪嫌疑人在接受审讯的时候，往往是在与办案人员进行智力与心理上的比拼。在面对审讯时，他们不会顽固对抗，而是千方百计地为自己开脱或减轻责任。他们或是摆出全力配合的样子，主动地透露出一些信息，但这些信息大多是不重要的，甚至故意在真实信息中掺杂一些很难分辨的虚假信息，来骗取办案人员的信任；或是装出老实木讷的样子，降低办案人员的警惕性，欺骗办案人员，试图误导案件的侦破方向。

（3）对抗心理严重，且意志坚定，抱有极强的侥幸心理。这类犯罪嫌疑人的反审讯技巧未必强于前两者，但审讯时的难度，与前两者相比，却不逊分毫。这类犯罪嫌疑人对自己抱有盲目的自信心，他们相信依靠自身的能力可以摆脱法律的约束，他们更加关注警方已掌握的证据，并根据获取的信息，不断调整自己的计划，进行心理防御。这类犯罪嫌疑人往往不会主动出击，而是不停地寻找办案人员的漏洞，一旦抓住机会，就会进行反击。这类犯罪嫌疑人往往"不到黄河心不死"，即使在确凿的证据面前，他们也会百般抵赖，拒不承认。

二、讯问中突破犯罪嫌疑人的反审讯防御体系

面对如此狡猾的犯罪嫌疑人，对办案人员来说是一个极大的考验。在此过程中，办案人员应调整好自身的心理状态，不让犯罪分子有任何可乘之机。同时应熟练掌握犯罪心理学相关的知识并加以灵活运用，从而突破犯罪嫌疑人反审讯防御体系。

办案人员在突破犯罪嫌疑人反审讯防御体系时，可以采取以下步骤进行。

（一）初步试探阶段

这一阶段要求办案人员多多学习普通心理学及犯罪心理学相关方面的知识。当办案人员试探犯罪嫌疑人的同时，犯罪嫌疑人也在内心不断对办案人员做出心理评估。这就要求办案人员一定要内心沉稳、心理素质过硬，不能在此阶段被犯罪嫌疑人把握心理动态，否则，就会在讯问过程中失去主动权。在试探的时候，办案人员不仅要关注犯罪嫌疑人的回答，还要关注对方的微表情、眼神、不经意间的小动作等，对对方的性格特征做出初步推断，从而选择出下一步的审讯方式以及突破对方内心防线的战术。在此过程中，犯罪嫌疑人也会从办案人员的语气、提问方式等对办案人员进行判断，在内心推测其会选择使用的讯问方法以及侦查能力的强弱等，从而决定应该用怎样的方式与办案人员进行对抗。为了避免被犯罪嫌疑人获取太多的信息，办案人员要注意控制自己的表情、语气及动作。这是心理学中首因效应的应用。

（二）激烈进攻，相互对抗阶段

讯问人员与犯罪嫌疑人之间的谈话，是一场没有硝烟的战争，在这场战争过程中，双方比拼脑力、体力及心理素质。犯罪嫌疑人在对办案人员有了初步预判之后，就已经在自己的内心架起防御的高墙，如何突破这堵高墙是审讯中难度最大的一个环节。在此阶段，办案人员应认识到自己是进攻的一方，必须拥有主动权，要找准对方的弱点，主动发起猛烈攻击。而犯罪嫌疑人的弱点，就是办案人员根据讯问试探时获取的有用信息推断出来的。在此过程，无论犯罪嫌疑人使用激将法还是卖惨博取同情，办案人员都要沉着、冷静，要将讯问的节奏牢牢地掌握在自己的手中。

（三）抓住关键，一举攻破阶段

犯罪嫌疑人在发现自己使用诸多手段却没有收获预期效果的时候，内心就

会产生动摇。面对办案人员接连不断地发问，犯罪嫌疑人在回答时就容易露出马脚，此时办案人员要抓住其把柄，并以此作为突破口。随着办案人员不断深挖，犯罪嫌疑人会自乱阵脚，内心会不断产生是否需要对防御手段进行适当调整，以及在调整结束后其面临的境况是否会变得更加恶劣等诸多疑问。这一阶段，犯罪嫌疑人的内心防线是最为薄弱的，办案人员可以熟练运用犯罪心理学的相关原理，把握机会，一举攻破犯罪嫌疑人的心理防线。

三、讯问中运用的犯罪心理学方法

在审讯的过程中，犯罪嫌疑人面对办案人员的进攻，会不断调整自己的防御方法。因此，在与犯罪嫌疑人过招的时候，办案人员要灵活运用犯罪心理学方法，选择合适的讯问对策。

（一）张弓搭箭，引而不发

办案人员在进行审讯的时候，要提前做准备，设计出周全的方案。这就要求在审讯之前，对犯罪嫌疑人的性格特点、处事风格等有基本的认知，同时还要对案情的来龙去脉、已掌握的证据，以及嫌疑人是否存在其他相关违法行为等逐一进行了解，这样才能决胜千里。

（二）诱敌深入

在审讯时，内心构建了防御高墙的犯罪嫌疑人，无一不是内心强大、处事周密之人。这类人不会轻易露出自身的破绽。因此面对这类犯罪嫌疑人，办案人员要小心谨慎，步步为营。在讯问的时候，可以诱敌深入，让犯罪嫌疑人先开口，做自我陈述，办案人员仔细聆听并认真分析对方的口供，寻找其中的蛛丝马迹作为突破口，连续追问，深度挖掘，一举揭穿犯罪嫌疑人的谎言，化被动为主动，打乱其阵脚，直击案件的真相。

（三）对于已掌握的证据，谨慎使用

犯罪分子为了逃避惩罚，都会有"不撞南墙不回头"的心理。他们并不相信主动交代自己所犯的错误，就会得到从轻处罚。因此办案人员应抓住犯罪嫌疑人这一心理特点，将证据展示出来之后，先向对方讲明坦白从宽、抗拒从严的刑事政策，并且对其内心的薄弱之处进行攻克，以情动之，以理晓之，使犯罪嫌疑人感到悔过，如实吐露犯罪的经过。

四、审讯失误的心理分析

(一)对犯罪嫌疑人实施刑讯逼供

审讯工作,是犯罪嫌疑人与办案人员之间智力、体力、心理等多方面的较量。办案人员一旦出现失误,就会被犯罪嫌疑人钻空子,从而失去先机。刑讯逼供就是导致审讯失误的一个重要原因。在对犯罪嫌疑人进行刑讯逼供的时候,办案人员就已经落了下风,此时犯罪嫌疑人抓住时机进行出击,会打乱办案人员的阵脚,导致审讯失败。

(二)准备工作不到位

在心理战的比拼中,审讯之前的各项准备工作是办案人员审讯时的底气。前期准备工作越到位,审讯时候的底气越足,这正是犯罪心理学中的首因效应,即审讯一开始,就以强大的气势令犯罪嫌疑人感到恐惧,进而实现在不与对方交战的情况下,就可以占据一定程度的优势,相反,如果前期准备工作不充分,就会导致审讯初始就陷入困局。

(三)办案人员缺乏经验

办案人员面对形形色色的犯罪嫌疑人,其中一部分,具有极强的反审讯心理。这类人员在面对审讯时,往往巧言令色、耍赖抵抗。如果办案人员对于犯罪心理学的相关知识缺乏足够了解,就容易落入犯罪嫌疑人的圈套,导致审讯出现失误。

五、审讯失误的犯罪心理学原因

不是每一次审讯都会成功,审讯失误的原因有很多,其中要引起重视的是办案人员的工作能力。在对以往失败案例进行分析和总结时,我们发现导致审讯失误的原因主要有以下几方面。

(一)办案人员业务能力有所欠缺

在审讯时,有的办案人员把自己的地位凌驾在犯罪嫌疑人之上,采用刑讯逼供的手段。此类工作人员自身素质偏低,对于法律没有正确的认知,很容易导致审讯活动失败。

（二）办案人员失去主动权

有一定反审讯经验的犯罪嫌疑人往往具有较高的智商和过硬的心理素质，这就要求办案人员不仅要懂得犯罪心理学的相关知识，还要在实际运用中能够随机应变，而不是只会纸上谈兵。这样，办案人员在审讯过程中才不会被打乱阵脚，最终失去审讯主动权。有的办案人员内在定力不足，在审讯时不能时刻保持头脑清醒，比较容易被犯罪嫌疑人的寥寥数语激怒，落入对方的圈套，被套出一些关键信息，从而导致审讯过程出现失误。

（三）主观臆断，有失公平

办案人员在审讯尚未进行之前，会对案情进行详细了解，当看到有些案件被害人悲惨的结局，不由产生同情心理，与此同时会对犯罪嫌疑人产生厌恶、憎恨等情绪。带着这样的情绪，有的办案人员在查阅未经证实的材料、听取犯罪嫌疑人的口供时，会进行主观臆断，导致得出的结论与事实真相不符。

（四）言过其实

审讯的整个过程应遵循合理合法原则，为了使得犯罪嫌疑人尽快将事实真相说出来，有的办案人员会对犯罪嫌疑人进行刑事政策方面的教育。这种教育可以让犯罪嫌疑人尽快了解处境，认清现实，说出真相，减轻刑罚。但有的办案人员在教育的过程中为了取得更好的效果，在刑事政策宣传方面言过其实。比如告诉犯罪嫌疑人若坦白从宽，可以为其争取少判五年，但实际上只能少判三个月。这种做法的出发点是好的，但不符合国家的法律规定，也很可能会造成犯罪嫌疑人为了减轻刑罚而虚构事实甚至诬陷无辜的人的局面。言过其实作为审讯中出现的一种失误，会影响法律在犯罪嫌疑人心目中的严肃性和权威性。因此办案人员在对犯罪嫌疑人进行刑事政策宣传时要注意实事求是。

拓展知识

对本章引例中的案件进行分析。通过案发现场的物品及心理痕迹分析，判断案犯作案的过程大致为：带上粗线手套，穿上别人的鞋子来到财务室门前，用撬杠在暗锁周围撬动几下，但未撬开，而后用增（后）配的钥匙打开暗锁。进入室内，在财务室办公桌上的抽屉里翻找，找到了保险柜的钥匙之后，用钥匙打开保险柜，取出里面存放的现金和手机等财物，放在随身携带的密封袋内。然后将保险柜锁好，钥匙放回原处，随即将所有抽屉拉开，将抽屉中的物品扔在地上，找来拖把将地面拖一遍，并将盗窃来的财物用绳索捆绑好悬吊在化粪池内，最后逃离现场。

案犯的个性特征：综合现场反映出的心理痕迹，可推测出案犯胆量较大，作案计划缜密，具有较强的反侦察意识，但实施犯罪的手段尚显拙劣，案犯应具有接触财务室钥匙、了解财务工作情况的条件。

通过对现场不同痕迹、物证的分析，可以揭示案犯的心理痕迹，加深我们对案情及案犯的分析和认识，从而制定正确的侦查方案，顺利地破获案件。

本章小结

本章主要阐述了犯罪心理学理论在刑事侦查工作中的应用和犯罪心理学理论在侦查讯问中的运用相关方面的内容。

思考题

1. 导致犯罪嫌疑人陈述障碍的心理原因有哪些？
2. 侦查讯问中心理战的特点有哪些？
3. 侦查讯问中心理战的内容有哪些？
4. 侦查讯问中心理战的运用方法有哪些？

第十章

侦查人员的心理研究

◆ **本章引例**

张某妻子徐某娟报案称其丈夫张某在家中服安眠药自杀，并留有遗书，张某身上有些发紫，已经没有了呼吸。警方到案发现场经过观察后发现疑点重重：一室一厅的房屋结构，卧室过于整洁，连随意穿搭的衣物都没有；张某洗完澡后裹着毛巾被躺在床上，床单上有一片湿的尿渍，毛巾被却是干燥的；遗书摆放在电脑桌上比较显眼的地方，并且是打印出来的；遗书落款处张某的名字上有指纹捺印，但捺印有拖拽痕迹；徐某娟的手机中没有安装微信和QQ等聊天软件。徐某娟一口咬定丈夫张某是自杀的，并且没有提供任何有价值的信息，被询问过程中她因情绪崩溃多次昏倒，使侦查工作陷入困境。人命关天，是自杀还是谋杀？侦查人员面对巨大压力，努力克服各种困难，沉着冷静、积极排查。在仔细梳理案情后，侦查人员从现场安眠药的来源、去向进行查找，排查到药品的购买地点，以及药盒被扔进垃圾桶的监控视频；侦查人员还恢复了徐某娟手机中被删除的内容，查到徐某娟自拟的其丈夫的遗书草稿，以及她与另一名男性的亲密照片。这些出轨、谋杀的证据均指向张某的妻子徐某娟，徐某娟只得认罪伏法。该案成功告破。

◆ **本章学习目标**

通过本章学习，了解侦查人员必备的心理素质，理解侦查工作中侦查人员的认知、情绪、意志和人格素质的重要作用，良好的心理素质能够保障侦查人员顺利地开展侦查工作。如何对侦查人员进行心理评估和诊断？侦查人员怎样对自身进行心理维护和调适？对于这一风险大、挑战性强的压力密集型职业，更要关注侦查人员的心理健康。

第一节　侦查人员必备的心理素质

　　侦查人员在办案中的一系列活动都和自身心理素质密切相关。首先，对相关事物要有正确的认知，通过特殊的敏感性、较强的观察力和记忆力发现蛛丝马迹，为后面的高级思维活动打好基础。其次，分析案情时，要通过缜密的思维做出判断，前后逻辑不能自相矛盾，案件的前因后果、涉案人员的反应不能背离常理。最后，案件关键的地方需要更高的智力思维活动，即创造想象力，通过创造性思维想象出多种可能性。这不仅需要逻辑思维，还要有综合分析能力，如在勘查现场中对犯罪嫌疑人遗留的一切痕迹、物证结合所见所闻进行分析，对犯罪嫌疑人的心理活动进行探究等。除此之外，优秀的侦查人员还应具有沉着果断、机警灵活的人格特征，情绪稳定，意志坚强，并能自觉地控制和调节自己的心理状态，这些都有利于侦查技能水平的提升，从而高效地侦破疑难案件。侦查人员必备的心理素质主要表现在认知、情绪、意志、人格四个方面的素质。

一、侦查人员的认知素质

　　认知，指通过概念、判断、知觉或想象等心理活动，对客观世界的信息进行加工，是认识、思维或知觉的自身发展，包括理解和推理的意识功能或过程，由此来获得关于感觉或理念的知识。感觉、记忆、想象、思维等认知活动组成一定的功能系统，对个体认知活动进行调节，个体认知的功能系统在与环境作用的过程中不断发展并逐渐完善。认知素质是侦查人员在侦查认知活动中表现出来的本质特点，其中比较重要的有以下几个特点。

（一）感觉是认知活动的基础，侦查人员应当对相关事物有特殊的敏感性

　　感觉，是过去的经验在头脑中的反映，是人脑对直接作用于感觉器官的客观事物的个别属性的反映。感觉是最基本的认知过程，是最简单的心理现象。我们通过视觉、听觉、嗅觉、味觉和触觉来分辨颜色、声音、气味、味道，感受物体的重量、软硬、粗细和温度，了解自身或外界各种事物的属性。如果没

有感觉，就不能分辨客观事物的属性和状态，不能对人、事、物进行其他复杂的认知。例如：艺术家要有对线条、色彩细致入微的视觉感受，才能创作出栩栩如生、有审美价值的作品；音乐家要有良好的听觉，对音准、音阶反应灵敏，创作的乐曲才能悦耳动听，给人以美的享受。感觉是心理活动的源泉，是各种复杂的心理过程的基础。感觉虽然是一种极简单的心理过程，但在我们的生活实践中具有重要的意义。

侦查人员在感觉方面的敏感度需要比一般人高得多，这也成为一种职业的敏感性。比如勘查现场时，侦查人员首先依赖于自己的感觉器官，感知事物的异常变化。一个刚参加工作不久的新手很难在现场的某个角落里发现蛛丝马迹，而资深的侦查人员却能够察觉，这就是因为资深的侦查人员对有关的刺激物具有较高的敏感性。感觉灵敏对侦查人员来说是十分必要的，如果感觉迟钝，就无法及时做出准确的判断，会丧失破案良机。只有不断提高自己的感觉灵敏度，才能发现一般人所察觉不到的问题和疑点。

（二）知觉是认知活动获取信息的通道，侦查人员应具备较强的观察力

知觉，是一系列组织并解释外界客体和事件的产生的感觉信息的加工过程。知觉和感觉一样，都是我们对现实的感性反映形式，都需要刺激物直接作用于感觉器官。没有刺激物对感觉器官的直接作用，感觉和知觉都无法产生。知觉是各种感觉的综合，它来自感觉，但不等于感觉。感觉是单一感觉器官活动的结果，知觉却是各种感觉协同活动的产物，并且受个人知识储备和经验水平的影响。如果说感觉是反映一棵树的情况，那知觉就像认识了整片森林。不同的人对同一个物体有相同的感觉，但对它的知觉会不同，知识和经验越丰富，对事物的知觉就越完善、越全面。

观察力，是一种有目的、有计划、有组织、持久的知觉，属于高级知觉形态。整个侦查活动都离不开观察，侦查活动的首要环节，就是尽可能地对犯罪现场及有关的人、事、物进行全面的观察，利用各种感觉器官综合分析，收集更多可靠的证据和线索。具有良好观察力的侦查人员，能及时抓住问题的实质，有效地发现线索。如果观察力差，就容易被现象所迷惑，缺少对观察目标的明确认知，导致侦查工作的失误。例如，一个自杀现场，一般人只能看到尸体和自杀吞服的药物，无法看出死者是否有过反抗或是否有人谋划作案的迹象，而侦查人员通过各种感觉的综合，能够发现其中的蹊跷，从而得出不同的结论。

观察力属于高级形态的知觉，具有知觉所具有的一切特征，知觉的整体性、理解性、恒常性等特性在观察中同样存在。即使侦查人员感觉足够灵敏、观察

力极好，作为客观存在的错觉仍在所难免。所以侦查人员在观察中，除了注重客观存在、结合分析与综合外，还应当科学地认识在侦查中的错觉，并尽量克服错觉。

（三）记忆与思维是人的高级认知活动，是顺利完成侦查任务的保障

记忆即"记"和"忆"，是人脑对所经历事物的识记、保持、再认和回忆，是思维、想象等高级心理活动的基础。其中，识记是记忆过程的开端，是对事物的识别和记住，并形成一定印象的过程；保持是对识记内容的一种强化，使之能更好地成为人的经验；再认和回忆是对过去经验的两种不同的再现形式。这三个环节缺一不可、相辅相成。作为心理过程的基础，记忆和其他心理活动紧密相连，是人们学习、工作和生活的基本要素，记忆的关键是把抽象无序转变成形象有序的过程。

侦查人员应有较好的记忆力，不论是勘验检查、搜查扣押，还是调查走访、摸底排查，询问证人、被害人或讯问犯罪嫌疑人，都需要对与案件相关或可能相关的各种线索下意识地保持深刻印象，如物品的形状、颜色、特殊记号，人的体貌特征、异常行为表现，错综复杂的人物关系等，每一个细节都不能忽视。若案件侦查陷入僵局，侦查人员需要回忆未破案件，寻找相似点，看能否串并案侦查；犯罪嫌疑人遗留的痕迹，有关人员关于案件的言语、表情、举止、神态等，都要在个人的"记忆库"中留下印记，为进一步剖析案情和认定犯罪事实提供依据。

思维是人脑对客观事物的本质和规律的、间接性的、概括性的、能动的反映过程。通过思维，人能反映客观事物的本质特征、内部联系和发展规律。思维是以概念、判断、推理的形式，通过分析、综合、比较、抽象与概括来认识事物的本质和规律的。

思维在侦查工作中起着极为重要的作用，有经验的侦查人员尽管没有亲历犯罪现场，但通过从犯罪现场得到的证据和情况，经过分析判断、回溯推理，也能发现可疑线索。创造性思维的意义更为重要，根据一定的目的和任务，不断地构思，创造出独特的新的事物形象。比如侦查人员在侦查过程中遇到困难，这时其可以对案件提出有根据的假设，想象犯罪嫌疑人作案的全过程，并在此基础上制定出切实可行的侦查方案。

可见，侦查人员在案件侦查中，通过观察，感知到大量的案件信息，通过记忆，将感知的信息储存在大脑中，通过思维，对感知与记忆的信息进行抽象加工，从而形成对案件事实的认知及侦查中各种问题的解决办法。

二、侦查人员的情绪素质

情绪，是对一系列主观认知经验的统称，是多种感觉、思想和行为综合产生的心理和生理状态，主要分正面和负面两种情绪。正面情绪，是指人的一种积极的状态，开心、乐观、自信、欣赏、放松等；负面情绪，有时又称为负性情绪，包括焦虑、紧张、愤怒、沮丧、悲伤、痛苦等，是不积极的状态，负面情绪有时会使身体也产生不适感，甚至影响到人们的工作和生活，进而对人们的身心造成伤害。不管是正面还是负面情绪，都会作用于人们的行为，并与心情、性格、脾气、目的等因素互相作用，情绪还会受内分泌激素和神经递质的影响。虽然一些由情绪引发的行为看上去没有经过思考，但实际上意识是情绪产生的重要组成部分。情绪又可分为基本情绪和复杂情绪，基本情绪与原始人类的生存息息相关，复杂情绪只有通过人际交往才能学会，前者与生俱来，后者后天习得，因此，每个人拥有的复杂情绪数量和对情绪的定义不尽相同。

我们现在经常谈到的情商就是指情绪商数，而并非情感商数。情绪商数有时比智力商数更为重要，它可能关系到一个人的婚姻、事业及人际关系的成败。侦查人员接触不同的案件，取得不同的结果都会产生相应的情绪。情绪是对客观现实的一种特殊的反映，是客观事物是否符合自己需要的主观态度和内心体验。这种情绪对侦查工作起到一定的影响，有时会帮助侦查工作顺利推进，有时则可能阻碍侦查工作。现在心理学领域通过情商来衡量情绪，并指出情商对认知及行为有着重要影响。简单来说，情商包含以下几个方面的内容：了解自己的情绪；了解他人的情绪；调节自己的情绪；调节他人的情绪；能控制自己的情绪等。如果在这五个方面都做得不错，那么就表明此人情商比较高。侦查人员如果具有较高的情商，将有积极作用。

首先有助于保持心理平衡。侦查工作是很辛苦的工作，工作量大，危险系数也高，可是在经济收入方面并不属于高收入群体，有些侦查人员可能会因此而感到心理不平衡，从而影响到自己的工作热情。如果侦查人员拥有较高的情商，认为自己的职业有崇高的使命感，则有助于在工作中保持心态平衡。

其次有助于调节心理状态，保持冷静，减少工作失误。如当工作顺利时，有些侦查人员可能会产生盲目乐观、掉以轻心的心理状态，而当工作遇到困难时，有些侦查人员可能出现自信不足、烦躁不安的心理状态，这些消极的情绪都可能会导致工作上的失误。如果侦查人员拥有较高的情商，则有助于调节自己的心理状态，更好地完成侦查工作。

最后有助于调节人际关系，获得有用信息。如果在现场询问时，有些侦查人员情绪上带有不合理的倾向性，当证人的谈吐不得要领或离题太远时，其可能就表现出嘲弄或不耐烦的神情或皱眉摇头，这种情绪会影响证人的有效陈述。如果侦查人员拥有较高的情商，则能够稳定自己的工作态度，更好地安抚证人的情绪，获得更多有用的信息。

总之侦查人员在侦查过程中，要对自身所产生的各种情绪进行必要的控制，所以侦查人员的情绪素质在侦查工作中影响很大。

三、侦查人员的意志素质

意志是指人为了达到目的自觉地调节与支配自己的行动并克服困难、实现目标的心理过程。一方面，人的意志在整个人类活动中占据着重要的地位，因为人在进行各种认知活动时，总会碰到困难，要实现认知活动的目的，就需要意志的努力。同时，意志也会影响到情绪、情感，对情绪、情感有着控制和调节作用。另一方面认知也为意志提供基础，情绪也可能成为意志的动力。由于意志的最大特征是与克服困难联系在一起的，或者说对于克服困难而言，意志是最活跃、最起作用的一个因素，那么对于颇具风险与困难的侦查活动来说，意志就成为一个必不可少的因素。

人们普遍认为在智力商数（IQ，即智商）以外，只存在情绪商数（EQ，即情商）。事实上，除了智商和情商以外，还有第三个相对独立的生命科学参照元素，即意志商数（WQ，即意商）。人的意志素质可用意商参量来描述，意商较高的人可以准确、严格地控制自己各项活动的强度、稳定性、灵活性、频次或概率、范围和对象等，较为准确地估计、全面把握和深刻理解自身活动可能产生的正面和负面影响，从而正确果断地做出相应的行为决策，并有效实施。侦查人员因职业的特殊性和强烈的使命感，应具备比常人更坚强的意志，保持符合人民警察职业要求的行为规范与道德准则，在办案过程中目的明确、决策果断，遇到困难也不退缩，坚定信心、顽强不屈，不断总结经验教训，调整好状态，付出最大的努力，以达到破案的目的。这种强烈的责任感和牺牲精神，是与意志素质密不可分的。

四、侦查人员的人格素质

人格亦称个性，指个人的精神面貌或心理面貌。它是人类独有的，代表人的性格、气质、品德、信仰、良知，以及由此形成的尊严、魅力等，是由先天遗传因素、家庭环境与后天所受教育、社会阅历相互作用而形成的。人格素质指个人在态度、特质、反应模式方面的基本结构和持久性结构，虽然主要由基因决定，但也受到生活经历和环境因素的影响。

具备什么样的人格素质，才能成为一个好的侦查人员？在预测上很难简单定论，但侦查人员究竟需要怎样的人格素质，是有一定要求的。一般认为，侦查人员需要有独立自主的精神，需要极有耐心，以及需要强大的毅力和自制力等人格素质。由于现实中每一个人都具有自己的人格特征，有些人格特征是共性的，有些是特异的。每个人都是优点与缺点同在，某一心理机能的功效与阻碍也是并存的。

例如理智型人格素质的侦查人员在侦查活动中，往往表现出沉着、冷静、遇事不惊的优点，能够在侦查现场良好地控制自己的情绪，有利于侦查工作顺利进行；但同时侦查人员过于理智可能会被当事人认为其十分冷漠、缺乏同理心，于是不愿积极配合其侦查工作，可能导致侦查工作中的人际阻碍。

由于侦查活动的复杂性与现实的人格素质的综合性，所以很难在侦查工作与人格素质之间简单地建立一一对应的关系。而且在不同的场合，对于侦查人员的人格素质，可能又有不同的需要。例如，在一般的侦查工作中，需要侦查人员有敢作敢为、爱憎分明、态度明确的人格素质，但拥有这种人格素质的人却往往无法胜任卧底工作的要求，所以侦查工作所需要的人格素质的多样性与人格素质本身的整体性存在矛盾，侦查工作所要求的人格素质的多样性与人格素质本身的稳定性之间也存在矛盾。解决这两个矛盾不能通过对个体的人格素质提出超乎寻常的高要求来达到满足其整体性目标，只能将这些要求分散到侦查人员群体之中。所以在一定程度上，侦查人员在具有基本的、稳定的、良好的人格素质之外，允许存在一定的个体特征差异，不需要有过于一致的心理素质标准。因此，即使在对比较重视心理素质的侦查人员的选拔中，对人格素质的筛选，也仅仅采取排除的方法，即只有人格障碍的人，绝对不适宜做侦查人员。

第二节　侦查人员的心理评估与心理诊断

要想了解侦查人员的心理状况、是否存在心理问题，就必须对侦查人员的心理素质有一定的了解，前面已经说过认知、情绪、意志、人格四个方面素质的特点，对适应侦查工作的需要起着关键作用。然而，侦查人员的个人素质参差不齐，在生活、工作、人际关系中，个体差异性大，加上高负荷的工作压力，许多侦查人员或多或少地存在一些失衡的心理状态，甚至产生一些心理问题。这时，就要对侦查人员产生心理异常的原因、性质、严重程度、形成发展的过程，以及对其心理、生理和社会活动的影响有一个确切的判断。经过评估判断后，才能确定侦查人员的心理问题是否属于心理咨询的工作范围，能否对其提供心理学方面的帮助，最后选择合适的治疗方法，并为其制定切合实际的治疗方案。在心理咨询和治疗的临床实践中，这个过程被称为"心理诊断"。"诊断"这一概念似乎强调了判断结果而忽视了过程，而"评估"的行为则用来反映过程。随着学科发展，为更确切地说明治疗之前的决策过程，目前倾向于采用"心理评估-诊断"这一概念。

一、心理评估与心理诊断

心理评估，是指在生物、心理、医学、社会模式的共同指导下，综合运用谈话、观察、测验的方法，对个体或团体的心理现象进行全面、系统和深入分析的总称。它是运用系统的方法对收集到的信息进行相关分析，方法主要有两类：一类是标准化测验，主要有智力测验和人格测验；另一类是非标准化的评估方法，比如《心理卫生评定量表手册》等评定量表。心理诊断，是指通过观察法、会谈法、实验法和测验法来获取临床资料，并通过对资料的分析来评定人的心理和行为状态。心理诊断是为了便于心理咨询和治疗而进行的心理测评工作，是以个体为目标，探求某一个体在群体中的位置，确定个体行为与常模偏离的程度和距离。

心理评估、心理诊断都是心理健康维护的必要环节，诊断标准主要分为两大类：医学标准与社会标准。医学标准，是以生理病理性变化为根据的标准，将心理异常或心理障碍与躯体疾病同样看待。一般来说，医学标准对于诊查大脑和其他躯体病变导致的伴发性心理障碍及癫痫、药物中毒性精神障碍十分有效，而对神经症和人格障碍却收效甚微。因为导致心理异常的因素通常是生理的、心理的和社会文化因素等多种因素共同作用的结果，因而单凭医学标准是不够全面的，还需要其他方面的判断标准相互印证。这时候就需要用到社会标准，社会标准是与社会常模相比较而言，社会常模即一定社会的道德规范和行为准则、个体心理的常态。就是说判断某个人是否正常，主要看其心理和行为是否符合社会常模，而不以病理性变化为依据，因而这种标准也存在着局限性和差异性。

由于精神损害与个人独特的人生经历及其文化背景、社会背景有关，鉴于不同的理论立场与研究方法，所以对健康人格标准的研究结论也是同中有异。人格是一个有机整体，有的人格特征处于核心和主导地位，制约了次生人格特征的变化。而受我们关注的正是那些核心与基本的人格特征。根据医学标准和社会标准，结合侦查人员的实际情况，对衡量人格健康或心理健康具有突出意义。当然在不同的年龄阶段、不同的领域，人格特征会有所侧重，侦查人员身上应当侧重适用人格特征的社会标准。

二、侦查人员的心理健康标准

（一）以心理的常态特质为标准

许多心理测试的结论都是以心理特质为常态分布的统计假设为基础，我们日常生活中经常会说这样的话："这个人的行为怎么与别人都不一样，看起来很奇怪。"这句话中就包含了以大多数人的行为作为参照标准的意思。这是有一定道理的。许多心理有问题的人，往往也是与众不同的人。当然，仅凭这个标准还不能得出准确的结论，而且刻板地遵守标准可能还会扼杀侦查人员的独特个性。所以使用这一标准时，要将侦查人员的心理问题与侦查人员的独特个性区别开来。

（二）以社会适应为标准

社会适应指个体接受现有社会的道德规范与行为准则，对于环境中的社会刺激能够在规定允许的范围内做出反应的过程。人类对社会的适应通过语言、风俗、法律以及社会制度等进行调适，使自己与社会取得契合。社会化是人类特有的行为，如果一个人长期社会适应不良，其观念及行为不能为他人所接受，与社会久不相融，就容易产生心理上的病态。这一标准对侦查人员的适用要慎重，要注意区分侦查人员的违规行为是属于道德问题还是属于心理问题。例如，上班时间其他同事都在认真地办公，办公室里十分安静，某一侦查人员却经常自言自语。对于这一现象，就要区分究竟这一侦查人员是故意影响他人，还是无法克制地"与自己对话"？如果是故意影响他人则属道德问题，如果属于无法克制地自说自话，那么就有可能是精神障碍了。所以，以社会公序良俗作为标准可以获得极为重要的信息。

（三）以人的主观感受为标准

侦查人员本人所感受到的痛苦、抑郁等，可以视为心理状况不健康。许多有心理问题的人，常常会觉得自己"心里痛苦"，感到做什么事情都没兴趣，怎么都高兴不起来，因为心里难受需要有人帮助，所以有时其会主动求助他人。所以关注侦查人员的心理感受，观察其情绪是否总是消极的，讲的全是不开心的事，甚至总是抱怨生活没有意义等。通过这些主观感受，可以及时地发现侦查人员是否存在一定的心理问题。

（四）以能否正常生活为标准

正常情况下生活能够自理，可以正常地学习、工作、与人相处，视为心理状况比较健康，反之视为心理异常。侦查人员的正常生活状况要具体考察以下几方面的内容：是否能料理自己的日常起居；是否具有良好的人际关系；是否能适当地约束自己的言行；是否能保持情绪的稳定与平衡；是否能正常地认识周围的环境；是否抱有积极的生活态度；是否能适应侦查工作的学习。将第三个标准与第四个标准结合起来，往往可以得出较为正确的结论。

（五）以症状与病因是否存在为标准

这一标准常常用于衡量有较重心理障碍的侦查人员。

（六）以心理的成熟与发展水平为标准

我们借助这一标准可以判断出心理发展迟滞的侦查人员，同时也须考虑到应当将发展的理念纳入心理健康标准中。

不过，人的心理是一个结构复杂、不断发展变化的动态系统，从不健康到健康，大多数人都处于中间状态——"亚健康"，很少有人是完全健康或完全不健康。因此，应以这样的观点看待侦查人员的心理健康问题：有些心理测试或心理调查中检查出的侦查人员只是心理的某些方面出了问题，其他方面状况良好，不能全盘予以否定；那些没有检查出的侦查人员也可能存在潜在的心理问题，或者程度比较轻微，并不是完全健康。

三、侦查人员的心理评估和诊断

不同的学科领域存在不同的理论体系、对象和任务，如健康心理学、咨询心理学、变态心理学和临床精神病学等，比较常用的心理问题和心理障碍分类体系如权威的世界卫生组织国际疾病分类（ICD）、影响广泛的美国的《精神障碍诊断与统计手册》（DSM）和我国的精神疾病诊断标准（CCMD）。针对侦查人员的实际情况，由专业人士对个体的心理和行为问题就严重程度和归类方面形成大致的判断,并基本确定心理问题的性质和核心症状,然后予以全面评估,最后进行心理诊断。下面结合第十版《疾病和有关健康问题的国际统计分类》(ICD-10)、第四版《精神障碍诊断与统计手册》(DSM-Ⅳ)、第三版《中国精神障碍分类与诊断标准》(CCMD-3)三个诊断分类标准,对压力导致侦查人员出现的常见心理问题进行分析。

(一)抑郁性失调

持久压力可能导致侦查人员处于抑郁状态,严重的抑郁症应当在同一个周期内出现以下5种或更多的症状(症状中至少有一种是情绪抑郁),并与以前的机能发挥有所变化。

(1)情绪抑郁。
(2)对活动的兴趣或乐趣明显减少。
(3)体重减轻或食欲下降。
(4)失眠或嗜睡。
(5)精神性运动激动或迟钝。
(6)疲倦或丧失精力。
(7)产生无价值感或过度负罪感。
(8)思考能力和集中精力的能力减弱。
(9)反复想死或自杀。

为了做出这种诊断,个体的症状必须造成明显的抑郁,或使社交及职业机能明显受损,而且不是由生理失调所引起的。

(二)创伤后紧张失调

如果侦查人员受到歹徒的攻击而受伤,生理伤害与心理压力共同对个体心理产生影响,可能导致创伤后紧张失调。DSM-Ⅳ对伤后失调的确定主要依赖于与创伤有关的记忆失调,如侵入性记忆、回避记忆创伤或噩梦等。个人可能无法准确回忆压力的具体细节,但可以回忆压力经历的主题,评估者也不能因此就给回忆的可信度打折扣。DSM-Ⅳ与ICD-10对伤后失调的分类诊断相似。按DSM-Ⅳ的规定,伤后失调可以是急性的、慢性的或迟延的,症状必须持续一个月以上,而且这种失调必须造成个人明显的抑郁或机能损伤。个人被诊断为创伤后紧张失调,其必须接触过创伤性事件,这多涉及侦查人员或他人遇到生命威胁的经历,并产生过强烈的恐惧或无助,且持续重复地经历过下列一种或多种形式的情况。

(1)令人痛苦的侵扰性回忆事件。

(2) 令人痛苦的事件在梦境中反复出现。

(3) 感觉到事件再次发生。

(4) 幻想接触到事件提醒线索时的剧烈心理痛苦。

对创伤后紧张失调进行 DSM-Ⅳ 诊断的另一个依据是持续出现创伤前未出现过的剧烈的症状，只要出现以下情形中的两种情形即可诊断。

(1) 难以入睡或保持睡眠状态。

(2) 易激动或勃然大怒。

(3) 难以集中精力。

(4) 过度警惕和过度惊恐的反应。

（三）回避与情感麻木

有关个人必须持续地显示出回避与创伤事件有联系的刺激因素，或表现出下列至少 3 种情况才能判断是否存在回避和反应麻木。

(1) 竭力回避与创伤联系在一起的思想、感觉或谈话。

(2) 竭力回避回想起创伤的活动、地点或人员。

(3) 不能忆及事件的某个重要方面。

(4) 对重大活动的兴趣减少。

(5) 与他人不来往或疏远。

(6) 情感压抑。

(7) 对前途产生短见感。

（四）人格障碍

经受过灾难性事件或长期的精神极度紧张后，以前未出现过个性病症的人也有可能发生个性疾病。按 ICD-10 规定，只有在有证据表明有关个人认为环境或其本人的认识、描述或思维模式发生明显和持久变化时，并结合其遭受创伤经历前不存在和不适应的行为，才能做出个性持久变化的诊断。为了对遭受精神压力之后的人格障碍做出诊断，ICD-10 指出，在受到压力以后，个体的个性变化必须持续至少两年。

（五）其他精神疾病

压力所导致的精神损害，除了以上各项以外，还可能会有焦虑症、恐惧症以及其他情感性精神障碍等。其诊断标准与非压力所引起的精神疾病相似，可参见 ICD-10、DSM-Ⅳ、CCMD-3 的具体规定。

第三节　侦查人员的心理维护与调适

据相关统计数据显示，世界上其他国家侦查人员人数占人口比例在万分之三十以上，而我国尚不足万分之六点五。侦查人员一年的工作量远高于一般职业人士，部分侦查人员日均工作时间 14 个小时以上。侦查人员工作任务重、工作时间长，经常处理突发性事件，生活无规律，长期超负荷运转，频繁接触社会阴暗面，久而久之，身心健康容易受到严重的损害。

为了更有力地打击犯罪，侦查人员必须时时处于高度警觉状态，不仅置身于危险境地，还包含随时待命出发、时刻准备应对危急情况的心理状态。根据心理调查，发现侦查人员比一般人群存在更高比例的心理障碍，包括缺乏自尊、焦虑、抑郁等。不管是工作的危险性、艰苦性，还是个体承受能力的差异性，侦查人员的职业特点及自身因素会导致心理压力或压力感的产生。外部的压力受到客观条件的限制，难以在短期内解决，但可以通过提高个体的心理素质来缓解压力，达到维护心理健康的目的。

了解侦查人员存在的心理问题是重要的，但教会侦查人员如何维护心理健康、学会自我管理，更为重要。

一、心理健康的自我维护和调适

侦查人员心理健康的自我维护和调适是侦查人员个人发挥主观能动性，运用心理学知识、方法和技术，克服自我意识的消极因素，消除痛苦情绪，排除心理问题，从而调整心理平衡，保持心理健康。这是侦查人员心理健康维护和调适的主要方法和根本途径，因为一切的心理问题都须回归自身。心理压力的产生主要在于个体自身的内在因素，对压力的反应也取决于内在因素，同样，解决问题也要依靠个体自身。

（一）牢记使命，树立正确的价值观

没有正确的人生观，就没有正确的世界观、幸福观、事业观、友情观和生活观等主观意识，就难以在这个纷繁复杂、物欲横流的尘世中"出淤泥而不染"，保持自身的心理平衡。人民警察核心的价值观是"忠诚、为民、公正、廉洁"，作为人民警察，应时刻牢记初心使命，在"忠诚、为民、公正、廉洁"的

价值观的引领下，明确自身存在的意义和价值，明确身为人民警察自身所作所为的目标和方向。

侦查人员应在正确的人生观的基础上，认真辨析并把握自身所真正需要的。如主导性（事业、工作）需要与辅助性需要，辅助性需要应让位于主导性需要；基本的、必需的需要与补充的、次要的需要，补充的、次要的需要在满足方式及程度上有很大的伸缩性，是可以进行调整或者不予满足的。对自己真正的需要有所侧重、有所选择，才有利于维护心理平衡，才能发自内心地抑制有害无益的需要，培育有益的和高尚的需要。

（二）改善认知，提高心理承受力

美国心理学家艾利斯认为，一切错误的认知方式或不合理的信念是心理障碍、情绪和行为问题的症结。如自卑者是由于看不到自己的长处、过分夸大自己的短处形成的，而不是短处本身直接造成的。心理承受力主要与个体的意志品质相关，意志力和心理承受力是可以通过锻炼提高的，关键在于个体自身，而别人无法代替。如果你经常感到压力过大，那么你的心理承受力可能相对较低，就应该通过培养训练，提高个人的心理承受力。

首先，要调节认知内容，客观评价自身，既能接受自己的长处和发展潜力，也能接受自己的缺陷、不完美和"局限"，欣赏"我就是我"。其次，正确看待压力。① 压力的必然性。一帆风顺的人生是不存在的，困难和挫折是不可避免的。② 辩证地看待压力。压力对人既是威胁，也是挑战，虽然压力过大让人思想紧张，对人们有负能量的影响，但对人生却具有多方面的积极意义，压力在某种程度上能激发人的内在潜力，加速个人的成长。③ 可以变压力为动力。相信压力是可控的，而且是暂时的，人可以通过主观努力来战胜它。惧怕和恐慌都解决不了问题，只有把压力变成动力，越挫越勇，一路披荆斩棘，才能到达成功的彼岸。

当侦查人员碰到棘手的案件，难免焦虑、烦躁，甚至寝食难安。如果侦查人员都把问题归结到自身的办案水平上，必然会产生很强的挫败感。这时就要改变个人固有的认知方式，中肯客观地评价自己，相信人无完人，一方面更细致地剖析案情，一方面向有经验的前辈或专业人士请教，以实现取长补短。面对内部和外界的压力，不抱怨、不退缩，集中精力迎难而上，锻炼自身强大的内心，提高心理承受能力，相信努力一定会有收获。

当然，压力也不是越大越好，了解自身承受力的极限，做到量力而行。有时期望越大，压力越大，要学会通过调节期望值来减轻压力。

（三）自我放松，理性对待情绪

理性对待情绪，首先要辩证地看待情绪。正面情绪使人心情愉悦，有利于工作和生活，所以我们要在生活中保持积极的心态，凡事多往好处想，而且正面情绪可降低患心脏病的风险，有益身心健康；负面情绪，是指压力过大导致的不良情绪反应，或内心需求未得到满足所产生的不良情绪。当产生不良情绪时，要及时发现、及时处理，避免积累。其次，对于不同的情绪，处理方法也不同。良性的情绪需保持发扬，负面的情绪应及时舒缓，该宣泄的时候宣泄，不能长期处于压力过大的状态，绷紧的弦需要及时放松。

放松，即通过意念、自我暗示，或对躯体肌肉张力直接放松的方法，来控制和解除应激反应，缓解已产生的过度压力感和紧张情绪，代之以平静或愉悦的心情，从而获得精神上的放松。作为侦查人员，可以采用多种方法来放松自己，比如向他人倾诉、转移注意力、宣泄调节等。可以向信赖的亲朋好友倾诉自己认为所遭遇的不平和委屈，虽然并不一定就能获得解决方案，但是向他人倾诉出来，可以使心情更加平静；也可以转移负面情绪的注意力，如看一场电影、听听音乐、读一本好书、亲近大自然、户外散步，或者选择自己喜欢的休闲娱乐活动和体育运动等。总之暂时离开不愉快的环境，让身心沉浸在另一种轻松愉悦的氛围中，有助于放松身心，缓解不良情绪。

（四）积极行动，处理好人际关系

面对困境和挫折，要积极调动和发挥个人的主观能动性。与其悲观沮丧、自怨自艾，不如行动起来，凭借自己的能力去扭转局面，争取柳暗花明；要学会审时度势、自我反省，并学习借鉴他人的长处，运用力所能及的方法手段，探寻各种合适的方法途径，尽力改变不利于自身的情境和事态发展。

正向积极的人际交往态度、融洽和谐的人际关系、有效的人际沟通技巧，对于维护心理健康极其重要。家庭关系、同事关系和邻里关系等是个体所不能回避的基本人际关系，必须重视并妥善处理。无疑，这些基本人际关系的融洽和睦有利于排解个体心理压力，促进个体心理健康发展。所谓温馨的家是避风的港，若反之，则日常生活便会成为个体心理压力的重要来源。

侦查人员忙于工作，经常加班加点，与家人相处时间短、沟通少，经常心存愧疚，如果回到家中，能帮助家人积极分担家务，不把工作中的失意、愤懑和烦躁情绪宣泄到家人身上，就能更好地维护家庭关系。有了家人的理解和支持，也会帮助侦查人员尽快调整好心理状态，以良好的精神面貌投入工作中。

（五）加强学习，不断提升自身素质

学习的意义是获得知识、培养技能和产生认知。学习可以明智，使人开阔眼界，明白更多的道理，成为一个有积淀、有智慧的人。通过学习，个体可以得到持续变化：知识和技能、方法与过程、情感与价值逐渐得以改善和升华。侦查人员要加强学习、持续学习，响应终身学习的号召，培养主动的、不断探索的、自我更新的、学以致用的和优化知识的良好习惯。面对日益智能化、暴力化的犯罪分子，侦查人员的自身素质准备还不够充足，还需不断提高情报研判、现场勘查、审讯等职业素质，以适应愈加严峻的犯罪侦破形势。

另外，学习一些心理学方面的知识，也有助于了解和维护自身心理健康。心灵富足是一种使人真正快乐的力量，充实自己，不断提升个体心理素质，内心才会真正强大起来。

二、心理健康的外部支持

我们所处的社会环境，正在发生着日新月异的变化。处于社会变革中的个体，也会出现价值取向和心理反应重组的问题。社会与人、局部环境与人之间，都需要经历一个从不适应到适应、从不协调到协调的过程。侦查人员长期接触社会阴暗面，承受各种巨大的压力，工作、生活无规律，即使侦查人员有再强的内驱力和自我调适能力，也会或多或少地出现一些心理问题。侦查人员的职业心理压力需要国家高度重视，全社会形成合力，侦查人员管理部门、心理咨询专业机构等外部的支持显得尤为重要。

（一）侦查机构改革及侦查人员工作条件的改善

近几年来，侦查机构大力改革，教育培训、待遇、装备、办公条件等方面已有较大的改观，但侦查人员面临的工作压力过大、追求指标任务、限期破案、法律法规不健全，以及受到过多单位命令行事等问题还需进一步解决。有关领导部门十分重视这项工作，除了健全完善法律法规、明确事权划分、建立专门的管理制度、合理配置警力资源等，也把侦查人员的心理素质和心理健康作为侦查人员管理工作中的重要内容来抓，开始把心理素质和心理健康相关内容融入警务人员的录用、教育培训和任用升迁等日常管理制度中。此外，领导管理部门也在尽可能地控制和减轻外界压力的范围和强度，如：保障和完善侦查人员的工作条件，改进管理制度、手段，讲究管理方法和技巧，创新思想政治工作的内容和方法；加强警民互动和警务公开，提高公关意识；从优待警，

提升侦查人员的工资待遇，关心侦查人员的婚姻、家庭、子女状况等各方面的举措。

（二）心理健康专业人士和机构的帮助

对侦查人员心理健康的维护和调适，除了侦查人员自身加强情绪管理外，还应借助心理健康专业人士的帮助。心理健康专业人士通过他们所掌握的专业知识、经验和技术手段，帮助侦查人员提升自我认知，激活积极的自我意识，克服消极不良的情绪，从而维护侦查人员的心理健康。

心理咨询是最常用的专业性心理帮助途径。心理咨询以心理学理论为基础，用于解决与心理健康、人际关系及个人发展等方面相关的问题，是求助者在心理咨询师的帮助下自我解决心理问题的过程。心理治疗不同于心理咨询，是以心理咨询师为主导，对求助者各类心理与行为问题进行矫正的过程。心理咨询与心理治疗同属于求助专业人士帮助的过程，可以为侦查人员的心理健康提供专业性的维护和调适。当侦查人员的心理出现问题，并超出自己可调节的范围时，应考虑及时求助心理健康专业人士和机构。

💡 拓展知识

健康状况调查问卷（HSQ）

编号_____ 姓名_____ 性别_____ 年龄_____

下面的问题是询问您对自己健康状况的看法、您的感觉如何，以及您进行日常活动的能力如何。如果您没有把握如何回答问题，尽量选择一个最好的答案。

1. 总体来讲，您的健康状况是（　　）。
(1) 非常好　　　　　(2) 很好　　　　　(3) 好
(4) 一般　　　　　　(5) 差　　　　　　(6) 放弃

2. 跟一年前相比，您觉得您现在的健康状况是（　　）。
(1) 比一年前好多了　(2) 比一年前好一些　(3) 和一年前差不多
(4) 比一年前差一些　(5) 比一年前差多了　(6) 放弃

以下这些问题都与日常活动有关。您的健康状况是否限制了这些活动？如果有限制，程度如何？

3. 重体力活动能够（如跑步、举重物、激烈运动等）（　　　）。
(1) 有很多限制　　　　　　　　　　　　　(2) 有一点限制
(3) 根本没限制　　　　　　　　　　　　　(4) 放弃

4. 适度活动（如移桌子、扫地、做操等）（　　　）。
(1) 有很多限制　　　　　　　　　　　　　(2) 有一点限制
(3) 根本没限制　　　　　　　　　　　　　(4) 放弃

5. 手提日杂用品（如买菜、购物等）（　　　）。
(1) 有很多限制　　　　　　　　　　　　　(2) 有一点限制
(3) 根本没限制　　　　　　　　　　　　　(4) 放弃

6. 上几层楼梯（　　　）。
(1) 有很多限制　　　　　　　　　　　　　(2) 有一点限制
(3) 根本没限制　　　　　　　　　　　　　(4) 放弃

7. 上一层楼梯（　　　）。
(1) 有很多限制　　　　　　　　　　　　　(2) 有一点限制
(3) 根本没限制　　　　　　　　　　　　　(4) 放弃

8. 弯腰、屈膝、下蹲（　　　）。
(1) 有很多限制　　　　　　　　　　　　　(2) 有一点限制
(3) 根本没限制　　　　　　　　　　　　　(4) 放弃

9. 步行1500米左右的路程（　　　）。
(1) 有很多限制　　　　　　　　　　　　　(2) 有一点限制
(3) 根本没限制　　　　　　　　　　　　　(4) 放弃

10. 步行800米左右的路程（　　　）。
(1) 有很多限制　　　　　　　　　　　　　(2) 有一点限制
(3) 根本没限制　　　　　　　　　　　　　(4) 放弃

11. 步行约100米的路程（　　　）。
(1) 有很多限制　　　　　　　　　　　　　(2) 有一点限制
(3) 根本没限制　　　　　　　　　　　　　(4) 放弃

12. 自己洗澡、穿衣（　　　）。
(1) 有很多限制　　　　　　　　　　　　　(2) 有一点限制
(3) 根本没限制　　　　　　　　　　　　　(4) 放弃

在过去四个星期里,您的工作和日常活动有没有因为身体健康的原因而出现以下这些问题?

13. 减少了工作或其他活动的时间。(　　)

(1) 有　　　　　　　(2) 没有　　　　　　　(3) 放弃

14. 本来想要做的事情只能完成一部分。(　　)

(1) 有　　　　　　　(2) 没有　　　　　　　(3) 放弃

15. 想要做的工作或活动的种类受到限制。(　　)

(1) 有　　　　　　　(2) 没有　　　　　　　(3) 放弃

16. 完成工作或其他活动有困难。(　　)

(1) 有　　　　　　　(2) 没有　　　　　　　(3) 放弃

在过去四个星期里,您的工作和日常活动有没有因为情绪(如感到消沉或者忧虑)而出现以下问题?

17. 减少了工作或其他活动的时间。(　　)

(1) 有　　　　　　　(2) 没有　　　　　　　(3) 放弃

18. 本来想要做的事情只能完成一部分。(　　)

(1) 有　　　　　　　(2) 没有　　　　　　　(3) 放弃

19. 进行工作或者其他活动不如平时仔细。(　　)

(1) 有　　　　　　　(2) 没有　　　　　　　(3) 放弃

20. 在过去四个星期里,您的身体健康或情绪不好在多大程度上影响了您与家人、朋友、邻居或集体的正常社交活动?(　　)

(1) 根本没有影响　　(2) 很少有影响　　　(3) 有中度影响

(4) 有较大影响　　　(5) 有极大影响　　　(6) 放弃

21. 在过去四个星期里,您有身体上的疼痛吗?(　　)

(1) 根本没有疼痛　　(2) 有很轻微疼痛　　(3) 有轻微疼痛

(4) 有中度疼痛　　　(5) 有严重疼痛　　　(6) 有很严重的疼痛

(7) 放弃

22. 在过去四个星期里,身体上的疼痛影响您的正常工作吗(包括上班工作和家务活动)?(　　)

(1) 根本没有影响　　(2) 有一点影响　　　(3) 有中度影响

(4) 有较大影响　　　(5) 有极大影响　　　(6) 放弃

有以下这些问题有关过去一个月里您的感觉如何以及您的情况如何（对每一个问题，请勾出最接近您的感觉的那个答案）。

23. 您觉得生活充实吗？（   ）

（1）所有的时间　　　　（2）大部分时间　　　　（3）比较多的时间

（4）一部分时间　　　　（5）小部分时间　　　　（6）没有此感觉

（7）放弃

24. 您是一个精神紧张的人吗？（   ）

（1）所有的时间　　　　（2）大部分时间　　　　（3）比较多的时间

（4）一部分时间　　　　（5）小部分时间　　　　（6）没有此感觉

（7）放弃

25. 您感到垂头丧气，什么事都不能使您振作起来吗？（   ）

（1）所有的时间　　　　（2）大部分时间　　　　（3）比较多的时间

（4）一部分时间　　　　（5）小部分时间　　　　（6）没有此感觉

（7）放弃

26. 您觉得平静吗？（   ）

（1）所有的时间　　　　（2）大部分时间　　　　（3）比较多的时间

（4）一部分时间　　　　（5）小部分时间　　　　（6）没有此感觉

（7）放弃

27. 您精力充沛吗？（   ）

（1）所有的时间　　　　（2）大部分时间　　　　（3）比较多的时间

（4）一部分时间　　　　（5）小部分时间　　　　（6）没有此感觉

（7）放弃

28. 您的情绪低落吗？（   ）

（1）所有的时间　　　　（2）大部分时间　　　　（3）比较多的时间

（4）一部分时间　　　　（5）小部分时间　　　　（6）没有此感觉

（7）放弃

29. 您觉得筋疲力尽吗？（   ）

（1）所有的时间　　　　（2）大部分时间　　　　（3）比较多的时间

（4）一部分时间　　　　（5）小部分时间　　　　（6）没有此感觉

（7）放弃

30. 您是个快乐的人吗？（   ）

（1）所有的时间　　　　（2）大部分时间　　　　（3）比较多的时间

（4）一部分时间　　　　（5）小部分时间　　　　（6）没有此感觉

（7）放弃

31. 您感觉疲劳吗？（   ）
（1）所有的时间   （2）大部分时间   （3）比较多的时间
（4）一部分时间   （5）小部分时间   （6）没有此感觉
（7）放弃

32. 您的健康限制了您的社交活动（如走亲访友）吗？（   ）
（1）所有的时间   （2）大部分时间   （3）比较多的时间
（4）一部分时间   （5）小部分时间   （6）没有此感觉
（7）放弃

请对下面的每一句话，选出最符合您情况的答案。

33. 我好像比别人容易生病。（   ）
（1）绝对正确   （2）大部分正确   （3）不能肯定
（4）大部分错误   （5）绝对错误   （6）放弃

34. 我跟我认识的人一样健康。（   ）
（1）绝对正确   （2）大部分正确   （3）不能肯定
（4）大部分错误   （5）绝对错误   （6）放弃

35. 我认为我的健康状况在变坏。（   ）
（1）绝对正确   （2）大部分正确   （3）不能肯定
（4）大部分错误   （5）绝对错误   （6）放弃

36. 我的健康状况非常好。（   ）
（1）绝对正确   （2）大部分正确   （3）不能肯定
（4）大部分错误   （5）绝对错误   （6）放弃

生活满意度量表（LSR）

编号_____ 姓名_____ 性别_____ 年龄_____

下面的一些陈述是人们对生活的不同感受，请参照以下陈述，选出比较符合被试实际情况的项目。

1. 热情与冷漠

（1）充满热情地谈到若干项活动及交往；感觉"当前"是一生中最美好的时光；喜爱做事情，甚至待在家里也感到愉快；乐于结交新朋友，追求自我完善；对生活的多个领域表现出热情。

（2）有热情，但仅限于对一两项事情有特殊的兴趣，或仅限于某个阶段；当事情出现差错并可能妨碍其积极享受生活时可表现出失望或生气；即使是很短的时间也要预先做出计划。

（3）对生活淡泊；似乎从所从事的活动中得不到什么乐趣；追求轻松和有限度地参与；可能与许多活动、事物或人完全隔离。

（4）认为生活的绝大部分是单调的，可能会抱怨感到疲乏；对许多事感到厌烦；即使参与某项活动也几乎体会不到意义或乐趣。

（5）生活就像例行公事，认为没有任何事情值得去做。

2. 决心与不屈服

（1）奋斗不息的态度，宁可流血也不低头；有抗争精神，抵抗到底、绝不放弃；积极的人格，坏事和好事都能承受，尽力而为之；不愿改变过去。

（2）能够面对现实，"我对自己的遭遇没有怨言""我随时准备承担责任""只要去寻找就一定能发现生活中美好的一面"；不介意谈论生活中的困难，但也不过分渲染之，"人不得不有所放弃"。

（3）自述，"我曾经攀上顶峰也曾跌入低谷，我有时在峰顶，有时却在谷底"；对生活中遇到的困难流露出遭受外在惩罚及内在惩罚的感觉。

（4）感到由于得不到休息而未能将事情办得更好，感觉现在的生活与45岁时截然不同，越来越糟了，认为"我努力工作，却什么也没有得到"。

（5）谈论自己未能承受的打击（外在惩罚），反复责怪自己（内在惩罚）；被生活所压倒。

3. 愿望与已实现目标的统一

（1）感到已完成了自己想做的一切；已经实现或即将实现自己的人生目标。

（2）对生活中失去的机遇感到有些懊悔，"也许我应该更好地把握住那些机会"；尽管如此，仍感到生活中自己想做的事情均已完成得相当成功。

（3）失去的机遇和把握住的机遇各占一半；如果能重新开始人生，宁愿干一些不同的事情，或许该接受更多的教育。

（4）为失去重要的机遇而懊悔，但对自己在某一领域（也许是其专业）中所取得的成绩感到满足。

（5）感到失去了生活中的大多数机遇。

4. 自我评价

（1）感觉正处在自己的最佳时期，"我现在做事比以往任何时候做得都好"

"没有比现在更美好的时光了";认为自己聪明、完美、有吸引力;认为自己对别人很重要;认为自己有资格随心所欲。

(2) 感觉自己比一般人幸运;有把握适应生活的各种艰辛,"退休只是换个事情做而已";对健康方面出现的任何问题均能正确对待;感到有资格随心所欲,"我想做的事情均能去做,但不会过度劳累自己";感到能处理好自己与周围环境的关系。

(3) 认为自己至少能够胜任某一领域,例如工作,但对能否胜任其他领域持怀疑态度;意识到自己已经失去了年轻时的活力,但能够面对现实;感到自己不那么重要了,但并不十分介意;感到自己有所得,也有所付出;随着年纪变老感到身体各方面的状况普遍下降,但并非严重下降,认为自己的健康情况好于平均水平。

(4) 感到别人看不起自己,谈到人变老时往往感到绝望;试图抵御岁月的侵袭。

(5) 感到老了、没有用了,或者快没有用了;贬低自己,"我已经成了别人的累赘"。

5. 心境

(1) "现在是我一生中最美好的时光",几乎总是愉快的、乐观的;在旁人眼里快乐得似乎有些脱离现实,但又不像是在装模作样。

(2) 在生活中寻找快乐,知道快乐之所在,并把快乐表现出来;有许多似乎属于青年人的特点;通常是正性的、乐观的情感。

(3) 宛若一艘性情平和的船在缓缓地移动,一些不愉快均被正性心境所中和;总体上为中性到正性的情感,偶尔可表现出急躁。

(4) 希望事情宁静、平和;总体上为中性到负性情感;有轻度的忧郁。

(5) 悲观、抱怨、痛苦,感到孤独;许多时间里感到忧郁;有时在与人接触时会发脾气。

💡 本章小结

侦查人员的心理研究对侦查工作实践有着极为重要的作用。侦查人员必备的心理素质主要表现在认知、情绪、意志、人格四个方面,良好的心理素质能够促进侦查人员工作的正常开展。心理评估与心理诊断是根据医学标准和社会标准对侦查人员进行科学客观的分析、测评,帮助侦查人员及时发现心理问题,维护其心理健康,帮助其学会自我调适。侦查人员的职业心理压力会影响队伍的整体素质和战斗力，还需要相关管理部门、心理健康专业机构等外部的重视和支持。

💡 思考题

1. 侦查人员有哪些必备的心理素质？
2. 什么是认知素质？比较感觉和知觉的不同特点。
3. 举例说明意志素质在侦查工作中的重要作用。
4. 侦查人员的心理健康标准是什么？
5. 请你谈谈侦查人员可以从哪几个方面对心理健康进行自我维护和调适。

第十一章

侦查心理学的发展研究与实践运用

◆ 本章引例

元朝胡长孺在宁海做官的时候,有一天他在外巡访,途经一个尼姑庵时,看见一些妇女在里面念经诵佛。这时突然从人群中冲出一个妇女拦住了他的去路,说自己丢了一件衣服,要胡长孺为她做主!胡长孺看了看四周,并没多说什么,也没提及通常会问到的作案时间和案发现场之类的问题,只是把那些念经的妇女全都叫出来聚在一起,并让她们每人在掌心里夹十粒小麦种,然后命大家该干嘛干嘛,念经的继续念经,诵佛的继续诵佛。他自己则闭目端坐,口中念念有词:"请佛祖明示,假如这些人中有偷衣服的贼,就让她手中的小麦发芽吧!"胡长孺的声音虽不是很洪亮,但却足以让每个诵经妇女都可以听见。大多数妇女念经如故,行为并无异常,只有一个妇女行为有些古怪,念一段经文便偷偷看一下掌心。于是胡长孺叫随从把那个屡屡看掌心的妇女拿下,经过审问,此人果然就是偷衣服的贼。由此可见,如果能巧妙地利用侦查心理学技术,将会在侦查工作中起到事半功倍的作用。

◆ 本章学习目标

本章的学习目标是使学生理解侦查心理学技术的发展研究，了解侦查心理测试技术的发展历程和作用，以及对现代侦查心理测试技术在实践方面的应用做出详细说明和解释，并对智慧侦查心理学未来的研究方向进行了探讨与展望。

第一节　现代侦查心理测试技术的发展研究

随着社会经济的飞速发展与信息技术的巨大变革，如何在侦查工作中采用更加高端、文明的技术手段及恰当运用心理学已然成为当务之急。心理学的应用，在现代侦查活动中，发挥了关键作用。具体来说，心理学在侦查活动中的应用主要包括客观层面的犯罪心理学和主观层面的狭义的侦查心理学。同时，侦查人员自身的综合心理素质建设、心理健康维护也是心理学在侦查领域发挥重要作用的实践证明。

未来一段时间内，随着经济发展、科技进步、政策转变、人口更替、国际交流、恐怖袭击甚至全球局部战争等各种因素的影响，犯罪活动各要素也会随之变化。因此，随着科技进步与犯罪活动的升级，侦查心理学领域的发展也会更加深入。

相较于传统的侦查技术手段，当前的侦查技术手段在信息技术及侦查客体的作用下发生了四个方面的变化：一是侦查思维的变化，即信息思维、数据思维、心理刻画思维的出现；二是侦查路径的变化，即传统的侦查路径受到数据思维的冲击，出现了新的侦查路径；三是侦查方式的变化，即出现了利用数据的侦查方式，包括物证数据和心理数据，从外在表现看，侦查活动变成了经常要在互联网上进行的一项工作；四是侦查内容的变化，即侦查内容变得更加丰富，侦查工作需要涉足虚拟空间和在虚拟空间里留下的数据，以及心理动态特征的数据。

本节就是在传统的侦查技术手段的基础上，进一步分析侦查心理学技术的发展和应用，其中包括一些新出现的重要的侦查技术手段。

一、现代侦查心理测试技术之犯罪心理测试技术

（一）犯罪心理测试技术概述

犯罪心理测试技术是心理测试技术在侦查实务中的应用，是我国九大刑事科学技术之一。犯罪心理测试技术又称测谎技术，是侦查人员在审讯犯罪嫌疑人时较有效的一种审讯辅助手段，犯罪心理测试技术在审讯犯罪嫌疑人时具有良好的效果，目前该技术已被部分国家及地区采用。

测谎仪则是一种用于心理治疗，或办案时用于探测被测者说话真实性的电子仪器。测谎员根据仪器反映出的被测者的心理、生理参数，分析评判被测者的情绪反应变化，进一步推断被测者所说内容是否属实。

犯罪心理测试技术对侦查工作虽有一定辅助作用，但也要科学规范地使用，要选择由专业心理测试机构开发的软硬件平台和设备，如果有人滥用不适合中国国情的测评系统或评分软件，可能会在侦查工作中造成一定的冤假错案。

案例一 震惊全国乃至全世界的杜培武特大冤案，在2000年被国内外各大媒体曝光后，世人才知晓这起杀害两名民警的特大涉枪案件，在案发后的侦查、审讯、逮捕、审判过程中，先后两次对当时的嫌疑人、戒毒所民警杜培武使用过自动测谎仪。但由于错误地使用了某公司仿造国外生产的自动测谎仪以及没有丰富经验的测谎专家，对杜培武所做的两次测谎均显示其为杀人犯。最后还是因抓获了多名"杜培武案"的真凶，并缴获了当年杀人的手枪，才终于使身陷囹圄的杜培武彻底洗脱"杀害两名警察"的罪名，重新恢复了自由。

通过以上案例可以看出以下三点。

一是测谎仪在侦查讯问过程中，并不能直接反映出被测者说话内容的真实性，只能显示出被测者答题时的心理、生理变化数据。而主测者主要根据仪器反映出的各项数据，分析评判被测者情绪反应变化，从而进一步推断其所说的信息是否属实。

二是测谎仪的结果并不是绝对的准确和正确，需要进行精心的心理数据分析，再结合有效的物证考核，才能对审讯工作起到有效的辅助作用。

三是测谎是一项技术性极强且需要在严格的实验控制条件下进行的工作，决不能简单地认为测谎仪是万能的，一下子就能测出真假。但如果能同时满足以下两个重要条件，得出的数据结论还是行之有效的。

条件一，测试环境。可称为硬件部分，例如，进行测试的房间有一定的要求：面积在10平方米内较为合适；房间的隔音效果须良好，不能受外界干扰；房间的光线要适宜，不能太晃眼或太黑暗；如果被测者是女性，至少还需要一名女性测谎员。总之，尽量减少不必要的干扰因素，因为任何一种外界因素的干扰都可能引起被测者心理和生理产生变化，从而在测谎仪图谱中反映出来，从而导致测谎员做出错误的判断。

条件二，测试数据。即根据案情有针对性地编制测谎问题、在场测试者及被测者、采集的询问数据及后期对数据分析评判的过程，为软件部分。如果主测者没有受过专门培训、没有丰富的测谎经验，这对测谎结果的准确度是有一定影响的；如果没有根据案情设置好合理的问题，也会对测谎结果有一定的影响。由此可见，测谎工作是极其费时费力，以及对技术性要求极高的工作。

以上案例只是个案，总的说来，科学应用犯罪心理测试技术辅助案件侦查，具有非常显著的作用。通过犯罪心理测试技术可以较准确地理清案情，认定或排除犯罪嫌疑人，为审判过程中法官判案和量刑提供一定的依据。

（二）犯罪心理测试技术的工作原理

心理学研究认为，人的情绪变化可引起行为和生理上的变化。

案例二 某商业银行金库发生了一起巨额现金库包不翼而飞的案件。专案侦查人员和专业心理测试人员首先查看了案发现场环境，案发现场并不一定局限在银行金库等地，然后使用视频监控手段查看银行周边环境，最后进行犯罪心理痕迹动态分析。心理测试人员与侦查人员一起用认知综合测试法的三种方法编制测试题，并应用于与该金库相关的重点人员。

编制的测试题中，有一组问的是自我认知时间知觉题：银行的现金库包是在几个月前丢的？现金库包是在案发前几天丢的，还是报案前一天丢的？这一组时间知觉题，对于无辜者，不论主测者怎么问，始终不会对何时丢的这种问题有强烈的心理、生理反应。但对于偷拿现金库包的作案人，其犯罪心理痕迹反应会极其强烈。关于这个疑难案件，专案组共编制了9组共49个问题。在一天时间内，用同一套题目对金库相关的重点人员进行检验，在排除了15名犯罪嫌疑人后，准确认定是该银行运钞车当班司机作的案。犯罪心理痕迹反应图谱显示：某日晚现金入库前，该司机趁卸车混乱时匿藏了这个巨额现金库包。最后，侦查人员在该司机家中木板墙里起获了全部赃款。

从上述案例中不难看出，如果侦查人员想通过使用测谎技术在办案中取得较好的效果，必须符合四个方面的要求。

一是需要掌握心理学、医学、信息技术学等相关学科知识和技能。

二是需要熟悉相关的法律法规、政策制度和相关司法解释，并能将其融入测谎话术中。

三是能够把侦查、询问、心理、审理和审讯技术相结合。

四是熟练掌握具有当地民风、民俗特色询问习惯的测谎话术。

当前，犯罪心理测试结果虽尚未获得中国司法实务界的全面认可，测试结果也不能作为定罪量刑的依据。但如果检测心理痕迹与物质证据相互印证，则可以为侦查、审判提供更具有价值的辅助证据。

（三）犯罪心理测试技术的辅助作用

通过实践表明，犯罪心理测试技术主要有以下几个方面的作用。

（1）有助于及时澄清案件的无辜者。用测谎仪对愿意与警方合作的被测者进行测谎，可以有效分辨出无辜者，具有较好的识别效果。

（2）有助于发现犯罪线索。可以通过测谎数据变化情况分析出被测者在什么问题、什么时间、什么事件、什么地点、什么物品、什么人出现时数据明显波动，进而发现更多线索，为继续审讯、调查取证取得突破口，为拘捕暂未归案的同案犯或未发现的新案情提供新的线索。

（3）可用于验证案件当事人的证言证词和对案件信息描述的真实性。案件审讯时可以借助犯罪心理测试技术对案件当事人的证言证词进行真伪评判。

（4）可以提高办案效率。犯罪心理测试技术可在短时间内迅速排除无辜者，缩小侦查范围，澄清事实，从而大大缩短侦查时间，节省人力和物力，节约司法资源，起到案件侦破事半功倍之效。

（5）有助于侦破无头案件。在进行犯罪心理测试时，可以在题目中编入一定量可能相关或相似的无头案件问题，通过测谎仪数据的变化情况，来判断是否有无头案件的关联线索。

（6）瓦解作案人的抗拒心理，攻破其心理防线。可以用犯罪心理测试的数据及数据变化情况分析指正被测者口供不实之处，使被测者不断暴露供述错误，使其露出马脚，从而突破其心理防线，最终对犯罪事实全盘托出，认罪认罚。犯罪心理测试技术尤其是对初犯的使用效果较为明显。

（7）有助于克服主观臆断和经验教条。正确使用犯罪心理测试技术，在有效澄清无辜者的同时，也能及时调整侦查方向。还可以帮助审讯人员克服主观臆断和经验教条，防止出现对案情的偏见，加快推进疑难案件的侦破，从而使侦查工作发生重大转机。

综上所述，犯罪心理测试技术如果想有效地用于调查和侦查疑难案件，必须适合中国的语言、国情、社情和民族心理特征，以及适合中国社会个体心理、生理上的差异。

二、现代侦查心理测试技术之大数据应用

随着信息技术与人类工作及生活的交会互融，万物互联的时代已经悄然来临，全球信息量急剧增加，信息的大量汇集和数据的大量沉淀带来了大数据、云计算、物联网、人工智能、移动互联网的新一轮科技革命和产业变革，人们

的工作、生活、思维方式、处事方式都发生了颠覆性的变化，不可避免地给侦查工作带来了深刻的影响。

（一）大数据技术的发展历史

大数据技术是开展大数据侦查的一个重要支撑条件，没有大数据技术就无所谓大数据侦查。我们可以从纵向和横向两个方面来理解大数据技术：从纵向看，大数据技术的运用过程一般包含数据采集、数据存储与管理、信息处理、信息分析和信息结论五个阶段；从横向看，大数据存储、计算和分析技术是大数据技术的关键。

（二）大数据侦查资源的来源

资源包括数据和信息，而数据是指海量大数据级别的数据。例如支付宝 App 数据、交通管理部门车流量数据、出入境数据等。这些大流量数据大部分来自公安大数据平台数据中心，来自侦查工作中的主动攻取。大数据侦查的数据来源主要包括以下几处。

1. 公安网数据

公安网数据大致可以分为人、地、事、物、时、情、故等。这些数据会因为业务的扩展，或基于不同的目的而发生变化。接入公安网的数据有政府数据、社会数据等，随着获取数据技术的不断进步和公安大数据平台的建成，接入公安网的数据将会越来越庞大。

2. 通信数据资源

人们在使用通信工具与他人联络传递信息，或利用网络获取信息时，会留下时间、设备、用户、系统、习惯和行为等方面的痕迹。这些痕迹、数据不仅会遗留在终端设备或网络平台里，也会遗留在基站数据库、日志数据库里，还会遗留在营运商所建的行为审计、网络安全和其他数据库里。这些数据就是通信数据资源。

3. 资金流转数据资源

我国的网络购物用户规模已呈爆炸式增长。这些用户通常使用移动支付，以支付宝、微信支付平台为核心的网络支付系统连接了资金库与消费终端，在网络支付或移动支付的过程中留下了十分庞大的资金流转数据，这些数据是开展大数据侦查所需要的数据。

4. 互联网数据资源

互联网数据类型极多，最为复杂。通常有：电子邮件数据；微信、QQ 即时通信数据；移动应用程序（App）使用中留下的数据；百度、高德等地图类数据；淘宝、京东等网站购物及美团、饿了么网上外卖数据；校友录、留言板、领导信箱、求职网站、单位机构等文字类数据；搜索引擎、报表填报、通知公告、短信引擎、IP 查询、信息公开、公众服务、聊天内容查看等工具类数据；政务服务共享数据、企业商业开放数据、网络游戏数据、全球网络开源数据等。人们在进行这些活动时都会留下相关数据，例如在网络空间里留下包括账号、登录密码、捆绑的手机号码、个人会员卡信息、邮箱、IP 地址等数据。这些数据都是开展大数据侦查时可资利用的资源。

5. 视频数据资源

视频数据来自各类监控系统，这类数据与互联网数据显然是交叉的。视频数据主要来源于这样一些系统，如：道路交通现场的监测系统；街面视频安防监控；政府机关、企事业单位、家庭个人基于安全防范的需要而建设的天网数据系统；侦查中拍录的视频，包括讯问中拍录的视频、隐匿身份侦查中拍录的视频、重点犯罪嫌疑人专案监控视频、重点区域专案监控视频、新闻媒体摄制的用以揭露、证实犯罪的视频等。以上各类视频数据是开展大数据侦查的重要数据来源。

6. 其他数据资源

其他数据资源包括：民航、铁路交通数据资源；共享单车数据资源；网约车数据资源；卫星定位数据资源；物流数据资源；网上政务数据资源；等等。

以上各类数据是呈海量级不断扩增的，若能将这些数据进行云计算整理、存储、清洗，将是开展大数据侦查的重要资源。

（三）大数据在侦查心理测试技术中的应用

大数据时代，一切犯罪行为皆可由抽象的信息量化成为具体的数据，而且这些数据已被政法机关所掌握，只需要通过相应的数学模型对数据进行分析与解构，分解到侦查工作中涉及的人、地、事、物、时、情、故等要素中。运用大数据分析、云计算、数据建模和人工智能等技术对侦查工作中涉及的相关数据中潜在的犯罪信息进行分析，形成以案件要素为主线的犯罪数据，形成超前的侦查意识，逐步从过去的被动侦查模式转变为主动侦查模式，为侦查机关破案提供更多有价值的线索，寻找新的破案增长点。当前大数据技术的发展对侦查工作影响深远，随着大数据技术不断革新，大数据侦查的优势已初步凸显。

1. 侦查讯问文本数据的优势

通过侦查讯问获得的文本数据是侦查人员讯问犯罪嫌疑人所获得信息的客观记录，包含大量有价值的案件信息，是大数据侦查的重要组成部分，在情报分析方面独具特点与优势。如表 11-1 所示。

表 11-1 侦查讯问文本数据的特点及优势

特点	优势
数据来源以侦查讯问笔录为主	数据内容，包括作案时间、作案地点、涉案人员、作案手段、作案工具、损失物品等，情报价值高。
数据规模"小"而集中，只存储和记录与犯罪相关的数据	数据分析，如对跨时间、跨区域、跨年龄等虚拟界线进行案件追溯，关键点重要
数据随机实时更新，灵活性强	数据实时，如动态灵活的实时数据分析，可总结犯罪规律，有效地进行数据挖掘，从而串并案件、预测犯罪

2. 有利于发现旧案、隐案、积案，深挖余罪

近年来，刑事案件立案数和严重暴力犯罪案件数量虽持续下降，但网络诈骗等多发性案件数量则呈增长趋势，互联网犯罪情况越来越严重。除此之外，仍有一些旧案、隐案、积案等犯罪情况存在。互联网技术的发展使得破获互联网犯罪案件的难度越来越大，这种新型犯罪形势变化倒逼公安机关向科技要警力，不断改进侦查技术手段和提升战斗力是侦查工作发展的必由之路。

3. 有利于发现犯罪活动规律，进行犯罪预测

犯罪预测一直是刑侦理论界和实务界研究和争议的话题。传统的犯罪预测是以人的经验和直觉为主导进行的预测。这种方法存在着较大的主观性，容易形成思维定式，在一定程度上增加了犯罪预测的不确定性。

相较于传统犯罪预测方式的弊端，大数据开辟了犯罪预测的新方向，大数据犯罪预测即通过对过去犯罪规律的描述建立模型并对模型进行优化，然后将现有数据输入模型，从数据分析结果中进行未来的犯罪预测。

例如，将大数据技术与侦查讯问文本数据比对技术相结合，着重将收集到的海量侦查讯问文本数据与已破案件的数据进行匹配、推导、预测和延伸，从多维度进行分析，绘制案情数据关键点，建立以输入目标为核心、以时间为主

线的关联网,对犯罪高发区域、个体或群体犯罪、可疑人员、累犯进行预测,使有限的警力和资源得到最大限度的利用。

三、现代侦查心理测试技术之微表情审讯

除了大数据技术在现代侦查心理学技术中大放光彩,另一种微表情审讯技术也对侦查讯问工作有着极大的帮助和支持。例如,有些犯罪嫌疑人反侦查心理素质极强,用各种方法负隅顽抗,抵制审查,始终不招供,在侦查讯问时产生了僵局。面对如此局面,微表情作为一种新的手段介入侦查讯问工作中,不仅为解决侦查讯问僵局提供了新的突破口,还将大大提高侦查询问工作的效率。

(一)微表情的可识别性

在审讯过程中,无论是犯罪嫌疑人的心理活动还是微表情,都是具有可识别性的。微表情听起来似乎是很玄的东西,但实际上是有一定科学依据的。利用犯罪嫌疑人不同阶段的心理状态,观察并识别其显露出的微表情,使用不同的审讯技巧。例如,在审讯后期,犯罪嫌疑人已经有所动摇,这时审讯人员若观察其已经出现疲倦和懈怠的心理状态,这时稍微加大一下审讯的力度,犯罪嫌疑人可能就会直接交代犯罪事实了。因此,最关键的是如何恰当地识别出犯罪嫌疑人的心理状态,并根据其不同阶段的心理状态来选择有效的方法。

可识别性在实践中主要由三个层面组成:第一个层面是宏观的体征,如头、眼、躯干、四肢、坐姿等;第二个层面是微表情,当前已经研究出200多种微表情,分属于不同情绪范畴,如愉快、愤怒、沮丧、沉默等;第三个层面是体征和微表情在肉眼中均失效的情况,就可以使用犯罪心理测试设备,例如前面提到的测谎仪,来识别对方的语言和微表情。通过采取审讯人员的观察和测试设备相结合的方式,使侦查审讯工作起到事半功倍的效果。

(二)微表情的可实践性

下面我们来举几个审讯时微表情发挥作用的案例。先看宏观体征,头部的姿势中,低头、抬头等都是比较常见的姿态。在审讯过程中,犯罪嫌疑人如果此时稍微低着头,正在聆听,这种状态就说明他很关心当前的对话内容,对话内容可能和他的利益相关,对审讯工作来说就是好的消息,出现这种状态时有可能是审讯的突破口。如果犯罪嫌疑人的头部挺直,这时其表示出来的是消极、愤怒的状态,此时可能不是寻求审讯突破口的最佳时机。但犯罪嫌疑人的头部低到胸部,则表示其非常沮丧,更多的是犯罪嫌疑人对审讯人员的指控表示默

认,不想再反驳了,这时审讯工作就离成功不远了,再稍微对其做些问题引导,大多数时候,当犯罪嫌疑人的状态从低头变为抬头,就表示审讯基本成功了。

除了头部姿势,观察犯罪嫌疑人的面部表情、面部颜色也非常重要。在实际审讯过程中,一般不会对犯罪嫌疑人直接进行极具冲击力的问题审讯,而是先聊天沟通,聊天的过程就是观察的过程。此时犯罪嫌疑人的面部表情、面部颜色会是放松且正常的,没有过多心理压力。但随着审讯强度的增大,当问到敏感问题时,犯罪嫌疑人会感到压力变大,不同的人所呈现的面部表情和面部颜色会有区别,有的人会脸色惨白,有的人会面部通红,但都是压力越大,面部颜色变化越大,与正常脸色相比有明显的不同,这也是审讯突破口的关键所在。还有一些犯罪嫌疑人出现面部痉挛、眼角低垂、颈部一侧跳动的情况,这都是人在高度压力下身体的一种紧张和对抗的反应。

口鼻微表情也是审讯中不可忽略的关键点。审讯犯罪嫌疑人时,有时不会给其戴手铐,那么一旦观察到犯罪嫌疑人有摸脸、揉鼻、握拳捂嘴、不断舔嘴唇的动作时,这表明他的压力已经处于非常大的程度了,其心理状态已经影响到生理状态,身体内分泌已经出现紊乱。这时如果能抓住审讯的关键时刻,本次审讯将会有重大突破。

眼睛也是审讯时非常重要的信号。在审讯时,主审、副审不借助仪器装备就可以观察到的就是犯罪嫌疑人的目光接触水平,即犯罪嫌疑人能否进行正常的对视观察。如果犯罪嫌疑人处于一种正常的对抗状态,且精力充沛、没有压力时,他会全力以赴地调动自己的思维来观察审讯人员,不愿意放弃任何能观察到的对其有用的信息。如果说,审讯人员已经摧毁了犯罪嫌疑人的心理防线,犯罪嫌疑人知道自己抵抗不了了,其目光接触水平就会迅速下降,不敢直视审讯人员,这是审讯到了最关键的时候,在实践中一定要高度注意。

另外,也要注意眨眼动作频率的变化,在审讯前期跟犯罪嫌疑人聊天时需要密切关注。但如果整个审讯过程中,肉眼观察不到犯罪嫌疑人眨眼次数明显的变化,就需要借助仪器装备。可以通过电脑来设置一个眨眼阈值,如果达到了正常次数 3 倍以上,就说明犯罪嫌疑人的压力状态发生了重大改变,此时若拿出一个有效的证据,给犯罪嫌疑人一个强刺激,审讯基本上会有重大突破。

瞳孔是一个非常特殊的体征部位,审讯时是无法通过肉眼直接观察到的,因此需要借助审讯室里的三个摄像头。大部分人都认为审讯室里只有角落里的一个摄像头,用来记录审讯流程是否有违规现象,但大部分的审讯过程都会严格遵守各项流程,所以此摄像头的意义并不是特别重要。最有价值的是审讯室正前方和侧面的摄像头,均连接到隔壁后台电脑。通过拉近镜头可以看到犯罪嫌疑人的瞳孔反应,人们在紧张状态下,瞳孔会缩小。由此可见,审讯工作不仅仅只靠主审和副审,而且还需要有测试仪器以及使用仪器分析数据的工作人员。审讯工作是团体作战,并不只是两个人的工作。

再来看坐姿和四肢。如果犯罪嫌疑人是一种自然而然地舒展身体的开放式坐姿,掌心打开,双眼呈平视状,这是犯罪嫌疑人愿意交谈的表现,可以抓紧推进审讯进度,尽快完成审讯。而如果犯罪嫌疑人是一种交叠双腿、紧扣脚踝、紧握双手的封闭式坐姿,这体现了犯罪嫌疑人内心的封闭,以及对外界信息的抵触,这就需要进一步寻找其心理防线突破口。

微表情识别中还有一种非常有意思的现象,即在不该出现一些微表情时却出现了。例如,当处于高强压力下,审讯接近尾声,也做完了相应笔录,但此时犯罪嫌疑人的微表情里表现出了喜悦的神情,这种喜悦的状态可能是犯罪嫌疑人认为自己欺骗的手段很高明,审讯人员相信了他刚刚说的话。此时就应该意识到犯罪嫌疑人刚才可能撒谎了,需要进一步审讯。

综上所述,将所有重要的外部体征与重点微表情结合起来参与审讯的分析,能起到重要的作用。但在当前实际情况中,大部分审讯工作还是依靠讯问技巧、证据呈现等方式,在审讯遇到僵局或很难找到审讯突破口时,会请心理学专家使用特殊的侦查心理测试技术,包括微表情、测谎仪、数据分析软件等。即使当前这些侦查心理测试技术还不够完善,但随着侦查心理测试技术的不断改进,数据处理分析软硬件的优化,以及审讯人员综合素质的提高,现代侦查审讯工作会越来越有成效。

(三)微表情的可发展性

微表情是一种特殊的侦查心理测试技术,其持续时间短、出现频率低,而且不同个体识别的准确率差异较大,如果想快速、精确地捕获微表情,那么就需要建立一个真实、实用的微表情数据库,寻找合适的计算机算法,将微表情研究、计算机视觉、模式识别技术相结合,充分利用色彩信息,实现对人们在现实生活环境中出现的微表情的自动识别。当前,人们对微表情的研究仅仅局限在测谎方面,但在实际生活中,各种场合都有可能出现微表情。不同场合的微表情反映出不同的心理,研究不同的微表情反映出的不同心理,进而可以推断出人的不同行为。研究微表情的应用领域,拓宽微表情的应用范围,将微表情从国家安全领域扩展到医学、政治心理学、销售、人才招聘等领域,亦有其广泛的应用价值。

第二节　智慧侦查心理学未来的研究方向

人类社会经历了农业社会、工业社会，进入正在演变的信息社会。犯罪活动的发展对应人类社会的发展阶段，同时在不断升级犯罪活动。具体来说，犯罪活动的升级有两个基本方向：一个是犯罪活动的隐秘化，另一个是社会危害的规模化。侦查活动应对于犯罪活动的升级，也由传统侦查、信息主导侦查发展为数据驱动侦查和侦查心理测试技术相结合。数据驱动侦查并未跳出传统侦查活动的框架。犯罪者利用物联网、云计算、移动互联网、人工智能、大数据等理念与技术实施犯罪活动，必然要求侦查活动在理念、思维、手段、路径、心理测试等方面进行变革。由此，智慧侦查心理学的概念就应运而生了。

智慧侦查心理学，概括地说，它能够实现侦查效率的提升，实现主动预警、主动侦查，做到精准打击，并能够不断自我演进。

一、智慧侦查心理学信息技术实践运用：数据融合与算法进阶

数据能否为侦查工作提供有效的帮助，取决于科学技术（如"大智物移云"，即大数据、智能化、物联网、移动互联网、云计算）的有效使用。科学技术有效使用的核心是算法。算法是用系统的方法描述、解决问题的策略机制，如神经网络、支持向量机、特征提取、无线传感器网络、声纹测试仪、心理测试仪、认知综合测试法等内容。大数据平台的效用取决于算法的进阶。算法的演进决定了大数据平台查找数据、关联数据，以及确定数据到人、到案的准确性和高效性，构建个体或组织风险评估等级的合理性，从而达成主动侦查、精准打击的目的。

二、智慧侦查心理学人员主体变化：智慧侦查主导者与路径的演变

（一）智慧侦查心理学主导者的演变

总的来说，智慧侦查心理学的主导者经历了以侦查人员为主导，演变为以人工智能为主导两个阶段。

在以侦查人员为主导的第一个阶段，侦查人员应当拥有"数据侦查"理念，使用信息数据、视频数据、网络数据、心理测试数据、声纹测试数据等，依靠海量数据，通过使用大数据平台精准切入、有序查询并锁定犯罪嫌疑人。在这一阶段，人工智能起到协助作用，能够在侦查人员的指令下精准迅速地提取数据、关联数据，确定从数据到人、到案。

在以人工智能为主导的第二个阶段，人工智能拥有或超过人类的思维，自主、实时地对数据信息予以搜索、排查并锁定犯罪嫌疑人，自主形成符合法律要求的电子数据。在这一阶段，侦查人员主要发挥核实作用。总的来说，需要用到数据的环节皆可由人工智能完成。

（二）智慧侦查心理学路径的演变

传统侦查的路径多采用人到案、案到案的行动路线，而现代信息化侦查阶段的路径，趋向于使用从数据到人、人到心理、心理到案的行动路线。两者有比较明显的不同之处。

现代犯罪嫌疑人也会使用多种技术和工具拓展犯罪空间，隐秘犯罪手段。智慧侦查在掌握全方位数据的基础上，关联时空、事件、场所、轨迹与个体，进行发散性比对、碰撞分析，锁定犯罪嫌疑人。无论犯罪嫌疑人实施何种类型的犯罪，采用何种犯罪手段，都会在虚拟空间和现实空间留下数据及数据交换的痕迹，由此可以利用数据的汇总、碰撞、比对，从而确认犯罪嫌疑人，推动侦查工作的前进。

三、智慧侦查心理学功能转变：主动预警，同步遏制

智慧侦查将从案后、案中的侦查，向案中、案前，甚至向"未发生案件"的主动预警转变，同步遏制、预防犯罪。转变的原因在于案件的发生必然有犯罪者（引发者），犯罪者必然会表现出一定的异常行为，并且在虚拟网络空间可能还会有异常心理行为表现。过去的侦查活动多数是在案件发生后进行案情分析，采取侦查措施，此谓案后、案中的侦查。在智慧侦查模式下，犯罪者区别于大多数人的行为或区别于其在日常生活中的行为会被识别为异常行为、风险行为、特殊心理行为。这一识别过程就是风险等级评估的过程。智慧侦查模式下对高风险等级行为自动预警，侦查人员同步采取侦查措施予以遏制。此谓案中、案前、"未发生案件"的侦查。

例如，国内某公司研发风险等级评估软件，可利用人们的活动和行为数据来评估人们实施犯罪行为的可能性。例如，"频繁造访交通枢纽并前往刀具店等

可疑场所""长期频繁浏览查找各种特殊作案手法的文章""在一段时间内购买了大量有害化学试剂",甚至"在淘宝网站购买了一系列看似不相关的东西,如锡纸胶带、小型电焊器、研磨器、导线、砂纸、黏着剂、无线遥控装置等",将所有的数据综合显示在一起,利用大数据比对等智慧侦查手段,能较为清晰地显示出此人的作案风险提高,可能是要制作炸药。如果再使用人工智能及实时定位技术,有甄别地进行提前预警,则可能达到预防犯罪的目的。

但需要说明的是,主动预警的核心是围绕个体的行为,并构建风险等级。而侦查是一个法定活动,如果在未发生案件之前对个体采取强制措施是不适宜的,侦查行为需要符合法定程序。

拓展知识

科技的迅猛发展,导致犯罪手段的科技化、专业化、智能化、现代化,以及各种反侦查手段的运用,大大提高了犯罪能量,强化了犯罪的隐蔽性,导致发现线索难、取证难、案件突破难,但与此同时也促进了侦查手段的科学化。

侦查技术是指在侦查活动中运用于与犯罪行为做斗争的各种科学技术的总称。"科技强警,科技强侦"是公安部在20世纪90年代中期提出的一个战略性措施,就是以科技创新为基础,以科技建设为龙头,实现"科技强侦",总体规划、分步实施"科技强警"。

侦查技术按其功能,分为鉴定型技术和侦查型技术。

(一)鉴定型技术

鉴定型技术是指对与案件有关的客体进行鉴定而采用的技术,主要分为两大类。

1. 物证鉴定技术

这是一类利用物证技术学学科专业知识解决某些专门性问题时进行鉴定的技术,其鉴定对象通常是手印、足迹、工具痕迹、枪弹痕迹、文件、各种微量化学物证与生物物证、视听资料(图像和语音)及电子证据等。这类鉴定技术主要解决的是同一认定问题、种属认定问题和真伪认定问题等。

2. 法医鉴定技术

这是一类利用法医学学科专业知识进行鉴定的技术,其鉴定对象通常是死因不明的尸体、身份不明的尸体和碎尸块体、不同原因造成的受伤活体,以及来自人体的各种物质。这类鉴定型技术解决的主要问题是死因问题、伤情问题、个体识别问题,以及来自人体物证的种属认定和同一认定问题。

（二）侦查型技术

侦查型技术是指实施各种侦查活动而采用的技术。

1. 通信指挥技术

通过建立侦查指挥中心，采用网络数字视听技术，实现案件侦查远程指挥等功能，真正实现侦查工作运筹帷幄、决胜千里。

2. 侦查情报资料处理技术

公安部的"金盾工程"，即公安通信网络与计算机信息系统建设工程，是利用现代化信息通信技术建立了联通各级公安机关的高效快速信息传输系统，刑侦综合信息系统的构建与"金盾工程"的发展实现了有机结合，并建立了全国刑事犯罪信息中心（简称CCIC）等公安专用网络数据库，建立了全国性或区域性的，诸如违法犯罪人员信息系统、刑侦信息综合治理系统、指纹自动识别系统、人口信息管理系统等供侦查机关运用的信息资源共享系统。

3. 现场物证检验技术

在现场勘查中，为了发现、显现、固定、记录、提取可能有证据意义的痕迹、物品、文件以及各种微量物证所采取的技术。

4. 刑事影像技术

刑事影像技术包括刑事照相、刑事录像和刑事图像处理（比如进行影像、倍率、影像方向、影调、变形图像的校正）等技术。

5. 技侦技术

《反间谍法》和《人民警察法》明确规定了技术侦查措施主要包括侦听、电话监听、电子监控、秘密拍照或录像等。现在世界各国的侦查机关为了侦查犯罪活动，会有控制地使用电子装置听取他人住所等场所的谈话，在通信线路上安装机械装置截获通话内容，利用电子设备对特定人、物或场所进行监视，以及采用秘密拍照或录像等技术侦查手段对付犯罪分子。

6. 测谎技术

测谎技术指专门技术人员按照一定的规则，运用测谎仪器设备，记录被测者在回答其所设置的问题的过程中某些心理、生理参量的变化，并通过分析测谎仪器设备所记录的图谱，对被测者在回答有关问题时是否说谎做出判断的技术。

7. 警犬技术

警犬技术是指通过对警犬的培养训练，并在科学的组织下使其在侦查破案和安全防范上发挥作用的应用技术。警犬技术包括运用警犬进行追踪、鉴别、搜索、巡逻、护卫、救援等。

（三）未来犯罪与侦查技术方向

未来犯罪类型呈现出何种特征，取决于稀缺资源的内涵和犯罪手段的便利性，而犯罪手段的便利性则取决于科技的进步。在人类社会的认知中，稀缺资源代表了财富，显然侵犯财产类犯罪一直是高发的犯罪类型。在社会财富不断增长和分配不均的趋势下，这一类犯罪数量尤为巨大。稀缺资源的内涵依赖于科技的进步，并与人类社会的认知判断共同产生作用。5G技术、AR/VR技术、物联网、大数据、云计算、人工智能和金融科技等新理念、新技术的应用，可以预期除货币代表财富以外，数据、算力也可能在未来成为犯罪者眼中可获得回报的"财富"。

智慧侦查是未来的发展方向，其实现还要依赖于侦查机制的改革。侦查机制的改革需要对侦查机构进行合并，对侦查资源进行整合，构建大数据平台自然成为应有之事。大数据平台的构建，将打通公安机关各类业务信息，融合个人、社会和国家层面的通信数据、金融数据、视频监控数据、交通数据、物流数据及其他社会数据。

本章小结

通过本章所有内容的学习，可以了解到在侦查过程中，无论是在现场调查访问阶段，还是对犯罪嫌疑人的侦查控制阶段，抑或是在与犯罪嫌疑人斗智斗勇的侦查审讯阶段，总会有意或无意地运用到侦查心理学的相关知识和方法。因此，重视侦查心理学，加强对这门学问的探索研究，并自觉将其运用于实际侦查工作中，这对增强侦查人员的素质、提高破案率、充分运用现代信息化侦查技术，是具有重要意义的。

思考题

1. 什么是犯罪心理测试技术？
2. 侦查技术的创新发展体现在哪些方面？
3. 微表情的可识别性有哪几个层面及其特点？
4. 什么是智慧侦查心理学？
5. 学习侦查心理学技术对侦查工作有何指导作用？

参考文献

[1] 徐功川. 侦查心理学 [M]. 重庆：重庆出版社，1984.

[2] 乐国安，王庆明，叶志平，等. 侦察心理学 [M]. 北京：中国人民公安大学出版社，1987.

[3] 李安，房绪兴. 侦查心理学——侦查心理的理论与实践 [M]. 北京：中国法制出版社，2005.

[4] 范刚. 刑事侦查心理学 [M]. 兰州：甘肃人民出版社，2007.

[5] 赵桂芬. 侦查心理学 [M]. 北京：中国人民公安大学出版社，2008.

[6] 周述虹. 侦查心理学 [M]. 北京：群众出版社，2012.

[7] 刘启刚. 侦查心理研究 [M]. 北京：中国人民公安大学出版社，2018.

[8] 任克勤. 侦查心理学 [M]. 北京：中国人民公安大学版社，2015.

[9] 王红星，何如一. 犯罪心理学 [M]. 武汉：华中科技大学出版社，2006.

[10] 孙延庆. 侦查措施与策略 [M]. 北京：法律出版社，2015.

[11] 陆时莉，魏月霞. 犯罪心理学 [M]. 北京：高等教育出版社，2007.

[12] 毕惜茜. 心理突破——审讯中的心理学原理与方法 [M]. 北京：中国法制出版社，2017.

[13] 陈汉彬，盛永彬. 侦查讯问 [M]. 2版. 北京：中国政法大学出版社，2020.

[14] 吴克利. 镜头下的讯问——全程录音录像下的讯问方略与技巧 [M]. 北京：中国法制出版社，2016.

[15] 武伯欣，张泽民. 心证 [M]. 北京：群众出版社，2004.

[16] 高锋. 犯罪心理学 [M]. 北京：中国人民公安大学出版社，2004.

[17] 于永波，黄强，董继强. 犯罪心理痕迹分析技术在现场勘查中的应用 [J]. 中国司法鉴定，2006 (5)：36-38.

[18] 任克勤. 论犯罪心理痕迹的研究 [J]. 政法学刊，1996 (3)：4-6.

[19] 袁博. 浅谈刑事犯罪现场的心理痕迹 [J]. 江西公安专科学校学报, 2002 (1): 48-50.

[20] 孙文夕, 孙莹宏. 侦查讯问中嫌疑人心理变化过程研究 [J]. 武警学院学报, 2021 (4): 26-42.

[21] 李双其. 审讯中犯罪嫌疑人的谎言识别 [J]. 警学研究, 2021 (1): 41-53.

[22] 宋青帝, 康杰. "反侦查心理"讯问价值解析及原因探究 [J]. 山西警察学院学报, 2021 (1): 86-92.

[23] 方斌. 刑事审讯中的证据运用: 从获取供述走向收集信息 [J]. 证据科学, 2020 (6): 684-703.

[24] 李燕飞. 审讯情报分析中先入为主认知偏差及其修正 [J]. 山东警察学院学报, 2020 (6): 96-101.

[25] 赵辉, 江帆. 刑事速裁程序的价值反思——以惯犯犯罪心理模型为检视 [J]. 铁道警察学院学报, 2018 (5): 74-80.

[26] 王群. 惯犯反讯问行为及对策研究 [J]. 黑河学刊, 2018 (1): 133-135.

[27] 王徐美慧. 从生理心理学角度看犯罪 [J]. 现代交际, 2016 (10): 23-24.

[28] 吉咪咪. 心理测试技术在刑事侦查学中的运用 [J]. 法制博览, 2020 (35): 134-135.

[29] 周军. 犯罪心理测试在疑难案件侦破中的运用 [J]. 河南司法警官职业学院学报, 2020 (4): 91-95.

[30] 刘建清. 当代犯罪心理测试技术评析 [J]. 公安学刊 (浙江警察学院学报), 2020 (5): 29-35.

[31] 薄小萌. 犯罪心理测试技术研究与应用的综述和评析 [J]. 法制与社会, 2019 (8): 214-215.

[32] 范刚, 王昊, 康诚, 等. 犯罪心理测试中自我相关信息测试题的开发 [J]. 中国人民公安大学学报 (自然科学版), 2020 (1): 33-38.

[33] 武伯欣. 中国心理测试技术 [M]. 北京: 中国人民公安大学出版社, 2019.

[34] 李双其. 大数据侦查实践 [M]. 北京: 知识产权出版社, 2019.

[35] 张高文, 徐公社. 刑事案件侦查 [M]. 北京: 中国人民公安大学出版社, 2014.

［36］王永全，廖根为，涂敏．信息犯罪与计算机取证实训教程［M］．北京：人民邮电出版社，2019.

［37］王学光．计算机犯罪取证法律问题研究［M］．北京：法律出版社，2016.

［38］索朗热·戈尔纳奥提．网络的力量：网络空间中的犯罪、冲突与安全［M］．王标，谷明菲，王芳，译．北京：北京大学出版社，2018.

与本书配套的二维码资源使用说明

本书部分课程及与纸质教材配套数字资源以二维码链接的形式呈现。利用手机微信扫码成功后提示微信登录，授权后进入注册页面，填写注册信息。按照提示输入手机号码，点击获取手机验证码，稍等片刻收到 4 位数的验证码短信，在提示位置输入验证码成功，再设置密码，选择相应专业，点击"立即注册"，注册成功。（若手机已经注册，则在"注册"页面底部选择"已有账号？立即注册"，进入"账号绑定"页面，直接输入手机号和密码登录。）接着提示输入学习码，需刮开教材封面防伪涂层，输入 13 位学习码（正版图书拥有的一次性使用学习码），输入正确后提示绑定成功，即可查看二维码数字资源。手机第一次登录查看资源成功以后，再次使用二维码资源时，只需在微信端扫码即可登录进入查看。